성공하는 대통령을 위한
편집국장의 비망록

대통령의 품격이 국가의 미래다

성공하는 대통령을 위한 편집국장의 비망록

김경훈 지음

지유문고

서문

역사는 어제와 오늘, 그리고 내일의 끊임없는 대화입니다. 어제가 없는 오늘은 존재하지 않으며, 오늘이 없는 내일은 없습니다. 과거와 현재를 부정한 채 미래를 기약하기도 쉽지 않습니다.

천변만화千變萬化의 시대에 살고 있습니다. 변화의 폭과 강도가 점점 넓어지고 커집니다. 변화에 순응하고 대응하지 않으면 존재하기 어려워집니다. 코로나19가 큰 변화를 몰고 왔습니다. 기준이 바뀌고 표준이 새롭게 나옵니다. 이럴 때일수록 첨단과 일류를 좇는 거 못지않게, 뒤를 돌아보며 놓치는 건 없는지 반성하는 것도 중요합니다.

법고창신法古昌新을 새겨봅니다. 실학자 연암 박지원의 제자인 박제가가 쓴 문집인 『초정집서楚亭集序』에 나오는 말입니다. 법고를 하되 창신도 하라는 말입니다. 법고이지변法古而知變에 나오는 법고는 옛것을 법으로 삼고 변통할 줄 알아야 한다는 것입니다. 창신이능전創新而能典에 나오는 창신은 변통하되 법도를 지켜야 한다는 것입니다. 옛것을 함부로 여기지 않는, 중용中庸의 덕과 지혜도 품고 있습니다.

법고창신을 새긴 이유는 다름이 아닙니다. 2022년 3월 9일 제20대 대통령선거에서 윤석열 후보가 당선됐습니다. 대통령의 품격이 국가의 미래를 좌우한다는 게 평소의 지론입니다. 성공한 대통령이 나와야 부민강국富民強國이 이뤄지기 때문입니다. 그러나 현실은 녹록하지 않습니다. 안타깝게도 불행한 대통령이 많습니다. 평가를 제대로 받지 못하는 경우도 있습니다. 내로남불과 확증편향, 편가르기, 진영논리, 포퓰리즘, 당리당략 등이 판치기 때문입니다.

대통령의 평가는 역사의 몫입니다. 공칠과삼功七過三을 새겨봅니다. 공을 먼저 보고 과는 나중에 본다는 겁니다. 균형의 잣대로 공과를 모두 봐야 하고 편향의 틀은 지양돼야 옳습니다. 역대 대통령과 정부를 떠올릴 때마다 드는 생각입니다. 이는 중국 마오쩌둥(毛澤東)의 격하운동 당시 덩샤오핑(鄧小平)이 그를 보호하기 위해 한 말입니다. 미국의 조지 워싱턴 대통령과 영국의 윈스턴 처칠 수상, 프랑스 드골 대통령, 베트남 호지민 주석 등 동서고금 지도자들 모두 공과가 상존합니다. 나중에 밝혀진 추한 면면도 무수히 많습니다. 그럼에도 불구하고 역사는 이들을 공칠과삼으로 기억합니다.

제17대 이명박, 18대 박근혜 대통령 재임 시 필자는 언론사 편집국장으로 일했습니다. 인터넷신문과 시사주간지에서 인물과 사건, 정책과 이슈를 객관적으로 다뤘습니다. 시의적절한 고사성어를 찾으려 옥편도 뒤적였습니다. 일종의 비망록備忘錄을 남긴다는 각오로 칼럼을 썼습니다. 돌이켜보면 쉽지 않은 취재 과정이었습니다. 지인과 취재원의 책 출간 권유에 힘입어 칼럼 중 99편을 추려 시제와 상황에 맞게 약간의 수정을 가했습니다. 책 출간에 임하면서 지난한 과정을 돌이켜보니 보람찼고 평화로웠으며 감사했습니다.

이병박·박근혜 정부의 뉴스메이커를 톺아본 칼럼 99편을 네 분

류로 나눴습니다. 첫째는 '절차의 결핍을 메우고 사회적 평형수를 점검하자'입니다. 세월호부터 밀양송전탑, 녹색경영, 진주의료원, 중산층, 미국 대통령들의 수다, 별에서 온 그대, 이스라엘의 탈피오트, 윤 일병 사건, 요우커의 힘, 해운산업, 태국판 4대강 등 사회 이슈를 주로 담았습니다.

둘째는 '빌 게이츠 같은 부민강국의 큰 부자를 만들자'입니다. 짐 로저스부터 슈퍼쌀 개발한 류수노 교수, 손정의, 마윈, 김종훈 장관 후보자, 이재용, 최태원, 서경배, 박정희 대통령과 석유, MB 멘토 최시중, 한비야와 최시중, 윤창중, 우주인 고산, 김일성 주치의, 과학 칼럼니스트 이인식, 대한항공 조현아와 SK 최민정, 김성근 감독과 하림 김홍국 등 인물 탐구를 주로 다뤘습니다.

셋째는 '일본-중국 샌드위치 넘어설 국부창출 전략을 세우자'입니다. 삼성전자와 현대자동차부터 현대중공업, 하나은행, DB그룹, 이케아, 원전, 저비용항공사, 수입차, 한국GM, 해외 명품, 이스라엘의 후즈파 정신, 팔레스타인의 눈물, 한국형 원전 수출, 영도대교와 한진중공업, 전기료와 에너지기업, 전통시장의 강소상인, K-9 자주포 등 경제 이슈를 주로 넣었습니다.

넷째는 '국격을 높이는 대통령의 품격의 리더십을 보고 싶다'입니다. 국회의원 특권, 의원회관 신축, 국감 증인, 국무총리 잔혹사, 여야 대변인들의 논평, 낮은 투표율, 공천 불복, 무상교육과 포퓰리즘, 정윤회 문건, 노크귀순, 귀태사건, 공공기관 평가, 미납추징금, 코트라의 이중플레이, 대선후보 단일화, 박근혜 대통령에 드리는 고언 등 정치 이슈에 얽힌 이야기가 주로 들어 있습니다.

대통령의 평가와 역사의 몫을 생각할 때마다 정약용의 『목민심서』에 나오는 '잡초'를 돌이켜봅니다. "밉게 보면 잡초 아닌 풀이 없고, 곱게 보면 꽃 아닌 사람이 없으니, 그대를 꽃으로 볼 일이다." 털려고 들면 먼지 없는 이 없고, 덮으려 들면 못 덮을 허물도 없는 법입니다. 누구의 눈에는 들기 힘들어도 그 눈 밖에 나기는 한순간입니다. 남의 눈에 티끌은 보면서 제 눈의 대들보는 보지 못하기 일쑤입니다. 차이와 차별은 다릅니다. 꽃과 잡초를 얘기하듯, 편향성의 틀을 깨고 불편부당不偏不黨하게 지도자의 공과를 평가해야 합니다. 국가의 미래를 위해서 말입니다.

보람과 감사의 마음으로 서문을 쓰다 보니, 그간의 기억이 소환돼 감정이 북받쳐 오르기도 합니다. 역사의식과 법고창신으로 시작해 대통령의 품격과 국가의 미래를 논하기 위해 평소의 신념을 담았습니다. 공칠과삼과 부민강국, 그리고 잡초까지… 속마음을 털어놓으니 후련합니다. 위대한 대한민국을 재발견하고 국민이 행복한 나라가 빨리 왔으면 좋겠습니다. 저와 함께 긴 여정을 함께 해주실 독자께 감사드립니다.

책이 출간되기까지 감사한 분들이 너무 많습니다. 먼저 「CNB뉴스」와 「문화경제」 그리고 「SPACE(공간)」를 발행하는 CNB미디어 황용철 사장님께 감사드립니다. 「CNB뉴스」와 「문화경제」 편집국장 때 게재한 칼럼 출간을 누구보다 반겨주셨습니다. 책 출간에 관심과 배려를 베풀어주신 취재원과 지인들이 많습니다. 감사드립니다. 덕불고필유린德不孤必有隣을 거듭 기억하겠습니다. 부족한 원고를 살펴주신 도서출판 자유문고 김시열 대표와 편집부 여러분 고

맙습니다. 여러분께 일일이 인사를 드리지 못한 점 너그럽게 이해
해주시리라 믿습니다.

임인년 봄날 정릉에서

김경훈 드림

제2부 부민강국의 큰 부자를 키워야 하는 이유 103

제3부 일본-중국 '샌드위치' 넘어설 국부창출 전략 세우자 181

제1부

절차의 결핍을 메우고 '사회적 평형수' 점검하자

기러기들의 V자 편대 비행과 '상생의 지혜'

철새들의 비행을 보면 리더십이 보인다. 그 리더십에는 공유와 소통 그리고 배려가 들어 있다. 오리과 철새인 기러기는 이동할 때 V자 편대 비행으로 고통을 분담하고 에너지 소모를 줄인다. 남에게 도움을 받은 만큼 되돌려주고, 모두가 이득을 보는 안전한 고공비행을 한다.

건강하고 힘세며 경험 많은 수컷이 V자 꼭짓점 맨 앞에서 바람을 가르며 무리를 이끈다. 이 자리에서의 비행이 가장 힘들기 때문에 고정적으로 누구에게 맡기지 않고 서로 교대한다. 맨 앞에서 비행하는 기러기 날개 끝에는 공기 소용돌이가 발생한다. 이 소용돌이는 뒤로 가면서 상승기류를 만든다. V자 대형은 앞선 기러기가 만든 상승기류를 뒤에서 효율적으로 이용하기 위한 것이다.

영국 옥스퍼드대 연구진, 기러기 비행의 비밀 밝혀
V자 대열에서 동료를 따라가며 상승기류의 도움을 받은 시간만큼, 앞장서서 동료에게 도움을 준다. 그들의 교대 시간은 놀랍게도 일정하게 비례한다. 힘이 많이 들지만, 누군가는 앞으로 나서야 한다

는 걸 알고 있기 때문이다. 이른바 고통을 분담하는 상생의 지혜이다. 이는 기러기 무리에 위성위치확인시스템(GPS) 센서를 장착하고, 비행 도중 각자 어느 자리에 있는지를 분석한 결과이다.

기러기들의 편대 비행에 담긴 비밀은 2015년 2월 영국 옥스퍼드대 동물학과 베른하르트 보엘클 박사 등 연구진에 의해 밝혀졌다. 이들은 미국 국립과학원회보(PNAS)에 발표한 논문에서 '기러기들은 V자 편대 비행을 할 때 힘이 많이 드는 맨 앞자리에 교대로 나서 전체적인 에너지 효율을 유지하는 것으로 나타났다'고 밝혔다.

그런데 아쉽게도 기러기 리더십을 보면 우리의 '국가 리더십' 부재가 보인다. 기러기 비행에서 배울 게 한두 가지가 아니기 때문이다. 기러기는 호수가 얼어붙기 전 정확하게 그곳을 떠난다. 일사불란한 행동 지침의 기막힌 타이밍 포착이 그 핵심이다. 박근혜 정부 2년차, 저유가 호재에도 불구하고 살아나지 않는 체감경기를 보고 여러 생각이 들었다. 공적은 대로에 있지만 과오는 골목에 있다. 내수의 가늠자 골목상권은 민심의 바다이다.

당시 국제유가 하락세가 지속됐다. 배럴당 30달러 이하로 떨어질 거라는 전망도 나왔다. 그러나 저유가에도 휘발유 평균 소비량은 오히려 감소했다. 유가가 급등했던 2004년 이후 10년 만의 일이다. 유가가 하락하면 차량 운행이 느는 경제 상식과 정반대이다. 저유가가 소비 활성화에 도움이 되지 못했기 때문이다. 유가 이외 잠복하고 있는 불안 요인이 얼마나 많았는지 생각해 볼 일이었다.

"국민의 마음을 얻지 못하면 하책이자 허업"

우리나라는 OECD 회원국 중 사회복지지출 증가 폭이 가장 빠른 나라 중 하나이다. 세수 부족은 박근혜 정부 첫해 2013년 11조 1000억 원이었다. 빚내서 복지를 누리기엔 곳간이 열악했다. 모든 계층에 복지혜택을 줄 수는 없는 일이다. 보편적 복지와 선별적 복지의 장단점을 잘 조율해야 국가적 불안 요인을 잠재울 수 있다.

국가 미래를 좌우하는 정책의 혼란과 표류를 막아야 한다. 2020년 기준 우리나라 합계 출산율(0.84명)은 세계 최하위, 노인 빈곤율(43.4%)은 세계 최고이다. 고소득자 세금을 늘리는 방향으로 세제를 개편하면서 발생한 박근혜 정부 2년차 연말정산 파동은 핵심을 놓친 데서 기인했다. 저출산과 고령화를 대비한다는 큰 틀을 무시해 국민감정을 건드린 결과였다.

고소득 직장인과 저소득 지역민의 건강보험료가 같다면 이는 모순이다. 저소득층에 혜택이 돌아가게 하는 게 옳다. 보험료 부과 체계 개선 논란은 국정의 난맥상이었다. 복지 구조조정을 위한 솔직한 소통이 절실했다. 박 대통령의 '증세 없는 복지'는 재검토 과정을 거쳤어야 마땅했다. 증세 없는 복지는 허구이다. 제아무리 좋은 땅이라도 완벽하지 않다.(호지무전미好地無全美)

국가 백년대계를 준비하는 골든타임에 있어 시대정신은 국부창출과 국민행복이다. 대통령의 소통방식도 바꿔 국가적 불안 요인을 없애야 했다. 비록 높은 성을 정복하더라도, 국민의 마음을 얻지 못하면 하책下策이자 허업虛業이다.(공심위상攻心爲上 공성위하攻城爲下)

배추는 다섯 번 죽어야 김치가 된다

김치가 제대로 맛을 내려면 배추는 다섯 번 죽어야 한다. 배추는 땅에서 뽑힐 때 한 번, 통배추의 배가 갈라지면서 두 번. 소금에 절여지면서 세 번, 매운 고춧가루와 짠 젓갈에 범벅이 돼 네 번, 장독에 담겨 땅에 묻히면서 다섯 번 등 통틀어 다섯 번 죽는다.

김치는 겉절이와 차원이 다르다. 농익은 김치는 죽어서도 맛을 내지만, 폼 나는 겉절이는 그때 뿐이다. 김치는 손맛이자 마음의 맛이다. 말하지 않아도 통하는 그 맛이다. 그래서인지 겉절이 아닌 '김치 인생'을 살라고도 한다. 김치는 세계 5대 건강식품이다. 일본 낫토와 인도 렌즈콩, 그리스 요구르트, 스페인 올리브유와 어깨를 나란히 한다.

"김치는 우주", 유네스코 인류무형문화재 등재
석학 이어령 선생(2022년 2월 별세)에게 김치는 단순한 김치가 아니라 우주이다. 김치를 먹는 건 빨갛고 파랗고 노란 바람개비 모양의 삼태극三太極을 먹는 것이고, 삼태극을 먹는 것은 우주를 먹는 것이라 했다. 그래서 내가 우주가 되고 우주는 내가 된다고 했다. 이른바 김치 예찬의 일부이다.

우리나라 김치와 김장 문화가 세계 인류무형문화재가 됐다. 한 나라의 대표 음식문화가 무형문화재에 등재되는 것은 세계 최초이다. 2013년 12월 2일~8일 아제르바이잔 바쿠에서 열린 제8차 유네스코 무형유산위원회에서 전해진 낭보였다. 우리는 이미 종묘와 종묘재래악 등 다수의 인류무형문화재를 보유하고 있는 문화 강국이다.

세상에는 겉절이가 아니라 '김치 인생'을 사는 사람들이 여럿 있다. 이들 중에서 삼성화재와 삼성생명 대표를 지낸 김창수 씨와 청년 장사꾼 김윤규 씨가 눈에 띈다. 실패를 경험하고 눈물 젖은 빵을 먹어 본 사람들이다. 김 대표는 중·고교를 모두 1차에서 낙방한 후 2차로 들어갔다. 고려대를 졸업하고 해군 장교로 복무하며 지옥 훈련을 받았다. 일주일 동안 잠 안 자고 시궁창을 뒹구는 훈련을 받으며 '간절하게 원하면 이루어진다'는 신념을 터득했고, 마침내 대기업의 금융사 두 군데 수장을 연이어 맡았다.

청년 장사꾼 김윤규 대표는 어린 시절 친구들이 신고 다니는 나이키 운동화를 가져보는 게 꿈이었다. 홍익대를 휴학한 후 일찌감치 장사의 길로 접어들었다. 군에서 전역한 지 사흘 만에 야채 가게에 취직해 새벽별을 보며 출퇴근을 반복했다. 가락시장에서 물건을 떼어오는 날에는 트럭에서 토막잠을 자기 일쑤였다. 종로구 내자동 금천교시장에 '열정감자'를 선보이는 등 레드오션 요식업계에서 다양한 점포로 꿈을 실현했다. 박근혜 정부 첫해 눈에 띈 '김치 인생' 주인공들이다.

'풍년의 역설' 시름에 빠진 농민을 돕자

박근혜 정부 첫해 배추 농사는 풍년이었다. 그러나 웃음이 넘쳐야 할 농가가 되레 '풍년의 역설'로 고생했다. 배추 등 농산물 가격이 폭락했기 때문이다. 평당 4,000원씩 키운 배추가 원가에도 못 미치는 2,000~3,000원에 거래돼 배추밭 갈아엎는 농가들이 속출했고, 농산물 수요예측 실패에 대한 원망이 거셌다.

　이런 가운데 기업들이 농가의 잉여 농산물을 사주는 방식으로 십시일반 농민 돕기에 나서는 흐뭇한 일이 벌어졌다. 대기업은 물론 중소기업도 농민의 눈물 닦기에 동참했다. 기업들의 잇따른 소비 촉진 운동은 농가의 어려움을 일시적으로 해결해 주는 데 큰 역할을 했다. 풍년 곡식은 모자라도 흉년 곡식은 남는 법이다. 위기는 곧 기회이다.(물실호기勿失好機)

3. '서 있는 친구', 나무에게 배운다

나무를 길러 본 사람들은 안다. 반듯하고 겉모양만 삐죽한 나무는 실한 열매를 맺지 못한다는 사실을. 제 치레하느라 열매를 맺는데 소홀히 하기 때문이다. 그러나 좀 부족한 듯 보이는 나무는 다르다. 한 군데쯤 부러졌거나, 가지를 치고 볼품없이 자란 나무는 실하고 단단한 열매를 맺는다.

나무는 치열하다. 뿌리를 내리고 안 내릴 곳을 잘도 가린다. 척박한 땅엔 깊게, 비옥한 땅엔 얕게 내린다. 경사진 곳에는 거리와 간격을 스스로 조율해 공생의 규칙을 만든다. 옆 나무를 배려한다. 그래서 옛 인디언들은 나무를 신성시하고 '서 있는 친구'로 여겼다.

NASA의 인재선발 항목, '얼마만큼 실패해 봤나?'

사람도 마찬가지이다. 실패를 모르고 온실 속에서 자라다 보면 나약하기 그지없다. 고난과 역경이 닥쳤을 때 허둥지둥 댄다. 세파를 헤쳐 나가는 지혜가 늘 부족하다. 미국 항공우주국(NASA)의 인재선발 항목 중 가장 비중이 큰 게 실패에 대한 것이다. "살면서 얼마나 실패를 해봤느냐"를 따진다. 사람도 겉모양만 삐죽하면 속은 비기 일쑤이다.

새해 벽두, 난데없이 나무 얘기를 꺼낸 건 다름 아닌 나무만도 못한 사람들 때문이다. 그런 사람들이 너무 많다. 모든 게 자기 위주이고 배려라고는 털끝만치도 없다. '더불어' 함께하는 게 부족하다. 잘 되면 자기 탓, 못 되면 무조건 남 탓이다. 잎을 낼 때와 떨칠 때를 아는 나무만도 못하다. 나갈 때와 물러날 때를 도무지 모른다. 욕심을 주체하지 못한다. 갑갑하고 답답하기 그지없다. 울화통 터지는 2012년 세상사 광경이다.

우리나라는 2011년 세계에서 아홉 번째로 무역수지 1조 달러를 넘어섰다. 에너지 자원 98%를 수입에 의존하는 국가로서 대단한 기록이다. 잘 먹고 잘살기로는 세계 어디에도 뒤지지 않는다. 그래서인지 과거를 쉽게 잊고 기본을 망각하는 일이 종종 일어난다. '더불어 정신'이 실종 위기를 맞는 격이다.

'마중물' 필요한 사람들 적극적으로 배려해야

세대와 계층 간 사이가 너무 벌어졌다. 도무지 상대를 배려하려 들지 않는다. 걸핏하면 이념 갈등이다. 누구의 잘못일까? 오죽했으면 2030 젊은 세대들이 결혼도 안 하고 아이도 안 낳으려 들까? 그들의 3불(3不; 불안, 불만, 불신)과 3반(3反; 반정치, 반정부, 반언론)에 동의하는 사람도 많다.

세대와 계층 간 갈등 못지않게 빈부의 양극화도 심각하다. 양극화 해소 처방전이 시급하다. 부와 빈곤의 대물림에 상처받는 젊은 영혼을 무엇으로 치유해야 하나? 사람은 밥을 먹지 않고 20일을 버틸 수 있다. 물 없이도 8일을 살 수 있다. 그러나 희망이 없이는 3분도 삶을 이어갈 수 없다.

'마중물'이 필요한 사람들이 많다. 그들에게 따뜻한 희망을 주는 배려가 필요하다. 손상익하損上益下의 '더불어 정신'이 필요하다. 넉넉한 사람들은 좀 손해를 감수하고, 부족한 사람에게 보태줘야 한다.

60년 만에 왔다는 흑룡의 해 2012년은 우리에게 무엇을 남겼나? 전설의 동물 흑룡은 어둠을 관장하지만 앞을 내다보지는 못한다고 한다. 언제나 어둠의 장막을 걷어내고, 먼 장래를 위해 희망의 날개를 펴자.(붕정만리鵬程萬里)

개천에서 용 나는 시대가 그립다

개천에서 용 나는 시대는 저무는가? 개룡開龍 시대의 종말인가? 감동적인 패자부활과 계층상승이 가능해야 선진국이다. 승자독식은 영혼을 멍들게 한다. 빈부격차와 절망의 대물림은 공정사회의 적이다. 박근혜 정부 첫해 현대경제연구원 조사 결과를 보고 든 생각이다. 국민 4명 중 3명이 '아무리 노력해도 계층상승이 어렵다'고 답했다.

노력해도 올라갈 수 없다고 지레 포기해버리는 사람들이 늘고 있다. '잃어버린 20년'을 겪은 일본의 경우와 닮아 간다. 일본의 사회학자 야마다 마사히로가 지적한 '희망 격차 사회'는 한마디로 위험한 사회이다. 절망의 시간이 길어지면 국가경쟁력이 추락하고 에너지가 고갈되기 때문이다.

중산층 추락에다 국가경쟁력 지수도 하락

나라의 중심축이자 가늠자인 중산층이 흔들리고 있다. 중산층이 두터워져야 나라가 바로 선다. 그러나 스스로 중산층이라 보는 비율이 역대 최하인 62.5%로 나타났다. 60%대로 추락한 건 1997년 외환위기 이후 처음이다.

중산층 비율은 1994년 정점(81.3%)을 찍은 이후 매년 하락세이다. 외환위기 때도 71.1%였다. 과거 중산층이라 여겨졌던 사람들도 '상위 하류층'이라고 답변했다. 중산층이 하류층으로 급속 전락하고 있다는 징표이다. 박근혜 정부 국정과제인 중산층 재건 프로젝트 목표치는 70%이다. 그 정도는 돼야 괜찮은 나라(decent nation)이다.

추락하는 건 중산층만이 아니다, 국가경쟁력 지수도 하락했다. 세계경제포럼(WEF) 평가 결과 우리나라는 말레이시아에도 밀렸다. 장기 저성장과 고질적인 노사갈등, 북한 리스크 등이 복합적으로 작용한 결과이다.

우리나라 중산층 기준은 잘 먹고 잘사는 거에 한정돼 있다. 월수입 500만원 이상과 2000cc 이상의 중형 자동차, 40평대 이상 대출 없는 아파트, 현금자산 1억 원 이상, 연 1회 이상 해외여행을 갈 수 있어야 한다. 오직 경제력만으로 중산층을 규정한다.

멀리 갈 것 없이 조선시대에도 중산층 기준은 지금같이 팍팍하지 않았다. 두어 칸 집과 전답, 두어 벌 솜옷·베옷에다 서적 한 사랑과 거문고 한 벌, 햇볕 쬘 마루와 화로 하나, 나귀 한 마리 있으면 족했다. 여기에다 의리를 지키고 도의를 어기지 않으며, 나라가 어려운 일에 처하면 나선다는 게 있었다. 일종의 노블레스 오블리주이다.

"중산층 부활을 위해 혜택이 골고루 비췄으면"

선진국의 중산층 기준은 우리와 사뭇 다르다. 외국어를 하나 정도는 할 수 있어야 하고 직접 즐기는 스포츠가 있어야 한다. 다룰 줄 아는 악기가 있어야 하고, 남들과 다른 맛을 내는 요리를 할 수 있어야 한다. 공분에 의연히 참여해야 하고 약자를 도우며 봉사활동을 해야 한다. 페어플레이를 하고 집에서 받아보는 비평지가 하나 정도 있어야 하는 것이다.

그렇다면 중산층 행복의 조건은 무엇일까? 돈도 명예도 학벌도 아닌 성숙한 인간관계이다. 자유로운 계층상승이 전제조건이다. 미국 하버드대 연구팀이 밝혀낸 결과인데, 이 대학 입학생과 일반인 남성, 재능이 뛰어난 여성들을 세대별로 조사했다.

2013년 러시아에서 열린 G-20 정상회의에서 박근혜 대통령도 '개천에서 용 나는 사회'를 언급했다. 제도적 장벽을 해소하고 창의성이 발휘되는 환경을 조성해 개천의 용을 키워내는 게 창조경제의 전략이라 했다.

용이 승천하려면 3단계 과정을 거친다. 때를 기다리는 잠룡潛龍과 용기와 희망을 키우는 현룡現龍, 힘차게 나는 비룡飛龍이다. 개천에서 용 나는 사회가 그립다. 해와 달은 계층과 신분을 가리지 않는다.(일월무사조日月無私照) 은총 어린 햇빛과 달빛이 골고루 비췄으면 좋겠다. 정정당당한 중산층 부활과 계층상승을 위해서.

올해의 단어에 '쥐어 짜인 중산층'

겨울이 문밖에 기다리는 헛헛한 12월에 접어드니 갖가지 연례 행사들이 이어진다. 불우이웃돕기 성금, 사랑의 연탄배달 등 훈훈한 뉴스가 가득하다. 일 년 내내 사람 냄새 듬뿍 나는 일로 채워졌으면 좋으련만, 생각대로 안 되는 게 세상사이다. 그래도 그나마 우리 사회에 이런 세밑 온정이 살아 있음에 위안을 받는다.

한 해를 마감할 때 곧잘 등장하는 '올해의 단어' 선정도 연례 행사 중 하나이다. 영국 옥스퍼드 영어사전이 선정한 2011년 올해의 단어에 '쥐어 짜인 중산층(squeezed middle)'이 뽑혔다. 옥스퍼드 영어사전 측 대변인은 쥐어 짜인 중산층이 빠르게 뿌리를 내리고 경기침체가 깊어지면서 이 단어가 계속 쓰일 가능성이 크다고 덧붙였다.

아랍의 민주화, 글로벌 금융위기 발생의 뒤안길

이명박 정부 마무리 즈음, 유난히 빅뉴스가 많이 발생했다. 아랍의 민주화를 불러온 자스민 혁명을 시작으로 독재정권의 몰락과 글로벌 금융위기, 선진국의 신용등급 하락 등 굵직한 일들이 가득했다.

이런 가운데 올해의 단어를 중산층에 초점을 맞춘 이유가 궁금했다. 민주화나 경제위기 모두 따지고 보면 모두 잘 먹고 잘사는 것과 밀접한 관련이 있기 때문이라 보인다.

지구촌 중산층이 얼마나 어려워졌으면 쥐어 짜였다고 표현했는지, 나름 숙연해지고 처지를 돌아보게 된다. 물론 반대도 있겠지만 뜻대로 되지 않아 재미없는 앙앙불락怏怏不樂의 시대 상황은 동서양 어디나 마찬가지인가 보다. 가장 세계적인 게 때론 가장 지역적이다. 사람 사는 게 다 엇비슷하다. 성취에 대한 강박과 스트레스에 지친 영혼 등등.

올해의 단어를 접하고 생뚱맞게 사전에서 '중산층'을 찾아봤다. '안정된 생활을 빠듯하게 유지하고 제집 마련해 살아가는 사람들', '사회를 떠받치는 대다수 사람들', 우리 몸으로 치면 허리부분이다. 머리와 손발이 제대로 움직이도록 하는 중추中樞이다. 두터운 중산층은 선진국의 필수조건 중 하나이다.

각 정당의 구호나 캐치프레이즈에도 항상 중산층이 등장한다. 중산층을 잘살게, 중산층을 두텁게 등. 이명박 대통령의 주간 라디오 연설에도 '중산층 보호'는 단골 메뉴였다. 혜성처럼 등장했던 '대권 잠룡' 안철수 전 서울대 융합과학기술대학원장도 자사 주식 1,500억 원을 사회에 환원하면서 중산층을 위한다고 했다. 중산층의 삶이 무너지고 젊은 세대들이 좌절하고 실의에 빠져 있다고 안타까워했다.

중산층이 가진 비장의 무기, 한 표

그러나 안타깝게도 지금 우리 사회의 중산층은 두터워지지도 않았고 잘 살지도 못한다. 한마디로 몰락 중이다. 중산층이 지난 2000년 기준 10년 동안 무려 10%나 감소했다는 통계가 있다.(2010년 KDI 보고서)

중산층 가구 비중도 감소했고, 소득 비중도 급속히 떨어졌다. 팍팍한 경기침체를 보여주는 KDI 보고서 중 엥겔지수가 눈길을 끈다. 저성장시대 중산층 생활이 더 핍박해졌다는 반증이다. 20대 실업자가 100만 명을 넘어섰고 88만원 세대가 200만 명을 훌쩍 넘어 경기침체의 그늘이 깊어갔다.

게다가 부익부빈익빈 현상이 심해졌다. 심각한 문제는 부유층은 부유층대로 그들만의 허세가 깊어지고, 또 빈곤층은 급속히 확산되고, 중산층은 감소하는 데에 있다. 사회 주류가 해체되는 적신호가 켜졌다.

올해의 단어에 선정된 '쥐어짜인 중산층'…. 당최 누구를 원망하고 누구를 탓할 수 있을까?(수원수구誰怨誰咎) 그러나 힘없고 배경이 변변찮은 대다수 중산층에게는 비장의 무기가 있다. 바로 표票이다. 정말로 중산층을 대변하는 후보, 정당에 표를 주는 것이다. 투표용지는 탄환보다 강하다.

부러운 미국 역대 대통령들의 수다

'**대**통령들의 수다, 나라를 활짝 웃기다' 2013년을 장식한 국제뉴스 중 하나이다. 4월 25일 미국 조지 W 부시 전 대통령 기념관 헌정식장에 모인, 살아 있는 전·현직 5명 대통령들의 수다 떨기는 CNN을 통해 1시간여 동안 생중계됐다. 조지 W 부시와 빌 클린턴, 조지 부시, 지미 카터 등 전직 대통령과 버락 오바마 대통령이 모인 자리에는 얼마 전 퇴임한 이명박 전 대통령 내외도 외빈으로 참석해 격려와 덕담이 오가는 광경을 지켜봤다.

조지 W 부시는 헌정식 축하 연설을 마친 클린턴에게 다가가 "잘했어, 친구(buddy)"라며 끌어안았다. 평화운동의 전도사 카터는 이라크·아프가니스탄 전쟁의 책임을 부시에게 돌리지 않았다. "부시가 아프리카 수단의 내전을 종식시키는 데 큰 역할을 했다"고 추켜세웠다. 휠체어에 앉은 조지 부시는 이들의 조크에 박수를 치며 웃음을 터트렸다.

네 명의 전직 대통령 앞에 선 오바마도 격려와 덕담의 대열에 합류했다. "취임 첫날 집무실 책상 위에 놓인 부시의 편지를 읽고 뭉클했다"며 "어떤 사람을 안다는 건 그를 좋아하는 것"이라고 말하고 부시를 포옹했다. 퇴임하는 대통령이 새 대통령에게 행운을 빌어주는 편지를 써서 집무실 책상 위에 두는 건 미국의 오랜 관례이다.

대통령 기념관에 모인 전·현직 대통령들의 덕담

미국 대통령 기념관 건립에서 배워야 할 게 몇 가지 있다. 기념관 관리는 나라에서 세금으로 지원해 주지만 건립은 대통령이 알아서 한다. 주로 재단을 만들어 기금을 모금한다. 남은 돈은 연방정부나 대학에 기부한다. 예산 타령에 옥신각신하고 심지어 대통령 인격까지 폄하하는 우리와 사뭇 다르다. 미국 대통령 기념관은 치적과 함께 실정도 전시된다. 닉슨의 워터게이트, 클린턴의 르윈스키 사건이 대표적이다.

미국은 그렇다손 치고 우리도 이제 제대로 된 대통령 기념관이 들어설 때가 됐다. 역대 대통령 중 이승만과 박정희, 김영삼, 김대중, 노무현 기념관이 그나마 명맥을 유지하고 있다. 우여곡절 끝에 들어선 박정희 대통령 기념관은 홍보나 관리 측면에서 취약하다는 지적이 많다. 거제도 김영삼 대통령기록전시관이나 동교동 연세대 김대중도서관도 마찬가지이다. 더욱이 전두환·노태우 대통령 기념관은 아직 감감무소식이다.

공과功過는 상존한다. 공로가 있으면 과오도 있다. 빛이 있으면 그림자도 있는 법이다. 문제는 과도한 '편향성의 틀'이다. 한번 찍히면 영원히 구제 불능이다. 업적도 이념 논쟁에 휘말리면 끝이다. 평가에 인색하기 때문이다.

공과는 상존, '편향성의 틀' 넘어 민심을 정화해야

이제 우리도 살아 있는 전·현직 대통령들의 수다(쏘다의 방언)를 보고 싶다. 그 수다에 온 나라가 잠시 웃음을 되찾고 힐링과 치유를 누렸으면 좋겠다. 박근혜 정부 초, 북핵과 개성공단, 엔저 등 나라 안팎에 가뜩이나 골치 아픈 일들이 널렸었다. 우리도 이때 살아있는 전·현직 대통령들끼리 종종 만났으면 얼마나 좋았을까를 상상해 봤다.

대통령 기념관 건립 문제는 법 제정과 예산문제가 우선이기에 이제부터라도 하나하나 시금석을 놓는 게 순리이다. 첫째가 공과를 인정하는 것이고, 다음은 편향성의 틀에서 벗어나는 것이다. 더 중요한 건 국민감정(민심)의 정화이다. 헌법보다 중요한 게 국민 감정법 아닌가?

봄꽃에만 매달린다고 봄을 느낄 수 없다. 붓질보다 뜻이 우선이다.(의재필선意在筆先) 대통령 기념관만이 '대통령의 수다, 나라를 웃기다' 같은 좋은 뉴스를 낳지 않는다. 대통령에 대한 예우에서 나라의 활력이 시작된다. 가정의 달 봄날을 맞아 용서와 화해를 다시금 되새겼으면 좋겠다.

⁷ 인터넷 강국의 불명예 '디지털 치매'

'디지털 치매'라는 말은 우리나라에서 처음 나왔다. 디지털 기기에 의존하다 뇌 기능이 저하되고 기억력, 사회성이 떨어져 언어발달과 유사자폐장애를 유발하는 것을 말한다. 2004년 국립국어원에 처음 등재됐다. 30대 이하 환자가 급격하게 늘었고 직장인의 63%가 디지털 치매의 일종인 건망증을 앓고 있다고 전해진다. 스마트시대를 맞아 디지털에 역습을 당한 꼴이다.

독일의 뇌 연구가 만프레드 슈피처 박사는 자신의 저서 『디지털 치매』에서 우리나라 학자들이 이를 처음 발표했다고 인정했다. 아울러 기억력 장애와 감수성 약화를 겪는 사람들이 급격히 증가해 심각한 사회 문제가 되고 있다고 지적했다. 디지털 치매는 세계 공통 현상이지만 정보화 강국 우리나라가 유독 심하다.

디지털 기기에 의존하다 뇌 기능 저하

치매痴呆는 뇌 손상에서 온다. 제정신을 잃어 구름 위를 떠돈다. 환자는 물론 가족에게는 천형이나 다름없다. 나이 들어 경계할 병이 암과 치매라는데, 암은 검진을 통해 진단할 수 있지만 치매는 다르다. 바람같이 왔다 이슬같이 스며든다. 양쪽 귀 사이 1.4kg의 뇌가 길을 잃는다. 2024년에 우리나라 치매 환자가 100만 명을 육박할 것이라는 통계도 있다.

호국보훈의 달을 맞아 생뚱맞게 디지털 치매와 치매를 떠올린 건 다름 아니다. 우리가 그동안 무엇을 잃고 무엇을 얻었는지, 잊을 것과 기억할 것을 제대로 분간하는지 의구심이 들기 때문이다. 이는 새롭게 들어선 박근혜 정부의 화두인 소통과 상생, 사랑과 행복과도 일맥상통한다. 경제민주화 이슈 중 하나인 갑을甲乙 갈등도 여기서 나온다. 제 자리에서 제 역할을 제대로 하는 게 중요하다.

국방부 유해발굴감식단에 따르면 2013년 기준 6·25 동란 국군 전사·실종자는 16만 2,374명이다. 이 중 현충원 안장자는 2만 9,202명, 나머지 미수습자는 13만 3,172명에 달한다. 어딘가에서 구천을 떠도는 이름 모를 혼백魂魄은 어디에 있을까? 우리는 그들을 쉽게 잊고 사는 건 아닌지 진정 되돌아볼 때다.

북한에 생존해 있는 국군 포로도 500여 명에 달한다. 1994년 ~2010년 80여 명이 북한을 탈출해 그리던 조국에 왔지만, 나머지는 행방이 묘연하다. 그들의 가족 중에는 살아 돌아오리라 믿고, 주소도 옮기지 않은 채 대문을 열어놓고 사는 가족이 많다. 날마다 정한수 떠 놓고 자식의 무사 귀환을 비는 부모도 많다.

호국보훈의 달, 물 마실 때 우물 판 사람 기억해야

박근혜 정부 첫해, 북파공작원 6,083명에게 6,884억 원의 피해보상을 해준 건 늦었지만 매우 고무적인 일이다. 나라를 위해 헌신한

북파공작원 등 특수임무 수행자와 유족들에 대한 기억과 예의이다. 1인당 1억 원꼴 보상이 그들에게 작으나마 큰 힘이 됐으면 좋겠다. 이번 보상에서 제외된 사람들(주소지 불명, 주소지가 북한)도 계속 발굴했으면 좋겠다. 과거의 잘못은 바로잡아야 옳다.(개전대비改前代非)

이제 정부 차원에서 국군 미수습 전사·실종자, 생존 국군 포로에 대해 특단의 노력을 기울였으면 한다. 독일의 프라이카우프(Freikauf, 자유를 사다)를 벤치마킹하는 것이다.

1963년~1989년 서독은 동독에 수감된 정치범 3만 명을 데려왔다. 한 사람당 5,000만 원을 줬다. 경제력이 앞선 서독은 서독대로 명문을 살리고 동독은 동독대로 자국민에 생색을 내는 상생이었다. 북측도 국군 포로·실종자를 놓고 더 이상 흥정하지 않을 것으로 본다. 이를 통일을 향한 첫걸음으로 삼자.

대개 은혜는 물결 위에 새기고, 원한은 바위에 새긴다. 기억할 것과 잊을 것을 분간 못하고 자기 위주로 한다. 바꾸는 게 도리이다. 은혜는 바위에 새기고 원한은 물결 위에 새겨야 옳다. 대한민국이 누구 때문에 존재하는지, 그 뿌리를 보듬자. 물 마실 때 우물 판 사람을 기억하자.(음수사원飮水思源)

⁸ 노벨 과학상, 일본은 24명 한국은 0명

가을은 노벨상과 함께 온다. 매년 오곡백과 무르익는 10월이면 노벨상 수상자가 발표된다. 과학(물리, 화학, 생리·의학)과 문학, 경제, 평화 부문의 노벨상은 국가의 품격을 가름하는 최고의 영예이다. 이 가운데 노벨 과학상은 국가 과학기술 발전과 글로벌 스탠더드의 척도이다.

우리나라는 2000년 김대중 대통령이 받은 노벨 평화상이 유일하다. 2021년 기준 이웃 나라 일본은 노벨상 수상자를 28명 배출했다. 이 가운데 24명이 과학 분야 노벨상을 받았다. 지난 2002년 43세의 나이에 노벨 화학상을 받은 다나카 고이치는 일본 기초과학의 희망이다. 교수나 박사가 즐비한 수상자 가운데 유일하게 대학원 경력이 없는 연구직 샐러리맨이다.

학부 졸업한 샐러리맨 日 고이치, 노벨 화학상 수상

고이치는 당시 세계 최초로 연성 레이저 이탈기법을 응용해 '분자 질량 분석기'를 개발했다. 이는 단백질 같은 고분자 물질의 질량을 순간적으로 측정할 수 있는 획기적 기술이다. 신약개발과 암 조기

다나카 고이치

진단의 신기원을 열었다는 평가를 받는다. 도호쿠대학 전기공학과를 나와 정밀기계업체 시마즈제작소에서 일하다 직장으로 걸려온 국제전화를 통해 노벨상 수상 소식을 들었다.

고이치는 소탈하고 겸손하며 자유로운 과학자로 남기를 원한다. 자신의 이름을 딴 연구소에 늘 출근한다. 그가 지은 책『자신을 경영하는 생각의 기술』을 보면 과학자의 열성을 엿볼 수 있다. 모든 활동의 주체는 자신이며, 자신을 어떻게 경영하느냐가 관건이라 했다. 자신의 능력을 활용하는 기술을 배우고, 철저한 현장주의로 미래를 개척하자고 했다.

우리와 일본은 옷감의 바늘땀같이 가깝고 친밀한 일의대수—衣帶水와 같은 나라이다. 일본의 노벨상 수상자를 거론한 건 다름 아니다. 노벨상 수상자 차이만큼 한일 간 경제 격차가 크기 때문이다. 아울러 벌어진 격차를 줄이려는 우리의 노력이 부족하기 때문이다. 흔히 일본과 경쟁에서 우리는 '가마우지 신세'에 비유된다. 재주 부리는 사람 따로, 이익 챙기는 사람 별개인 격이다.

이런 '불편한 진실'은 산업체 곳곳에 널려 있다. 우리 전자업체가 생산하는 액정화면의 핵심 재료인 평광판 보호필름은 일본의 2개 업체가 세계시장을 장악하고 있다. 우리는 메모리 반도체 분야 세계 1위이다. 그러나 반도체 재료가 되는 짧은 원판인 실리콘 웨이퍼의 10개 중 7개는 일본산이다. 우리가 아무리 물건을 팔아도 결국 돈은 일본이 번다는 불편한 진실이다.

한·일 경제 격차 심화, "우리는 가마우지 신세"

글로벌 경쟁력 분야에서도 우리는 일본에 크게 뒤진다. 세계 수출 시장 점유율 품목 수를 봐도 차이가 드러난다. 박근혜 정부 2년, 세계 1위 제품 숫자는 일본이 231개로 우리의 64개보다 3.61배 앞선다. 수출품 부가가치를 100으로 봤을 때, 우리는 60%에 불과하지만 일본은 83%다. 중국이 72%니 우리는 중국에도 뒤진다. 제조업의 핵심 기술력을 키워야 하는 이유가 여기에 있다.

전국경제인연합회가 분석한 한일 간 경제 규모 및 기업경쟁력을 보면, 국내총생산(GDP) 기준 경제 격차는 4배에 달했다. 지난 2000년의 8배, 2010년의 5.4배에 비하면 급격히 줄어들었다. 반도체와 TV, 휴대폰을 중심으로 한 전자산업의 발전과 자동차산업의 선전에 힘입은 바 크지만 갈 길이 아직 멀다.

경제의 기초 체력으로 꼽히는 연구개발(R&D) 분야에서도 우리는 일본에 6배나 뒤지는 것으로 나타났다. 일본은 도요타와 혼다 등 29개 사가 연구개발에 1조 원 이상을 투자한 것으로 나타났지만 우리는 삼성전자와 LG전자, 현대자동차 등 3곳에 그쳤다. 대학생들은 공무원 시험에 목숨 걸고 수능성적 우수자들이 의치(의대 치대)에 몰리는 우리는 분명 정상이 아니다.

노벨 과학상은 한·일간 경제 격차의 잣대이다. 기초과학은 국가의 미래를 좌우한다. 선진국치고 기초과학을 우대하지 않는 나라가 없다. 경제발전의 원천은 과학이라는 인식과 환경을 바로 세워야 옳다. 나대고 생색내지 않는 게 최고의 덕목이다. 국가 운영도 마찬가지이다. 싸움에서 승리는 명성이나 공적에서 나오는 것이 아니다. 자기 임무를 성실히 수행하고 공명에 치우치지 않아야 한다.(무지명무용공無智名無勇功)

천문학적 가치 지닌 한식의 재발견

북유럽 덴마크 수도 코펜하겐 부둣가에 낡은 창고를 개조한 레스토랑 노마(Noma)가 있다. 2003년 문을 열었을 때 테이블은 고작 11개였다. 허름하기 짝이 없는 이곳이 새삼 주목받은 이유는 두 가지이다.

첫째, 한 해 예약을 시도하는 사람들이 모두 100만 명에 달한다. 그 결과 덴마크 관광산업을 11%나 성장시켰다. 신토불이身土不二 식재료만 사용해 농업과 어업, 낙농업까지 부흥시켰다.

둘째, 오너 셰프 (주방장 겸 주인) 르네 레드제피의 명성 때문이다. 그는 2012년 미국 시사주간지 타임 선정 '세계에서 가장 영향력 있는 100인'에 선정됐다. 셰프가 글로벌 리더에 선정되기는 사상 최초이다. 박근혜 정부 2년, 서울을 찾은 그가 '글로벌 리더스 포럼'에 참석해 고견을 쏟아냈다.

덴마크 톱 오너 셰프 레드제피의 '신토불이 경쟁력'
레스토랑 노마는 세계 요리업계 선정 '세계 50대 식당'에서 으뜸을 차지했다. 프랑스 레스토랑가이드 미슐랭에서 최고 등급인 별 셋

을 받았다. 레드제피의 성공 비결은 세계 어디에서도 맛볼 수 없는 독특한 음식을 선보인 것이다. 예약이 '하늘의 별 따기'라는 이곳이 등장하기 이전까지 코펜하겐 최고급 식당들은 정통 프랑스 요리를 주로 내놓고 있었다.

레드제피가 자랑하는 독특한 음식이란 자기 나라에서 얻는 식재료만 사용하는 거다. 신토불이의 새 지평을 열었다는 평가를 받는다. 이 식당 요리에는 유럽에서 흔한 올리브 오일이 없다. 이유는 이곳에서 올리브가 나지 않기 때문이다. 대신 개미를 이용해 올리브 맛을 낸다. 신토불이 식재료의 결정판이다. 꿀은 벌이 꽃의 수분을 먹고 토해낸 거와 같은 이치이다.

레드제피는 한식의 세계화와 관련해 "당신 주변의 것들을 포용한다면 엄청난 가능성과 힘이 된다"고 말했다. 유행을 좇거나, 그래야만 한다는 선입견 때문에 직관을 무시하는 게 얼마나 실망스러운 것인가를 일깨워줬다. 하찮게 보이는 우리 음식도 재료와 방법을 어떻게 특화시키고 관리하느냐에 따라 가능성은 무궁무진하다. 한식의 재발견이 필요한 이유이다.

한식의 세계화를 거론하려면 조태권 광주요 회장을 빼놓을 수 없다. 한식의 가치와 품격을 높이기 위해 최초로 고급화 전략을 구사한 주인공이다. 2007년 미국 나파밸리에서 와이너리 관계자들에게 한 끼에 300만 원이 넘는 한식 정찬을 대접했다. 고급 한식을 발굴하고 발전시키는 데 사재를 털었다. 한식당에 신개념을 도입하고 '화요'라는 고급 소주를 개발했다.

한국판 맥도널드·스타벅스 키워야

조 회장은 저서 『조태권의 문화 보국』을 통해 한식에 대한 자긍심이 결국 국부창출과 부민강국의 첩경이라고 봤다. 한식에 대한 이율배반적인 면을 경계했다. 다른 나라의 비싼 명품을 사고 비싼 음식을 소비하는 건 품격이 높고, 우리나라 좋은 식당의 음식과 좋은 그릇에 대한 소비는 사치냐고 따졌다. 1963년 설립된 광주요는 식탁 위 품격을 지향하고 한식에 고급화 옷을 입히고 있다.

한식은 우리 민족의 5,000년 문화유산이다. 2030년 세계 식품산업 규모는 무려 1경 원(1조원의 1만 배)이다. 사물인터넷이나 AI, 자율주행, IT시장과는 비교가 안 된다. 한식을 주력산업으로 키울 전략이 필요하다. 세계 중산층 인구 절반을 10억 명이라 볼 때, 그들이 한 달에 한 끼만 한식을 먹어도 1년이면 120억 인분이다. 한 끼당 20달러만 잡아도 시장 규모가 2,400억 달러가 된다.

한식은 단순한 밥장사가 아니다. 한식의 세계화 전략을 프랜차이즈에서 찾자. 발효와 숙성의 과학이 숨 쉬는 한식에 다시 한 번 주목했으면 한다. 대학 커리큘럼에 한식 프랜차이즈 전략 과정을 도입하면 좋겠다. 우리나라 자영업 가운데 외식업 비중이 세계 1위라는 건 한편으로 큰 자산이다.

맥도널드와 스타벅스 시가총액이 삼성전자를 제외한 우리나라 10대 그룹보다 높다. 한국판 맥도널드나 스타벅스를 키우지 못할 이유가 없다. 맥도널드가 진출하지 못한 미얀마에도 우리나라 롯데리아는 6개나 진출해 있다. 우리에게는 우리만의 문화적 자산과 역량이 있다. 한식 세계화 프랜차이즈가 부민강국과 국부창출의 길이다. 남에게 받으려면 내가 먼저 나에게 절해야 옳다.(향아설위向我設位)

10. 녹색경영보다 위대한 경영은 없다

한 그루 과일나무에서 두 가지 과일을 구하기는 어렵다.(일목불구이종과—一木不求二種果) 사과나무에는 사과가, 배나무에는 배가 열리는 게 자연의 순리이다. 마찬가지로 한 사람에게 두 재주를 구하기는 어렵다. 더불어 살아가려면 서로 부족한 부분을 찾아 메워가야 한다.

초록은 동색同色이다. 풀과 녹색은 같은 빛깔이다. 빨주노초파남보 가시광선 한가운데 위치한 녹색은 성장과 번영, 생명과 부활, 낙원과 평온의 상징이다. 흥분을 진정시키기도 한다. 2014년 식물 노화 연구로 호암상을 받은 남홍길 박사(당시 기초과학연구원 식물노화수명연구단장)는 식물의 노화와 죽음의 과정을 밝혀 생명과학 연구에 새로운 영역을 일궜다는 평가를 받는다.

이명박·박근혜 정부 기업의 화두는 녹색성장

남 박사는 대부분의 과학자가 인체와 동물의 노화를 연구하는 것과 달리 식물에 주목했다. 식물은 지구상 생명체에 산소와 양분을 공급한다. 낙엽이 지고 들풀이 메말라 가는 원리를 과학적으로 규명했다. 식물 노화 연구는 궁극적으로 산업 생산성을 높이는 데 기여한다. 식물에게 얻은 성장과 노화의 비밀은 결국 사회발전을 앞당긴다.

남 박사는 세계 3대 과학 저널인 사이언스와 셀, 네이처에 모두 논문을 실어 그랜드슬램을 달성했다. 황우석의 논문 조작 가능성을 처음으로 제기한 생물학연구정보센터(BRICS)를 만든 주인공이다. 그는 "이제 과학도 대중의 언어로 사회와 소통해야 한다"고 하였다. 과학적 성과를 사회와 공유할 때 빛이 난다는 것이다.

포털 1위 네이버의 제호 바탕은 녹색이다. 메인 화면 주요 코너는 녹색을 전진 배치하고 있다. 현대그룹의 삼각형 배지도 녹색이다. 스타벅스는 녹색을 컬러마케팅으로 활용하고 있다. 그렇지만 녹색은 기업보다 환경이나 공익단체에 잘 어울린다. 대부분 기업은 홍보나 광고에 녹색을 선호하지 않는다. 마케팅과 거리가 멀고 소비를 촉진시키는 색상과 어울리지 않는다는 게 중론이다.

이명박·박근혜 정부 기업의 화두는 녹색경영이었다. 저탄소 녹색성장의 친환경 경영으로 에너지와 자원을 절약하고 오염물질 배출을 최소화한다는 목표였다. 녹색경영 성과가 탁월한 기업에 녹색인증을 부여했다. 녹색인증 기업은 2013년 기준 203개에 이르렀다. 공공구매 조달심사와 금융지원 시 우대를 받았다. 이 인증을 받으면 환경 법규를 위반해도 고발당할 수준이 아니면 5년간 유지되는 특혜를 줬다.

문제는 무늬만 녹색경영인 기업이 늘고 있다는 거다. 녹색인증 특혜를 누리면서도 환경 법규를 위반한 대기업들이 늘고 있다. 친환경 이미지로 이득만 취하고 사회적 책임은 외면했다. 대기업이라는 이름이 부끄럽다.

47조 원 UAE 원전 수주는 녹색성장 덕분

저탄소 녹색성장은 이명박 대통령의 간판 정책이었다. 취임 2년을 맞은 박근혜 대통령이 두바이에서 지켜본 아랍에미레이트(UAE) 바카라원전은 47조 원 규모이다. 소나타급 승용차 200만대 수출과 맞먹는다. 세계에서 6번째 원전 수출국인 우리가 중동에 최초로 세웠다. 이번 국부창출의 쾌거는 따지고 보면 녹색성장 덕이다. 세계는 지금 '원전 르네상스'를 맞고 있다.

2015년부터 시행된 '저탄소 자동차 협력금 제도'를 놓고 정부 내 이견이 좁혀지지 않고 있다. 산업간 파열음도 일고 있다. 온실가스를 적게 배출하면 보조금을 지급하고, 많으면 부담금을 지우는 거다. 국산 자동차 역차별 논란에 자동차 업계가 반발하고 있다. 불법 보조금이 판치는 휴대폰 시장처럼 혼탁해질 거라는 우려도 있다. 그러나 이기주의를 벗고 사회공헌 측면에서 접근해야 옳다.

녹색성장은 거스를 수 없는 시대적 흐름이다. 지속 가능한 미래를 보장한다. 폭염 속에서도 초목의 녹색 향연은 절대 빛바래지 않는다. 정직한 과일나무의 순리를 거스르면 탈난다. 녹색경영보다 위대한 경영은 없다. 알 깨는 병아리와 어미 닭 같이 더불어 뜻을 합치는 것이 최고의 가치이다.(줄탁동기啐啄同機)

밀양 송전탑 갈등, 터키 원전수주 실패

우리나라는 전기 선진국이다. 품질 좋고 값도 싸 물 쓰듯 전기를 쓴다. 세계 1위 반도체 강국도 따지고 보면 최고급 전기 때문이다. 삼성전자와 현대자동차, LG전자, 포스코, 현대건설 등 초일류 기업들의 경쟁력은 전기에서 나온다 해도 과언이 아니다. 전기는 글로벌 경쟁력이자 산업의 대동맥이다. 통하지 않으면 탈난다.(불통즉통 不通則痛)

전기는 한 번 생산하면 저장이 어렵다. 실어 날라야 한다. 적재적소 송배전送配電이 생명이다. 인체로 보면 경락과 경혈이다. 박근혜 정부 첫해, 봄이 실종된 뜨거운 5월에 에너지원 전기를 떠올린 건 다름 아니다. 첫째가 경남 밀양 송전탑 공사 갈등, 둘째는 터키 원전 수주 실패의 아쉬움 때문이다. 대규모 정전사태와 블랙아웃에 대한 우려도 한몫했다.

값싼 고품질 전기가 반도체 세계 1위 견인

2013년 5월 밀양 송전탑 공사(765kV)가 재개됐다. 신고리 원전 3호기 상업 운전 시기에 맞춘 것이다. 12월 준공을 목표로 총사업비

5,200억 원이 들었고 161개 송전탑을 세우는 프로젝트였다. 그러나 일부 시민단체가 합세해 유독 이 지역에서는 공사 진척이 더디었다.

공사 반대 측 주장의 핵심은 지중화 요구와 고압선 위험이었다. 송전탑으로 인한 암 유발도 경고했다. 송전탑 지중화 비용은 만만찮은데, 2조 원이 추가되고 10년쯤 걸리는 것으로 조사됐다. 그렇게 되면 신고리 원전의 전기는 갈 곳을 잃는다. 암 유발 등 건강 역학조사는 아직도 진행 중이라 섣불리 결론 내기가 어렵다.

송전탑 갈등은 자칫 노무현 정부 시절 '제주 해군기지' 꼴로 비화가 되면 안 되는 일이었다. 국책사업을 둘러싼 소모적인 갈등과 반목은 나라를 좀먹는다. 수준 높은 양보와 타협이 있어야 한다. 남북분단의 현실 인식과 국부창출의 공감대가 형성돼야 옳다. 진영논리에 빠지면 곤란하다. 송전탑 갈등은 신규 원전 건설의 시금석이다. 더욱이 방사성폐기물 처리장 입지 선정에도 영향을 미칠 수 있다. 해묵은 질시는 공동체를 해친다.

이명박 정부 때부터 3년 간 공들인 터키 원전 수주가 실패로 끝났고 일본에 넘어갔다. 2010년 원전 사업협력 양해각서 체결 뉴스가 요란했기에 아쉬움이 더 크다. 두바이 원전과 맞먹는 220억 달러(24조 원) 국부창출이 물 건너갔다. 원전은 세계가 주목하는 마지막 남은 블루오션이다. 원전 강국 대한민국이 왜 기회를 놓쳤을까?

고비용 저효율 금융이 터키 원전수주 실패 자초
일본에 밀린 가장 큰 이유는 낙후된 금융경쟁력 때문이다. 원전을 지으려면 70%를 프로젝트파이낸싱(PF)으로 조달해야 하는데, 자본력과 경험에서 일본에 한참 뒤졌다. 고비용 저효율이 빚은 도덕적 해이解弛이다. 국내은행은 예금과 대출이자로 전체의 90%를 벌어들인다. 국내 영업에 안주한다. 2013년 기준 해외점포 당기 순이익 비율은 7%로 일본의 26%에 비하면 턱없이 낮다.

은행 지점은 일본의 4배 수준이다. GDP에서 일본에 한참 뒤졌지만 지점은 엄청 많다. 순익은 반 토막이지만 지점은 우후죽순마냥 는다. 국가경쟁력 대비 금융경쟁력이 무척 뒤진다. 4대 은행 평균 연봉은 2021년 기준 1억 원 수준이다. 국민은행 1억 400만 원, 하나은행 9,700만 원, 신한은행 9,600만 원, 우리은행 9,500만 원 등이다. 일일이 나열하기가 그렇다. 낙후된 금융이 원전 수주 발목을 잡았다는 분석은 맞는 말이다.

밀양 송전탑 갈등, 터키 원전 수주 실패, 전력 수급 빨간불… 모를 심어 싹이 웃자라야 벼가 눈을 내고 꽃을 피운다. 그래야 이삭이 알곡으로 채워진다. 벼의 화육생성化育生成이고 추수의 보람이다. 선진국 문턱에서 헤매는 나라, 마치 꽃은 피웠지만 결실을 맺지 못하는 것과 같다.(수이불실秀而不實) 누가 이 책임에서 자유로울 수 있나?

¹² '별에서 온 그대', 경제효과 3조 원

문화의 힘은 진공청소기이자 태풍의 눈이다. 글로벌 거대자본을 거침없이 빨아들이는 블랙홀이다. 질풍노도의 대박을 몰고 오는 태풍의 인자因子이다. 2014년 봄 종영된 SBS 드라마 '별에서 온 그대'(이하 별그대)가 13억 중국인의 소비까지 바꾼 걸 보고 든 생각이었다.

'별그대'의 힘은 대단했다. 2000년 초 일본에 불었던 한류드라마 '겨울연가'와는 비교가 안 된다. 도민준(김수현 역)과 천송이(전지현 역)가 새 한류스타에 등극했다. 우리나라 식음료와 치킨이 중국인 소비까지 갈아치웠고 판매는 사상 최고치를 경신했다. 3조 원 규모의 경제효과를 유발시켰다. 아울러 중국 관광객은 34%나 증가했다. 모든 게 문화의 힘 때문이다.

한류드라마 한 편이 13억 중국 소비까지 바꿔

전지현이 드라마에서 치맥(치킨과 맥주)이란 말을 쓰자 대륙에 치맥 열풍이 불었다. 온라인에서 화제가 되고 중국식당에 치맥이란 메뉴가 등장했다. 덩달아 비비큐의 중국 내 치킨판매는 30% 증가했다. 김수현이 언급한 라면이 농심의 중국매출 기록을 갈아치웠다. 농심의 중국법인 농심차이나의 매출이 급증했다. 중국법인 설립 후 최대였다.

중국 관광객들은 전지현을 광고모델로 내세운 파리바게뜨 앞에서 장사진을 쳤다. 그녀의 실물 광고판 앞에서 기념사진을 찍고 빵을 먹었다. 김수현이 광고로 등장하는 CJ푸드빌의 뚜레쥬르 베이징 지역 매장 매출도 증가했다. 이들이 광고하는 의류나 화장품 인기도 식을 줄 모른다. 이른바 '별그대 노믹스'의 위력이다.

김수현의 중국방송 1회 출연료는 5억 원이었다. 중국이 제공한 전세기를 타고 장쑤성 성도인 난징을 방문했는데, 장쑤성TV '최강대뇌' 프로그램에 출연하기 위해서였다. 방송국 도착부터 촬영 완료까지 걸린 시간은 8시간이니 시간당 6,000만 원을 번 셈이다. 녹화 현장을 보기 위한 입장권은 장당 87만 원에 거래됐다. 인터넷에선 520만 원까지 치솟았다는 후문이다.

2014년, 중국의 한류 드라마 열풍과 관련해 워싱턴포스트는 재미있는 기사를 냈다. 제목은 '한국 드라마가 중국을 이끄는 빛이 될 수 있을까?' 이 기사는 베이징에서 열린 중국 최대의 정치행사인 양회兩會 참석자들 사이에 오르내린 최대 이슈는 한국 드라마 열풍이라고 소개했다. 한류열풍이 글로벌 주목 대상이 된 것이다.

한류에서 제2의 '스마트폰 신화' 창조해야

워싱턴포스트는 1면에 전지현과 김수현 사진과 함께 기사를 비중 있게 다뤘다. 기사에서 정치국 상무위원 왕치산 중앙기율위원회

서기의 말을 인용했다. 그는 한국 드라마가 중국을 앞서고 있음을 극찬했다. 이어 왜 중국은 이런 대박 드라마를 만들지 못하느냐고 탄식하느라 반나절을 보냈다고 전했다.

미국과 중국을 비롯해 미국과 러시아, 일본과 중국 등 강대국들은 역사와 정치문제를 놓고 첨예하게 대립하고 있다. 냉전(cold war)을 지나 '뜨거운 평화(hot peace)'의 시대에 접어들었다. 냉전이 전면 충돌로 치닫지 않는 패권적 침묵의 연속경쟁이라면, 뜨거운 평화는 직접 충돌도 불사하는 국지적 국가이익의 무한갈등이다.

지금은 이념이 아닌 국가의 이익이 충돌하는 시대이다. 러시아와 우크라이나의 갈등과 시리아 내전, 일본과 중국의 센카쿠 논란이 그 예이다. 강대국 틈새에 낀 우리가 주목할 건 다름 아닌 한류의 가능성이다. 문화는 국경과 이념, 대립과 갈등을 초월한다. 문화만큼 개방적이고 자유롭고 부가가치가 높은 분야가 없다. 이미 한류 확산을 통해 그 가능성이 확인됐다. 우리만 잘 모르지만 말이다.

국가 신성장동력을 한류에서 찾자. 한류는 제2의 스마트폰이나 다름이 없다. 세계에서 통하는 콘텐츠가 한류이고, 그 한류가 국익 창출의 원천이다. 13억 대륙을 뒤흔든 '별에서 온 그대'는 공중파 방송으로 방영된 드라마가 아니다. 인터넷으로 전파됐을 뿐이다. 세계는 영원한 강자도, 영원한 약자도 없다.(국무상강무상약國無常强無常弱) 오직 문화의 힘에 달렸다.

13. 대기업 규제, 되레 외국사가 반사익

"**규**제는 거미줄과 같다." 그리스의 철학자 아나카르시스의 말이다. 약자나 빈자는 거기에 걸려서 꼼짝 못하지만, 강자나 부자는 뚫고 지나간다. 현실을 꿰뚫는, 시대를 초월한 명언이다. 이 말이 다시 생각난 건 집권 2년을 맞아 박근혜 대통령 주재로 열린 규제개혁회의 때문이다. 2014년 3월 20일의 일이다.

이날 규제를 성토하는 난상 토론이 열기를 뿜었다. 보통 필요한 규제도 있지만 그렇지 않은 것도 있다. 규제의 유무도 중요하지만 규제가 어떻게 작용하는지 따지는 게 더욱 중요하다. 규제는 사람에 의해 이뤄진다. 이제 운용의 문제를 따질 때이다. 규제로 인한 기업의 피해가 늘고 있기 때문이다. 심각한 건 외국기업이 반사이익을 누리는 데 있다. 국부유출에 빨간불이 켜졌다.

외국사가 국내시장 잠식, 국부유출 심각

평택항 출국장 면세점 운영자로 화교 자본 교홍이 선정됐다. 김해공항 국제선 면세점은 세계 2위 듀프리의 국내 자회사가 가져갔다. 듀프리는 우리나라에 자본금 1,000만 원짜리 유한회사를 세운 뒤

이를 이용해 사업권을 따냈다. 중소·중견기업에 혜택을 주기 위해 롯데·신라·신세계 등 대기업의 입찰을 제한하자 되레 외국계가 빈자리를 차지한 것이다.

대기업 규제에 따른 폐해와 역설은 부지기수이다. 공공기관 구내식당 운영도 대부분 외국계가 독차지하고 있다. 상호출자가 제한된 자산규모 5조 원 이상의 대기업 계열사 참여를 배제했기 때문이다. 삼성에버랜드와 현대그린푸드, 신세계푸드, CJ프레시웨이, 한화호텔은 역차별을 받고 있다. 그렇다고 중소기업이 혜택을 보는 것도 아니다. 입찰 자격 자체를 못 갖춘 업체가 수두룩하다.

2013년 12월 입주를 시작한 정부세종청사 중앙부처 구내식당 위탁운영자는 미국계 아라코이다. 연 매출 15조 원, 직원 26만 명의 세계 3위 아라마크의 한국법인이다. 아라코는 이밖에 다산콜센터와 신용보증기관, 국립환경과학원 등도 가져갔다. 식당 운영만 아니라 매점까지도 챙겼다. 이러다간 국내시장 모두 외국계에 잠식당하게 생겼다.

광고시장도 외국계가 독무대이다. 삼성화재 TV 광고는 제일기획에서 미국계 TBWA로 바뀌었다. LG생활건강 계열 더페이스샵 광고도 LG그룹 HS애드에서 휘닉스커뮤니케이션으로 넘어갔다. 일본계 덴츠와 보광의 합작 자회사이다. LED 조명시장도 중소기업 적합 업종으로 지정된 후 대기업이 빠지면서 필립스와 오스람 등 외국계가 장악했다. 조명시장은 거의 외국계이다.

일괄 규제로 대·중소기업 피해, 외국사 수익 급증

공공기관 시스템통합(SI)시장은 더 심각하다. 미국계 IBM과 HP가 장악하고 있다. 여기에다 중국과 미국계가 대주주인 대우정보시스템의 시장점유율이 계속 증가하고 있다. 소모성자재구매대행(MRO) 시장은 미국계 오피스디포가 차지하고 있다.

이와 같이 대기업 제한과 중소기업 지원이란 이분법적 규제와 대립적 사고가 본래의 목적에서 이탈하고 있다. 대기업은 역차별을 당하고, 중견·중소기업에는 혜택이 돌아가지 않는다. 도리어 국내시장을 외국계에 뺏기는 상황이 빚어지고 있다. 심각한 국부유출이 아닐 수 없다. 공공기관 입찰에 있어 대기업·중소기업 컨소시엄에 기회를 주는 등 다각적 대책이 절실하다.

과연 누가 이 같은 '규제의 역설'에 책임을 질지 답답하다. 경제민주화니 일감 몰아주기 규제니 다 좋은 일이다. 그러나 취지는 좋지만 좋지 않은 결과를 빚는다면 다시 돌이켜볼 일이다. 대기업 불공정행위와 문어발확장은 규제해야 한다. 총수의 전횡에 대한 감시도 옳다. 규제와 제한도 품격이 있어야 한다. 그러나 이제 차분하게 국익을 챙길 때이다.

세계경제포럼(WEF) 자료(2012년)를 보니, 우리나라 국제 경쟁력 순위는 144개국 중 19위이지만 정부 규제 부담순위는 117위이다. 그럼에도 불구하고 우리나라는 기업하기 좋은 나라에 속한다. 선진국 문턱에서 할 일이 태산이다. 앞으로 나아가지 못하면 죽는다.(부진불생不進不生)

14. 이스라엘의 엘리트군인 양성 프로그램 '탈피오트'

피할 수 없으면 즐겨야 한다. 아는 건 좋아하는 건만 못하고, 좋아하는 게 즐기는 걸 따라가지 못한다. 열정과 몰입은 즐기는 데서 나온다. 권태로운 천국보다 행복한 지옥이 낫다. 박근혜 정부 첫해, 건군 65주년 국군의 날을 맞아 까마득한 필자의 군 복무 추억을 되새기며 든 생각이다.

10년 만에 시가행진이 있었고, 보무도 당당한 최정예 부대와 첨단 무기가 등장했다. 족집게 맞춤형 지대지 순항 크루즈와 현무 미사일 신형이 최초로 공개됐다. 대북 핵미사일 억제시스템인 킬체인(kill chain)도 조기에 확보될 것으로 예상됐다. 우리나라는 세계에서 상위 몇째 안에 드는 군사 강국이다. 2013년 기준 국방예산은 전체 예산의 10%가 된다.

미국 유학 중 귀국, 군 복무 마친 어느 청년

국군의 최강 무기는 국민의 사랑이다. 이날 국군의 날 콘셉트도 국민의 사랑을 받는 군이었다. 마침 강원도 최전방에서 전역한 여인택 씨가 쓴 책 『알면 인정받고 모르면 해매는 군대심리학』을 읽었다.

여 씨는 미국 미시건대 심리학과 4학년 유학생이었다. 중학생 때 미국으로 건너간 후 귀국해 우리나라에서 현역 복무를 마쳤다. 부대에서 고충 상담 역할을 톡톡히 했다. 병장 때부터 틈틈이 수첩에 적은 사례를 인터넷게시판이나 블로그에 올렸다. '일말상초'를 심리학으로 풀어줬더니 '고무신'들의 호응도 좋았다는 후문이다. 일말상초는 일병 말 상병 초에 애인과 헤어진다는 속설, 고무신은 군대 간 남자친구를 기다리는 여성을 일컫는다.

재미없게 느껴지는 군대의 일상도 즐기고 몰입하기 나름이다. 그는 대전차화기 운용병으로 복무하며 우수 분대장상도 받았다. "군대가 시간 낭비라는 생각을 버리고 세상을 보는 안목을 키우며 그들의 고민을 이해해야 한다"고 말했다.

미국 유학생으로 병역을 마친 여 씨는 물론 대부분의 청년들은 병역의무를 다한다. 그들이 있기에 군에 대한 사랑이 쌓이고 믿음이 커진다. 그러나 병역에 대한 불신과 부정 의식이 의외로 높다. 권력이나 금전, 유명세를 이용해 병역을 면탈하는 사례가 사라지지 않기 때문이다. 유명인이나 부유층 자녀들의 병역면제는 어제오늘의 문제가 아니다.

병무청의 병역법 개정안은 늦었지만 잘한 일이다. 고위 공무원(정부 부처 4급 이상)과 연봉 5억 이상 고소득층의 직계비속, 연예인, 체육인 등 11만 1,000여 명의 병역문제를 집중 관리하는 개정안을 입법 예고했기 때문이다.

병무청은 이들의 인적 사항을 국세청과 법원행정처, 연예인협회,

체육단체로부터 통보받아 전산화하고 신체검사부터 병역을 마칠 때까지 관리한다. 현역은 물론 제2국민역 판정도 한 번 더 확인하고 의가사 제도도 재점검하기로 했다. 투명하고 공정한 병역관리의 근거가 마련되면 군에 대한 국민의 사랑은 더 높아질 것으로 보인다.

"군대를 창업 전초기지로 만들 때"

우리도 군에 한국형 '탈피오트(Talpiot)'를 도입할 때가 됐다. 탈피오트는 히브리어로 '최고 중 최고'라는 뜻으로 이스라엘의 엘리트 군인 양성 프로그램이다. 군 복무 중 다양한 기술을 습득시켜 전역 후 창업을 지원한다. 법무관과 군의관처럼 이공계생도 장교로 복무할 수 있다.

실제로 탈피오트 출신들이 만든 벤처기업의 활약상은 눈부시다. 세계 최초로 배터리 교환방식의 전기차를 개발한 베터플레이스, 인간 게놈 해독 및 제약을 개발한 컴퓨젠 기업과 인터넷보안, 통화 감시장치, 동영상사이트 등 기술이 분야별로 다양하다.

복지가 내부의 적을 만들지 않는 것이라면, 국방은 외부의 적을 막는 것이다. 국방 없이 복지 없다. 하루 24시간 잠들지 않는 군은 그러기에 국가안보와 경제의 보루이다. 군에 대한 국민 사랑을 승화시켜 다양한 변모를 꾀할 때이다. 군은 변하지 않는 것으로 변화에 대응해야 한다.(이불변以不變 응만변應萬變)

13. 명품기업 무릎 꿇리는 '요우커의 힘'

지금은 많이 바뀌었지만 중국인 관광객, 요우커(游客)의 힘이 대단했다. 한때 우리나라를 찾는 외국인 관광객 절반가량을 차지했다. 2014년 기준 외국인 관광객은 사상 최대인 1,400만 명에 육박했다. 국내 입국 관광객 통계가 1975년 시작됐으니, 관광산업은 40여 년 만에 비약적 발전을 일군 셈이다.

요우커는 단일 국적으로는 처음으로 500만 명을 넘겼고 600만 명을 돌파했던 것으로 보인다. 2013년 그들이 우리나라에서 쓴 돈은 7조 7,000억 원이었다. 2012년 대비 2조 8,000억 원 늘었다. 24조 원 생산유발효과와 30만 개가 넘는 일자리를 창출했다. 이는 우리 대기업 47개가 만드는 일자리보다 4배나 많은 수치였다.

샤넬·에르메스도 요우커에 관심, 롯데면세점 매출 53% 차지
세계적으로 요우커는 1년에 1억 명이 100조 원을 쓴다. 해외여행 붐이 분 2013년 중국의 1인당 국민총생산액은 6,800달러였다. 일본은 1980년대, 우리나라는 1990년대에 해외여행 붐이 일었는데, 공교롭게도 이때 1인당 국민총생산액이 6,600달러였다. 관광 서비스산업은 굴뚝 없는 공장이자 신성장동력이다. 요우커의 특수는 이제 우리 경제의 변수가 아닌 상수가 됐다.

관광 서비스산업은 내수업종을 넘어 글로벌 비즈니스가 된 지 오래다. 요우커는 글로벌 비즈니스 첨병으로 등장했다. 샤넬과 에르메스 등 콧대 높은 명품기업도 변하게 만들었다. 명품기업이 한류드라마 간접광고(PPL)에 열중하는 건 그들을 겨냥했기 때문이다. 루이뷔통이 YG엔터테인먼트에 자본투자를 하고 제일모직과 YG가 손잡은 것도 실은 이런 이유 때문이다.

면세점에서 차지하는 요우커 비중도 50%를 넘었다. 롯데면세점의 2013년 3분기 매출 중 53%를, 신라면세점 상반기 매출의 60%를 차지했다. 아모레퍼시픽 설화수 등 우리나라 화장품은 면세점 인기 품목 선두를 차지한다. 이에 힘입어 주가는 2배 이상 상승했다. 한때 우리나라 관광객들이 일본에서 코끼리밥솥을 사느라 장

사진을 이룬 것과 같은 광경이다.

요우커로 대변되는 차이나파워가 우리 경제에서 차지하는 비중은 엄청나다. 외국인들이 사들인 주식의 54.7%가 중국인 것이다. 중국 자본이 2013년 1~7월 사들인 우리나라 주식은 2조 원쯤 된다. 우리나라 인수합병시장도 중국 자본 독무대이다. 아가방과 카이스트 등 100억 이상 투자 건도 9건이 넘는다. 중국인이 제주에 소유한 땅의 공시지가는 5년 새 296배 증가한 걸로 나타났다.

재방문율 16개국 중 14위, 요우커를 '봉' 취급 않았나?

우리 경제의 상수로 등장한 중국의 힘을 한 번쯤 점검할 때이다. 한국관광공사의 외국인 관광객 만족도 조사에서 요우커가 조사 대상 16개국 중 14위를 차지했다. 재방문율은 30%에 그쳤다. 일본의 64%에 절반에도 못 미쳤다. 그들이 우리나라를 다시 찾지 않는다면 지금과 같은 특수는 물거품에 불과하다. 혹 우리가 그들을 '봉' 취급하지 않았는지 되새겨 볼 일이다.

사람이 찾아온다는 건 실로 엄청난 일이다. 국경을 넘는 방문은 더욱 그렇다. 정현종의 시 '방문객'에도 나와 있듯, 사람의 방문은 그의 과거와 현재, 미래가 함께 오는 것이다. 한 사람의 일생이 오는 것이다. 한때 도심 호텔 부족이 자주 거론됐다. 불편한 잠자리가 재방문율을 떨어뜨렸다는 것이다. 호텔 신축을 규제하는 학교보건법도 국부창출이라는 큰 틀에서 제고됐어야 했다.

천혜의 섬 제주를 찾는 요우커는 한 때 200만 명에 이르렀지만, 국내 항공사엔 그림의 떡이었다. 중국 탑승객 4명 중 3명은 중국

항공사를 이용했다. 중국은 10개 항공사가 20여 개 노선을 운항하고 있지만, 우리는 규제에 묶여 상대적으로 취약했다. 2006년 한·중 항공협정의 불균형 족쇄 때문이다. 중국만 시장 상황에 따라 중국~제주 노선 추가 운항이 가능했다.

백 리를 가면 바람이 다르듯, 천 리를 가면 풍속이 다르다. 요우커 특유의 문화관습과 행동특성에 맞는 감성마케팅이 필요하다. 그들과의 원만한 소통과 공감이 국부창출을 배가시킨다. 남쪽 별자리가 원만해야 북쪽 은하수가 방향을 바꾸는 법이다.(남신원만북하회南辰圓滿北河回)

10. '윤 일병' 사건, 한국군의 아킬레스건

윤 모 일병 구타 사망사건이 발생한 육군 28사단은 임진강이 지나는 경기도 연천에 있다. 대부분 평야 지대로 간첩 침투가 빈번하다. 1953년 부대 창설 후 수많은 대간첩작전을 수행하고 있다. 접경지역에 지형적으로 지상과 수중이 포함돼 경계근무 스트레스가 심한 곳으로 알려져 있다.

경계근무에 대한 피로도가 높다 보니 사건 사고도 많이 일어난다. 2014년 관심병사 두 명이 동반 자살한 곳도 이 부대이다. 최전방 초소(GP) 내무반 총기 난사 사건도 빚어졌다. 병사뿐 아니라 장교가 관련된 사건도 많다. 1959년 대대장이 훈련방식에 불만을 품고 사단장을 사살했다. 2012년에는 대위가 무장 탈영해 여자 친구와 싸우고 소총으로 목숨을 끊었다.

특수 접경지 28사단, 최전방 GP는 고립무원의 섬

28사단 최전방 GP는 군사분계선(MDL)에서 불과 몇 백 미터 떨어져 있다. 일촉즉발의 화약고에서는 북한군 숨소리까지 감지될 정도이다. 섬이나 다름없는 고립무원의 땅이다. 불철주야 긴장과 침묵의 연속이다. 60만 장병將兵들의 눈물과 땀, 피가 서려 있다. 병영에서 빚어지는 일련의 사건 사고는 우리 모두의 비극이다. 정예 강군의 치욕스러운 이면이다.

윤 일병 사건을 계기로 병영문화를 개선하자는 목소리에 봇물이 터졌다. 다소 늦었지만 수면 위로 떠 오른 건 천만다행이었다. 누구나 공감하는 최선의 방안을 찾아야 했다. 군은 사기를 먹고 자란다. 군 인권 보호는 최고의 가치이다. 병영문화 개선 없이 전투력 향상은 없다. 군의 목표는 적과 싸워 이기는 것이다. 평화를 원한다면 전쟁에 대비해야 한다.

박근혜 정부 2년차, 병영문화 개선 방안 가운데 병사들의 휴대폰 허용과 모병제 도입이 눈에 띈다. 휴대폰은 소통의 산물이니 구타와 가혹행위 방지에 도움이 될 것으로 보인다. 모병제로 전환하려면 병역비리 개선과 국민소득이 3만 달러 이상이 돼야 가능하다는 분석이 있다. 아무튼 병영문화 개선은 정치권 포퓰리즘에 휘둘려서는 안 된다.

분단국가에서 국방만큼 중요한 화두는 없다. 일련의 병영 일탈 사고에서 근본적인 원인과 대책을 찾아야 한다. 먼저 전우애를 살려야 한다. 아끼고 보듬는 공동체 의식의 복원이다. 다음은 미군이 우리를 지켜준다는 안이한 국방 인식을 바꿔야 한다. 우리가 아니면 안 된다는 간절하고 절박함이 우선돼야 한다. 지속적이고 체계적인 교육훈련을 통한 역량 강화가 절실하다.

장교와 병사는 우리 몸으로 보면 머리와 손발이다. 부사관은 몸통이다. 유기적으로 잘 어울려야 건강하다. 그러나 곳곳에서 이상

징후가 발생하고 있다. 책임감과 희생심이 희박해지고 있다. 특히 우수 장교 지원 인력의 감소는 우리 군의 아킬레스건이다. 초급장교의 근간을 이루는 학사장교와 학군장교(ROTC) 지원율이 매년 감소하고 있다. 한때 미달사태도 발생해 충격을 주고 있다.

'복무 단축' 남발, 포퓰리즘이 병영체계 훼손

2014년 기준 군의 간부자원(전문하사 포함)은 18만 7,000명으로 29.5%를 차지하고 있다. 장교와 마찬가지로 부사관 경쟁률도 하락 추세이다. 같은 공무원급인 순경공채에 비해 한참 뒤진다. 이는 정치권의 포퓰리즘과 관련이 있다. 병사의 복무기간 단축은 대선 공약의 단골 메뉴이다. 무책임한 정략적 접근이 상대적으로 장교 지원을 위축시키고 병영체계의 기본 틀을 무너뜨렸다.

우리나라는 지구상 마지막 남은 분단국가이다. 국방예산에 드는 세금이 늘 부담이다. 우리 장병들은 든든한 버팀목이다. 군은 그들을 최고의 고객으로 대접해야 옳다. 병영문화의 제도적 개선은 사랑과 배려가 깃들어야 한다. 병역의무까지 손대는 거대 담론은 그 다음 문제이다.

염전에서 소금 한 줌 얻으려면 바닷물 100바가지와 염부의 땀 1,000방울이 있어야 한다. 소금이 짠 이유는 염부의 땀 때문이라고도 한다. 염전의 염부와 병영의 장병들이 흘린 땀 덕분에 우리는 행복하고 안전하다. 병영문화 개선은 눈높이를 맞추는 배려에서 출발해야 한다. 자기가 하기 싫은 일을 남에게 하게 해서는 안 된다.(기소불욕己所不慾 물시어인勿施於人)

기업과 도시의 상생, 국가발전 원동력

지방자치가 도입된 지 27년이 지났지만 재정문제는 늘 시한폭탄만큼 심각하다. 2014년 기준 전국 244개 지자체 빚은 27조 원, 지방 공기업 부채까지 합치면 100조 원에 달한다. 재정자립도 50% 미만 지자체가 수두룩하다. 중앙정부가 부족한 예산을 지원해 주지 않으면 상당수가 부도날 판이다. 그럼에도 때 되면 지방선거는 치러진다.

지자체가 흥청망청 이벤트를 벌이고 지방채 발행을 늘리더라도 중앙정부는 지불을 보장해준다. 항상 감당을 못 할 선거공약이 남발하는 이유가 여기에 있다. 세금을 허투루 쓰면서도 주민에게 큰 짐을 지우게 되는 걸 모른다. 세금은 국민의 혈세인데도 말이다.

'부도 위기' 용인도시공사, 지방 공기업 첫 사례

경기도 용인시 용인도시공사가 경전철 건설에 1조 원을 쏟아 부어 논란을 빚었다. 급기야 2014년 4월 24일까지 갚아야 할 공사채가 200억 원이었다. 채권을 갚지 못하면 지방 공기업 중 부도가 나는 첫 사례였다.

이제 지방재정의 책임성을 높이기 위해 '지자체 파산제' 도입을 검토할 때가 됐다. 재정이 파산 난 지자체에 중앙정부가 책임을 지우는 거다. 지자체장과 지방의회 권한을 축소하고 구조조정을 실시해 재정을 건전하게 회생시켜야 한다. 방만 인력과 사업을 축소해 비정상을 정상화시켜야 한다. 기업의 구조조정 사례에서 배울게 한두 가지가 아니다.

미국은 1930년부터 지자체 파산제를 운영하고 있다. 지금까지 500곳이 파산선고를 받았다. 일본도 마찬가지이다. 홋카이도 유바라시는 2006년 관광산업에 투자했다가 파산한 대표적인 경우이다. 공무원과 지방의원을 절반 이상 줄였다. 복지정책도 대부분 수정했지만 아직도 파산의 늪에서 벗어나지 못하고 있다.

일부 순기능도 있지만 민선 지방자치의 역기능은 이루 말할 수 없다. 대부분 지역봉사에 눈멀고 사심邪心이 앞섰기 때문이다. 지자체장과 기초 광역의원은 무엇보다 주민의 행복을 위해 봉사하는 마음과 각오가 있어야 한다. 지방선거는 입신영달立身榮達을 위한 비즈니스가 아니다. 그들은 기업에서 경영 마인드를 배워야 한다. 기업이 들어가 지역이 사는 사례를 벤치마킹해야 한다.

"입신영달과 비즈니스 차원의 지방선거 출마는 곤란"

산학협력을 통한 교육지원은 기업과 지역의 대표적 상생 모델이다. SK하이닉스는 충북 음성의 충북반도체고를 지원한다. 세계 유일의 반도체 마이스터 학교이다. 맞춤형 교육을 받고 기업에 취업하고 자녀가 다시 그 학교를 지원하는 선순환이 이뤄진다. 현대제철이

지원하는 충남 당진 합덕제철고와 두산인프라코어가 지원하는 전북 군산기계공고도 마찬가지다.

기업이 오면 일자리가 늘고 소득이 향상되고 지역경제에 활력을 불어넣는다. 기업으로 지역경제가 살아나면 교육과 문화로 혜택이 확산돼 지역 전체가 한 단계 도약한다. 삼성전자 반도체라인이 들어선 경기도 화성의 지역내총생산 증가율은 국내 최고이다. 이 지역 삼성전자 협력사 고용인원은 1만 명, 매출은 1조 원에 달한다.

광주광역시의 경제 엔진은 기아자동차이다. 지역 제조업 매출에서 자동차 관련 산업이 차지하는 비율이 높다. 지역 전체 매출 가운데 자동차 관련 127개 사가 차지하는 매출 비중이 40% 정도 된다. 경북 포항지역 제조업 40%가 포스코와 직간접으로 연결돼 있고 포항 인구 15%가 포스코와 관련이 있다. 한때 6만 명이 살던 어촌 포항이 산업도시로 탈바꿈했다.

장재홍 박사(산업연구원 선임연구위원 역임)는 필자와의 통화에서 "기업과 도시의 상생 관계가 사회를 발전시킨다"고 말했다. 지자체는 중앙정부로부터 보조금 타기에 혈안이 될 게 아니라, 지역을 먹여 살릴 콘텐츠를 개발해야 한다. 그런 사람이 지방선거에 나설 자격이 있다. 공직 출마를 쉽게 여기는 사람들(이진지인易進之人)이 명심할 일이다.

18. 안타까운 진주의료원 사태

"**세**상만사 경영 가운데 제일 힘든 게 병원의 경영이다." 군 복무 시절 군의관에게 들은 말이다. 처음에는 이해하기가 어려웠다. 병원경영은 경영학 원론에도 잘 소개되지 않았고, 기업과 달리 수익 경영과 동떨어져 보였기 때문이다. 병원은 생명을 다루는 신성함 도 있지만 돈벌이의 치열함이 공존한다. 진주의료원 폐쇄 갈등은 병원경영의 어려움과 엇나간 의료시스템에 대한 경고이다.

2013년 기준 우리나라 34개 시·도립 공공병원 대부분은 적자 였다. 진주의료원 갈등이 적자 누적에서 나왔건 노조 전횡에서 비롯됐건 간에 공공병원 운영시스템에 빨간불이 켜졌다. 인건비 비율이 민간병원의 두 배에 달한다는데 그렇다면 제아무리 장사라도 당할 도리가 없다. 우리나라 공공병원 병상 비중은 OECD 국가 중 꼴찌이다.

34개 시·도립 공공병원 대부분 적자
공공병원뿐 아니라 민간병원 경영도 녹록치않다. 건강보험 진료 수가가 원가에 못 미친다. 초음파나 MRI, 고가 암 치료 장비, 선택

진료비 등 '비급여 수입'으로 버틴다. 건강보험이 적용되지 않는 분야이다. 두 시간 기다려 30초간 진료 보는 '컨베이어벨트 병원', 의사나 환자나 불편하고 불안하기는 마찬가지이다. 병원 수익에서 장례식장 의존도가 높다. 치료로 돈 버는 병원이 죽은 사람 장례식장 운영에 기대는 건 아이러니한 일이다.

'병원 장사: 대한민국 의료 상업화 보고서'라는 책을 보면 공공병원 실상이 낱낱이 나와 있다. 김기태 전 한겨레 기자의 현장 고발 탐사보고서이다. 가난한 이들이 더 쉽게 아프고, 더 쉽게 다치고, 더 쉽게 사망하는 슬픈 사연을 담았다. 빈부격차보다 심한 건강 불평등에 대한 원인을 찾고 있다. 의료 사각지대인 신생아 중환자, 산부인과, 응급의학은 공공병원이 보듬어야 할 분야지만 돈벌이가 안 된다는 이유로 내팽개쳐진다. 의료진의 열정 부족, 시스템 부재도 지적하고 있다.

그러나 우리나라 의료수준은 세계 최고이다. 박근혜 정부 첫해, 사우디에 의료시스템을 통째로 수출하는 협약을 맺었다. 1970년대 중동 건설특수에 이은 의료특수로 경제적 파급효과는 3,000억 규모이다. '쌍둥이 프로젝트'로 불리는 이번 협약은 순수 우리 의료기술을 그대로 전파한다는 데 큰 의미가 있다. 사우디 4개 도시에 400병상 규모의 메디컬 타워를 건립하는 게 주요 내용이다.

의학서 최초 세계기록유산, 위대한 동의보감

우리나라 선진 의료수준의 뿌리는 『동의보감東醫寶鑑』이다. 2021년은 동의보감 발간 416주년이다. 동의보감은 세계 과학사의 최고봉

이자 생명과학의 필독서, 의학 백과사전이다. 의학서 최초의 유네스코 지정 세계기록유산이다. 임진왜란의 참상이 아물지 않은 와중에 허준 선생이 일흔이 넘어 완성했다. 질병의 원인을 탐욕과 분노, 어리석음에서 찾는다. 고통받는 국민이 스스로 생명력을 깨울 수 있도록 한 양생술로 가득 채워져 있다.

허준 선생은 서문에서 말했다. "환자가 책을 펼쳐 눈으로 보면 허실, 경중, 길흉, 사생의 조짐이 거울에 비친 듯 명확하다. 함부로 치료해 요절하는 우환이 없게 한다." 주어는 환자(국민)이다. 국민을 사랑하는 마음이 흠뻑 넘쳐난다.

자랑스러운 세계기록유산 『동의보감』에서 국민 사랑을 배우자. 새로운 시선으로 우리를 다시 보고, 새로운 시야로 세상을 다시 만나자. 바람에 깃발이 나부끼지만, 움직이는 건 바람(적자)도 깃발(노조)도 아니다. 바로 우리의 마음이다. 이른바 풍번문답風幡問答이다. 진주의료원 폐업 갈등은 적자 누적이나 노조 전횡 차원뿐이 아니다. 의료 열정 부족과 국민 사랑 결핍의 문제이다.

19. '유병언의 종말', 무엇을 남겼나?

덕을 쌓으면 대대로 반드시 좋은 일이 생긴다.(적선지가積善之家 필유여경必有餘慶) 그러나 배려하고 베푸는 것에 인색하면 재앙이 닥친다.(적악지가積惡之家 필유여앙必有餘殃) 사람마다 유전인자는 다르지만, 덕을 쌓고 베푸는 건 사람 하기 나름이다.

유전인자를 결정하는 DNA는 생명의 설계 회로이다. 1953년에 발견된 이중나선구조는 생명의 비밀이다. 유전자형 차이로 신원을 확인한다. 드라마 속 친자확인 소송에서도 DNA 검사는 단골 메뉴이다. 희비와 생사를 가르는 결정적 증거이다. 2014년 8월 순천의 산기슭 메밀밭에서 변사체로 발견된 유병언 씨, 40일 만에 DNA 검사로 신원이 확인됐던 그는 무엇을 남겼나?

평소 사회적 책임에 부응했는지, 알려진 게 없어
세월호 참사를 일으킨 청해진해운은 불법과 탈법운항으로 무수한 승객을 희생시켰다. 희생자 대다수가 꽃도 피워보지 못한 고교생이다. 해경 등 국가 구조시스템 부재는 두고두고 천추의 한이다.

'유병언 미스터리'는 아직도 진행 중이다. 공권력 포위망을 어떻게 빠져나갔는지, 사망 원인과 행적, 운전기사 등 주변 인물, 가족의 동향 등도 아직 뚜렷하게 밝혀지지 않았다. 구원파 교주의 덧없는 죽음, 진상을 규명해야 세월호 유가족들의 상처를 조금이나마 치유할 수 있다.

유 씨는 살아생전 재물과 명예를 누렸다. 그러나 건강과 재물, 명예, 학식(健財官印)을 동시에 갖기는 쉽지 않다. 자칫 욕심을 부리다가 탈 나기 십상이다. 기업이든, 오너이든 나름 사회적 책임이 있다. 세월호 참사는 그렇다 치자. 안타깝게도 유 씨가 사회적 책임에 부응했는지는 별로 알려진 게 없다.

기업과 개인의 사회적 책임 가운데 핵심은 기부와 자선이다. 기부와 자선은 '아름다운 중독'으로 불린다. 덕을 쌓고 베푸는 마음이다. 더불어 사는 가치이자 그늘을 보듬는 사랑이다. 배려와 낮춤이다.(하심下心) 가진 자의 특권과 행세가 아니라 인간의 본성이다. 고사리 정성에 하늘도 감동하듯, 물방울이 바위를 뚫는다.(수적천석水滴穿石)

빌 게이츠 "기업의 사회봉사는 책임 아닌 의무"

기업의 사회적 책임과 관련해 눈에 띄는 뉴스가 있다. 기부의 왕으로 불리는 빌 게이츠가 가장 좋아하는 경영서적에 관한 거다. 그가 예전에 절판된 책을 살려냈다고도 한다. 책 제목은 '경영의 모험(Business Adventure).' 빈부격차를 극복하는 기업의 사회봉사를 책임 수준에서 의무 수준으로 끌어올렸다는 평가를 받는다.

게이츠는 기부의 왕이다. 2014년 기준 30조 원을 사회에 내놨다.

포브스 선정 세계 억만장자 순위에서 부동의 1위를 13년 연속 지키고 있다. 부자의 기부도 쉬운 건 아니다. 덕을 쌓는 마음이 있어야 가능하다. 게이츠보다 25살 많은 워런 버핏이 게이츠에게 이 책을 추천하고 빌려줘 화제를 모았다. 버핏도 기부 서약 운동을 통해 노블레스 오블리주를 실천하고 있다.

이 책의 저자 존 브룩스는 기자 출신이다. 스토리텔링 기법으로 각종 경영사례 12개를 소개했다. 경영의 비법 대신 인간의 본성을 담았다. 그는 '경영자에게는 좋은 물품과 완벽한 생산라인이 중요치 않다. 가장 중요한 건 사회적 가치를 실현하는 리더십'이라 했다.

KB금융경영연구소가 내놓은 '한국 부자 보고서'를 보면 2014년 기준 금융자산 10억 원 이상 부자 0.33%가 전체 금융자산의 14%를 차지한다. 우리나라 상위 10% 소득 비중이 전체의 45.1%이다.

소득 불평등이 세계 최고로 높은 미국(48.16%)에 육박한다. 유병언 씨의 비참한 몰락과 사회적 책임을 다하는 빌 게이츠, 둘 사이에서 기부와 자선의 교훈을 새삼 얻는다.

20. '사회의 평형수'는 부민강국의 보루

새는 날개로 날 듯, 배는 바닥짐으로 뜬다. 좌우 날개가 비행의 균형을 맞춘다면 돌과 모래를 채운 바닥짐은 배의 평형을 잡는다. 안전 항해를 위해서는 충분한 복원력이 생명이다. 기울어져도 오뚝이처럼 중심을 잡고 일어서야 한다. 돛을 펴고 닻을 내리는 건 그다음의 문제이다.

예전에는 바닥짐으로 돌과 모래를 썼지만 이제는 주로 바닷물을 채운다. 이게 평형수(ballast water)이다. 배의 전후좌우 평형을 잡아주고 방향을 정해준다. 사람이 두 다리로 땅을 딛는 것과 같다. 흘수吃水는 배가 물에 잠긴 부분의 깊이다. 수면에서 배의 맨 아래까지를 잰 수직거리이다. 끽수喫水라고도 한다. 배에 있어 평형수는 안전과 생명의 물이다. 부족하거나 넘치면 탈이 난다.

기울어져도 오뚝이처럼 복원, 평형수의 힘

세월호 침몰의 치명적 원인 가운데 하나가 평형수 부족이었다. 필요한 평형수를 기준보다 줄여 실었다. 부족한 평형수 대신 화물을 고박하지 않고 적재해 순식간에 대형 참사가 났다. 배의 안전과 승객의 생명은 아랑곳하지 않고 돈벌이에 눈이 멀었다. 청해진해운이 주범이라면 관피아는 공범이다. 사전 관리 감독에 소홀했고 침몰 후 초기대응에 실패했다.

취임 2년을 맞은 박근혜 대통령 주재 긴급 민생 대책회의에서 침체된 소비심리를 살리기 위해 7조 원이 넘는 재정투입을 결정했다. 여행업계에는 150억 원을 긴급 지원한다고 했다가 이틀 만에 500억 원으로 늘렸다.

세월호 관련 업종 및 지역의 중소기업, 자영업자 지원대책도 중요하다. 그렇지만 희생자 가족들이 갖는 비탄과 상실감을 최우선적으로 치유하는 게 옳았다. 유가족을 위한 생활안전자금 지원은 정부의 대책 이틀 뒤에 나왔다.

세월호 참사 이후에도 경제가 곤두박질쳤다. 경기가 좀처럼 살아나지 않았다. 사상 최대의 가계부채는 물론 천정부지로 치솟는 전세금에다 해결책이 미미한 청년실업 문제까지 온통 찬바람이었다. 오죽했으면 IMF 때보다 더 힘들다고 했을까? 있는 사람들이야 불황이고 뭐고 관계없지만, 없는 사람들은 더 고달프고 서럽다. 늦게라도 사회 안녕을 위해 '사회의 평형수'를 점검해야 한다.

아직도 세월호 희생자 유가족들에게는 마중물이 절실하다. 마중물은 펌프에서 샘물을 길어 올리기 위한 한 바가지 물이다. 안산 단원고 주변에는 문 닫은 슈퍼와 문구점, 세탁소, 미용실, 분식점들이 있었다. 그곳은 희생자 유족의 생계의 터전이나 다름이 없었다.

평형수가 배의 평형을 잡듯, 마중물은 사회의 안녕을 유지한다. 사회의 평형수는 다름 아닌 마중물이다. 마중물을 제대로 공급하고 점검하는 게 정치이다. 좋은 정치는 서로 다른 방향으로 내달리는 말들을 동아줄로 이끌어 함께 달려가게 하는 일이다.

평형수 오염처리 시장은 80조 원 블루오션

평형수와 관련해 빠뜨리지 말아야 할 게 있다. 평형수 처리기술이다. 배 입출항 시 매년 바다에 배출되는 평형수는 팔당댐 저수량의 20배에 달하는 100억 톤에 이른다. 바닷물을 통해 유입되는 해양 생물체에 의한 해양생태계 파괴가 심각하다. 이를 막기 위해 국제해사기구(IMO)는 지난 2014년 배 평형수 관리 협약을 체결했다. 우리나라는 평형수 오염처리 원천기술을 보유하고 있다.

2019년 기준 평형수 처리기술 시장 규모는 80조 원에 달하는 블루오션이다. 현대중공업과 테크로스, 아쿠아이앤지, 이엘코리아는 글로벌 기업들과 어깨를 나란히 하고 있다. 정부의 파격적인 지원은 물론 대·중소기업이 협업에 만전을 기해야 옳다. 사업보국事業報國과 국익창출國益創出이 국가개조國家改造 못잖게 중요하다. 세월호 희생자 넋을 기리고 가족을 위로하는 길이기도 하다.

21. '절차의 결핍' 메우고 생명자본주의로 가야

강이나 바다의 물이 빠지면 돌이 드러난다.(수락석출水落石出) 평소 감춰져 있던 모습이지만 언젠가는 실상을 보인다. 흑막이 걷히면 진상이 나오는 이치이다. 아무리 덮어두려 해도 언젠가는 밝혀진다. 손바닥으로 하늘을 가릴 순 없다. 세월호 침몰 사건이 그렇다.

전대미문前代未聞의 참사를 생각할 때마다 충격과 분노가 치민다. 청해진해운과 배후의 세모 실소유주 유병언 일가는 탐욕에 눈 멀었다. 해양 안전을 책임지는 해양경찰과 공익 의무를 저버린 부패한 관리, 그들은 존재의 이유를 잃었다. 국민 세금으로 먹고사는 무능한 공무원의 실상이다.

절차를 망각한 세월호, 살생의 업으로 돌아와

"물욕에 눈이 어두워 마땅히 지켜야 할 안전 규정을 지키지 않았고, 불의를 묵인해 준 무책임한 행동들이 살생의 업으로 돌아왔다." 세월호 참사 현장을 지켜본 박근혜 대통령의 개탄은 과장이 아니다. 세월호 침몰은 '절차의 결핍'이 부른 재앙이다. 마땅히 있어야 할 게 없었고, 해야 할 일을 안 했다. 절차와 과정을 무시하고 성과와 결과만 좇았다.

세월호 참사 즈음 방한한 독일의 사회학자 울리히 백은 우리나라를 대표적 위험사회라 했다. 모래 위의 성이라는 것이다. 그동안 우리는 경이로운 경제성장과 과학기술의 혁신을 이뤘다. 광속의 사회발전과 격렬한 남북대치가 결국 위험사회라는 오명을 낳았다.

다이내믹한 우리나라는 피로사회로도 불린다. 그래서인가 각계각처에 피로감이 넘친다. 성과 중심의 과잉활동이 우울증 환자와 낙오자를 양산하기도 한다.(한병철 저서『피로사회』) 고도 압축성장 와중에 불가피하게 초래된 현상이다. 양지가 있으면 음지가 있듯, 빛이 있으면 그림자도 있는 법이다.

경이로운 경제성장과 광속의 사회발전에서 우리가 놓친 건 무엇일까? 다름 아닌 생명과 안전의 가치와 소중함이다. 병들어가는 자본주의를 복원하는 마지막 키워드는 생명이다. 돈과 물질 중심의 자본주의를 생명과 사랑 중심의 자본주의로 바로잡자는 것이다. 이른바 생명자본주의(The vita capitalism)이다.

생명이 곧 자본, 네모난 삼각형 절대 만들 수 없다

석학 이어령 교수는『생명이 자본이다』라는 책을 통해 생명과 사랑을 설파했다. 고속도로 아스팔트 틈 사이로 피어난 꽃에서 생명과 사랑을 느껴야 한다. 추운 겨울 어항 속에 꽁꽁 얼어 있는 금붕어를 살리려는 마음이 있어야 한다. 단원고檀園高 학생 등 300명이 넘는 승객이 목숨을 잃은 팽목항 통곡의 바다는 참다운 생명의 가치를 무시한 인재人災이다.

어린 학생들이 희생된 안산 단원고 교가 중에 "예술의 향기 품은 단원 동산에… 미래를 열어 갈 기둥이 되자"는 구절이 있다. 안산은 조선시대 풍속화가 단원檀園 김홍도金弘道와 깊은 관련이 있다. 스승인 문인화가 표암 강세황이 안산에 살았다. 김홍도는 어릴 적부터 스승의 집에 그림을 배우러 다녔다. 안산시는 매년 단원 미술제를 연다.

안산은 1970년대 반월 신공업도시가 생기면서 인구가 늘어 1986년 안산시로 독립했다. 이곳 아파트 단지와 공원, 지하철역 곳곳에 단원의 그림이 눈에 띈다. 예술의 향과 멋이 흐르는 평안한 동네이다.

세월호 침몰 사건은 총체적 부실과 무능, 안이함을 드러냈다. 장막을 걷어내면 참상이 보인다. 껍데기를 벗기자 썩은 속살이 드러났다. 이제 생명과 사랑 중심의 기본으로 돌아갈 때이다. 위대함은 역경에서 꽃을 피운다. 역경과 근심이 오히려 도약과 발전의 씨앗이 된다. 안락은 죽음이요, 우환은 생존이다.(안락사安樂死 우환생憂患生)

삼각형은 세모이다. 네모난 삼각형을 만들려는 건 오만과 방종이다. 세월호 비극은 대한민국의 아픔이다.

22. 정권교체와 갈 지之자 해외자원개발

매사 우왕좌왕하다 보면 어긋나기 십상이다. 되던 일도 안 된다. 혹 잘 된 게 하나 있다면, 황소가 뒷걸음치다 쥐 한 마리 잡은 꼴이다. 후회막급은 당연처사이다. 오락가락은 요행을 바라며 호들갑 떠는 땡처리이다. 허둥지둥은 소 잃고 외양간 고치는 좌충우돌과 다름없다. 사후약방문과 만시지탄이다. 눈물이 마를 새 없는 세월호 침몰사고 후한後恨이다.

세월호 참사의 화를 키운 건 우왕좌왕 수습과 대처였다. 신속하고 정밀한 재난 대응시스템과 매뉴얼 부재였다. 총체적 부실과 무능이었다. 관료 시스템의 안이함이었다. 싸구려와 사익만 추구하는 천민자본주의였다. 우물쭈물하다 생명과 안전의 가치를 망각한 업보였다.

'세월호' 계기 '국가 개조론' 논의 잰걸음

세월호 침몰사고를 계기로 '국가 개조론'에 대한 논의가 뜨겁다. 대한민국을 확 바꾸자는 거다. 최우선으로 메스를 대야 할 대상은 관료 시스템이다. 이른바 '관피아'(관료 마피아)를 바꿔야 한다. 대한민국은 관료(공무원)를 위한 국가가 아니다. 그들은 국민의 세금으로 먹고 산다. 공무원의 존재의 이유는 국민에게 행정서비스를 제공하기 위해서이다.

'세월호 비극' 뒤엔 '해피아'(해수부 마피아)가 있었다. 한국선급의 선박 안전 검사는 엉터리였다. 역대 이사장 11명 중 8명이 해수부 관료 출신이었다. 선박 화물 적재와 고박을 검사하는 해운조합 이사장 12명 중 10명이 역시 한통속이었다. 결국 해피아가 북 치고 장구 치고 춤까지 춘 꼴이다. 낙하산 보은 인사로 스스로 잇속을 챙기고 행정을 사유화했다.

관료들의 폐해가 확대되는 이유는 시대변화에 있다. 아직도 시대정신을 제대로 읽지 못한다. 구태의연한 보신주의와 엘리트 의식에 젖어 있다. 그들은 지난 1970~80년대 경제개발계획을 수립하고 강도 높게 추진해 국가발전을 견인한 역할을 했다. 그러나 과거를 담보로 현재를 재단해선 곤란하다. 지금은 지식 산업시대다. 관료 중심주의로는 한계가 있다.

고시 출신 우대는 펜대만 굴리는 나약한 얼치기 전문가들을 양산했다. 고시제도를 획기적으로 바꿔야 한다. 인재 등용의 패러다임을 바꿔야 한다. 세상 물정 모르는 얼치기에게 행정을 맡겨선 곤란하다. 관료들의 전문성이 떨어지는 분야는 과감하게 민간분야에 협조를 구해야 옳다. 부처 이기주의를 허물고 과감하게 외부에서 수혈하는 게 시대적 흐름이다.

정권은 5년 비정규직, 공무원은 정규직

어처구니없는 세월호 참사는 오락가락 냉탕과 온탕을 오가는 해외 자원개발과 오버랩이 된다. 정권에 따라 정책이 혼선을 빚기 때문이다. 해외 자원개발사업은 국가 백년대계이다. 갑작스러운 사업 중단은 에너지 발굴 역량과 대외 이미지를 실추시킨다. 에너지 미래를 포기하는 거다. 우리나라는 에너지 98%를 수입한다.

박근혜 정부 2년차, 공기업 개혁 지침에 따라 에너지 공기업들의 해외 자원개발사업이 보류됐다. 광물자원공사의 중남미 구리복합광과 석유공사의 카자흐스탄 신규 광물사업이 중단됐다. 가스공사의 동남아 해상광구개발도 없었던 일이 돼버렸다. 이명박 정부에서 드라이브를 건 정책들이 박근혜 정부 들어 하루아침에 물거품이 됐다. 더불어 민간기업 자원개발도 위축됐다.

우리나라는 매년 GDP의 10%가 넘는 1,300억 달러 이상의 석유가스를 수입한다. 세계 5위 자원수입국이다. SK이노베이션은 미국의 석유생산광구 지분을 인수했다. 국내 최초로 운영권을 확보했다. 공기업도 민간기업의 노하우를 배워야 국익이 창출된다.

관료 시스템 개선과 국가개조 못잖게 짚고 넘어갈 게 있다. 관료(공무원)를 대하는 집권층(정권)의 오만불손한 태도이다. 공무원은 정권의 머슴이 아니다. 정권은 5년 비정규직이지만 공무원은 정년이 보장된 정규직이나 마찬가지이다. 공무원이 제자리를 찾아야 국가가 바로 선다. 그들을 마냥 궁지에 몰지 말고, 거듭나게 하라. 칠종칠금七縱七擒의 지혜가 절실하다.

23. 배 만드는 사람에게 나무와 연장을 주지 말라

"세계에서 가장 빠른 인터넷망을 보유하고, 세계에서 가장 좋은 스마트폰을 생산하고, 세계 최고의 조선소를 보유하고 있다 한들, 어린아이들을 구조해 낼 능력이 없다면 무슨 소용인가?" 프랑스 일간지 르몽드가 세월호 침몰사고를 비판한 내용이다.

하루라도 꽃은 피어야 꽃이고, 새는 울어야 새이다. 작가는 글을 써야 작가이다. 국가는 국민을 지켜야 한다. 그렇지 못하면 국가가 아니다. 잘 살고 못 살고는 다음다음의 문제이다. 국가 안위만큼 최고의 명제는 없듯, 국민 행복만큼 최상의 과제는 없다. 어린아이들과 학생, 여자는 사회적 약자이다. 그들을 평상시 보호하고 위급할 때 구해내는 건 국가의 책무이다.

스마트폰 · 조선 세계 1위…국민 구조 못하면 무슨 소용
세월호 침몰은 승객 476명 가운데 302명이 실종·사망한 초대형 참사였다. 피해자 대다수가 수학여행을 떠난 고교생이어서 아픔이 더욱 컸다. 사고를 일으키고도 승객을 버린 채 탈출한 선장과 승무원 때문에 충격이 더욱 컸다. 피해 가족은 충격과 비탄에 빠졌고,

온 국민은 죄인의 심정이었다. 사회는 집단 스트레스와 트라우마를 겪었다.

재난은 언제 어디서든 일어날 수 있다. 그러나 체계적이고 정밀한 재난대응 시스템과 매뉴얼이 있어야 국민이 믿고 안심한다. 그렇지 않다면, 국가는 무엇 때문에 존재하는지… 정부는 도대체 왜 있는지… 원초적 물음에 직면하지 않을 수 없다.

'세월호 쇼크'는 우리 사회의 후진적 단면이다. 구조와 수습과정은 더 큰 치부를 드러냈다. 세계 13위 경제 대국에서 일어난 사고라고는 도저히 믿기 어려운 충격이다. 한 국가나 기업의 수준과 능력은 재난과 어려움이 닥쳤을 때 판가름 난다. 위기에서 참모습이 드러난다. 나무와 풀은 큰 바람이 불어야 분간할 수 있는 것과 마찬가지다.(질풍지경초疾風知勁草)

바다는 배를 띄우기도 하지만 뒤집기도 한다.(수능재주水能載舟 역능복주亦能覆舟) 진도 앞 '통곡의 바다'는 초고속 압축 성장기를 되돌아보게 한다. 우리는 6·25동란의 폐허를 딛고 세계 7위의 수출 대국이 됐다. 남들이 100년에도 하지 못할 일을 50년 만에 해냈다. 그러나 화려한 성장의 와중에 생명의 가치에 무관심했다. 안전의 소중함에 무신경했다.

초고속 압축성장에 생명·안전의 소중한 가치 잃어

생명과 안전은 단기간에 압축할 수 없는 소중한 가치이다. 공동체 의식과 정비례하는 준엄한 가치이다. 세상 무엇과도 비교할 수 없는 최고의 진리이다. 지속 가능 사회를 떠받치는 버팀목이다. 국가는 국민의 생명과 안전을 책임지는 마지막 보루이다. 기업도 마찬가지이다. 고용 창출을 통해 국부를 창출하고 국민경제를 살찌운다. 이게 국가와 기업의 사회적 책임이다.

청해진해운은 캐면 캘수록 의혹투성이다. 금융감독원에 제출된 외부감사보고서에 따르면 2013년 승무원의 안전교육 비용은 로비 비용의 10분의 1도 안 됐다. 애당초 부실기업이었다. 그럼에도 실소유주 유병언 씨는 수십 억을 배당이익으로 챙겼다. 두 아들은 청해진해운 지주회사 아이원아이홀딩스를 지배하고 있었다.

세월호世越號란 이름은 유병언 씨 작품이다. 청해진해운은 한강 유람선을 운항하다 1997년 법정관리에 들어간 세모해운의 후신이다. 법정관리 허점을 악용해 위장회사를 앞세워 재인수했다가 참사를 빚었다.

국가도 관리 책임에서 자유로울 수 없다. 배를 만들려는 사람에게 나무와 연장을 주지 말라 했다. 먼저 바다를 향한 동경憧憬을 가

르치라고 했다. 그동안 우리는 사리사욕에 눈멀고 무사안일에 귀먹어 영혼이 좀먹지 않았는지, 그래서 본연의 가치를 잃지 않았는지… 다시 기본으로 돌아갈 일이다. 국가나 기업이나 신뢰를 잃으면 모든 게 끝이다.(무신불립無信不立)

24. 해운산업은 '커맨딩 하이츠', 국부창출 중추

세월호 침몰사고가 일어난 후 우여곡절 끝에 여야가 극적으로 합의한 세월호특별법 협상이 국회를 통과해 유가족 보상과 배상이 이뤄졌다. 304명이 숨진 세월호 참사는 혼란 상황에서 진정 단계를 거쳐 수습국면을 밟았다.

세월호 침몰 6개월 후 국회에서 열린 해양수산부 국정감사에서 이주영 장관은 "아직 가족의 품으로 돌아오지 못한 실종자 열 분에게 매우 죄송하다"고 말했다. 실종자는 학생 5명, 일반인 3명, 교사 2명 등 10명이다. 사고 해역 실종자 수색작업에는 선박 300여 척을 비롯해 항공기 9대, 잠수사 120명, 군경 800명 등이 투입됐다.

세월호 참사에 벼랑 끝 몰린 해운산업

수색작업에는 세금이 들어간다. 유류비와 인건비 등 하루 수색 비용만 3억 5000만 원에 달하는 것으로 조사됐다. 수색이 장기화되면서 잠수사와 소방대원들이 사망하는 안타까운 인명피해도 발생했다. 진도 지역경제가 제대로 돌아가지 않자 진도 군민들이 실종자 가족이 머무는 진도 실내체육관을 비워달라고 요구해 양측 간

고성이 오가기도 했다.

실종자 수색을 지속하느냐 마느냐에 대한 논란도 컸다. 선체에 퇴적물이 쌓일수록 인양은 더욱 어려워진다. 502명이 사망한 삼풍백화점 붕괴에서도 시신을 찾지 못한 실종자가 6명이나 나왔다. 지상보다 더 어려운 바다 속 수색작업은 고난의 연속일 수밖에 없다.

세월호 참사와 책임, 특별법, 선체 인양 논의 말고 해운산업 활성화에 대한 논의는 전무하다. 우리나라 해운은 위기이다. 해운업에 대한 반감도 커졌다. 청해진해운과 해양수산부 및 해운 관련 민간협회까지 줄줄이 검찰수사를 받았다. 어쨌든 벼랑 끝에 몰린 해운에 대한 논의가 실종된 건 큰일이다.

2013년 7,122억 원 손실을 본 한진해운은 파산했고 현대그룹의 간판 기업 현대상선은 골칫덩어리 신세를 딛고 명예회복에 나서는 중이다. 과거 우리는 해운 강국이었다. 한진해운, 현대상선, 조양상선 등 국적선 3사가 5대양 6대주를 주름잡았다. 안타깝게도 지금은 빛바랜 옛날 얘기가 돼버렸다.

해운은 전시의 지휘부, 수출물량 99% 이상 운송

글로벌 벌크선사 STX팬오션은 그룹이 붕괴되면서 법정관리에 들어갔고 대한해운은 매각됐다. 2008년 이후 퇴출되거나 법정관리에 들어간 선사는 모두 80개에 이른다. 천문학적 부채비율로 새로운 선박 발주는 엄두도 못 낸다. 자생력이 바닥이 났다. 그러나 머스크 등 글로벌 선사는 몸집 불리기에 한창이다. 연료 효율이 높은 초대형 선박을 발주하고 있다.

해운산업은 커맨딩 하이츠(Commanding Heights)로 불린다. 전시의 지휘부라는 뜻이다. 국가의 경제와 산업을 지탱하는 기간산업이다. 평시에 컨테이너와 원유, 철광석, 액화천연가스(LNG) 등 전략물자를, 전시엔 군수물자를 수송한다. 커맨딩 하이츠라는 경제 다큐멘터리 프로그램은 미국의 공영방송 PBS가 제작했고 KBS에서도 방영됐다. 국가 기간산업의 중요성을 일깨웠다.

수출주도형 국가인 우리나라의 수출 비중은 60%이다. 수출물량의 99.7%가 해운을 통해 이뤄진다. 해운은 연간 40조 원의 외화를 벌어들인다. 연관 산업을 포함하면 연간 143조 원(조선 84조, 해운 40조, 기자재 19조)의 수익을 올리고 50만 개의 일자리를 창출한다. 이제 우리에겐 세계와 경쟁할 국적선사를 보기가 힘들게 됐다. 수출경쟁력이 위험에 노출되고 있다.

세계적인 해운 분석기관 로이드에 따르면 2030년 해운교역 규모는 지금보다 2.5배 커진다. 늦었지만 해운과 조선, 금융을 아우르는 컨트롤타워를 만드는 게 시급하다. 기간산업은 국부창출의 원천이다. 나무로 보면 새봄에 새싹을 틔우는 씨과실이다. 씨과실은 먹지 않고 후대를 위해 남기는 법이다.(석과불식碩果不食)

태국판版 4대강 사업과 시민단체

인류의 당면과제는 에너지와 환경, 물, 지속가능성이다. 영문 첫 글자를 따면 에우스(EEWS)이다. 2013년 여름 처음으로 일기예보 끄트머리에 등장했던 전력 예비율 수치는 대규모 정전(블랙아웃)을 겪은 후 나왔다. 전기 없는 생활은 상상조차 힘들다. 환경은 물론 물과 지속가능성도 마찬가지이다.

『물의 세계사』라는 책에는 "위스키는 마시기 위해 있고 물은 싸우기 위해 있다"고 나와 있다. 인류와 물의 관계는 세 가지로 압축된다. 첫째, 물에 대항하는(against) 것으로 물을 다스려(治水) 고대 문명을 일궜다. 둘째, 물과 함께하는(with) 것으로 물에 길을 만든 운하(運河)가 근대경제를 주도했다. 셋째, 물을 위하는(for) 것으로 천연자원 물을 공동 자산으로 관리해 21세기 지속가능성을 도모하고 있다. 지구의 70%를 차지하는 물에 답이 있다.

글로벌 물 사업 각축전, 시장규모 연 628조 원

'싸우기 위해 존재한다'는 물, 그리고 물 부족, 물 전쟁… 세계는 지금 물 각축전이 치열하다. 물 관리 사업은 지구상 마지막 남은 블루오션 중 하나이다. 한 해 시장 규모가 628조 원, 매년 6.8%씩 성장하는 유망분야로 2025년 글로벌 물 인프라 투자 규모는 1,190조 원으로 전망된다.

일본은 2011년부터 정부 펀드를 발행해 호주와 칠레의 물관리 기업을 인수, 세계시장을 주도하고 있다. 이스라엘은 270개 벤처산업이 참여하는 물산업 클러스터를 추진 중이다. 싱가포르는 2007년 환경물산업개발위원회(EWI)를 설치, 일찌감치 미래산업으로 육성하고 있다. 국익창출의 원천, 물산업은 지금 총성 없는 전쟁터이다.

박근혜 정부 첫해 2013년 6월 수자원공사와 농어촌공사, 5개 건설사는 태국에서 6조 1,000억 원 규모 물관리 사업을 따냈다. 태국 짜오프라야강 등 25개 강 관리사업 중 방수로와 저류지부문 우선 협상대상자로 선정됐다. 2011년 대홍수를 겪은 태국은 12조 원을 투입해 대규모 치수사업을 벌였다. 이 가운데 절반 이상을 우리가 맡은 것이다. 6조 원대 사업 규모는 우리나라 전체 해외 건설 수주액의 15%를 차지한다.

'태국판 4대강 사업' 유치를 위해 이명박 대통령이 31년 만에 태국을 방문했고, 박근혜 정부 들어 강창희 국회의장과 정홍원 국무총리도 잇달아 태국 총리를 찾아 수주지원에 공을 들였다. 글로벌 무한경쟁 전쟁터에서 국익창출을 위해 한마음 한뜻으로 일군 쾌거이다.

시민단체는 원정 시위… "족함을 알아야 욕되지 않아"

그럼에도 불구하고 한 시민단체가 외국에 나가 우리나라 물관리 사업 수출을 방해했다. 환경운동연합 염형철 사무총장은 태국 현지에서 차이나포스트와 인터뷰에서 '빚더미 수자원공사, 물관리 사업의 진실'이라고 비꼬았다. 수자원공사는 해외 경험이 부족하고(실제 10년간 26조원 사업 진행) 부채비율이 700%(실제 122%)라고 트집 잡았다. 다 된 밥에 재 뿌리는 심보일까? 그의 폄훼 발언이 나온 후 현지에서 사실관계를 확인하는 움직임이 일부 있었던 것으로 전해졌다.

시민단체의 해외 치수사업 수출 방해는 이뿐만이 아니다. 2013년 1월 환경운동연합 등 400개 시민단체가 태국에서 반대운동을 벌였다. 당시 필자는 환경운동연합 염 사무총장에 진위 여부를 확인했고, 시민단체와 그의 행적을 취재한 바 있다. 그에게 전투기·초계함 수출에는 왜 침묵하는지 물었으나 답변을 얼버무렸다. 시민단체 본연의 취지와 국익의 현황을 다시금 생각하게 만든 기회였다.

환경운동연합 등 일부 시민단체는 매년 국민 세금으로 활동비를 지원받는다. 정당성과 시민의 지지가 생명이다. 옛 어른들은 잘못을 꾸짖을 때 '지지'라 했다. 지지知止, 그칠 줄 아는 게 도리이다. 족함을 알면 욕되지 않고, 그침을 알면 위태롭지 않다.(지지불욕知止不辱 지지불태知止不殆)

26. 일본·중국 '샌드위치', 다변화 전략 시급

톨스토이 소설 '안나 카레니나' 첫 문장은 이렇게 시작한다. "행복한 집집마다, 행복한 이유는 비슷하다. 그러나 불행한 집집마다, 불행한 이유는 제각각이다." 일상의 담배를 끊는 이유는 엇비슷하게 건강이다. 그러나 담배를 피우는 이유는 가지각색이다. 여유와 명상, 습관과 중독 등.

톨스토이 소설에서 행복과 불행을 생각한 건 다름 아니다. 이명박 정부 말~박근혜 정부 초 세계 1위 우리나라 수출 품목들이 줄줄이 중국에 자리를 내주고 있기 때문이다. 이런 가운데 원초적 의문이 든다. 국가의 행복과 불행은 어디서 오는가?

2013년 새해 암울한 기사가 눈에 띈다. '조선업 세계 1위 중국에 내줬다.' 세계 1위를 지키던 수출 품목 12개를 중국에 내줬다. 이른바 '차이나 공습'이다. 기술이 좋아진 중국과 값싸진 일본에 막힌 '샌드위치' 형국이다.

무역협회 산하 국제무역연구원에 따르면 우리나라 세계 시장 점유율 1위 품목은 모두 61개이다. 중국 1431개, 독일 777개, 미국 689개에 비하면 형편없다. 반도체·철강·선박·석유화학·자동차

부품 등 전통적 강세분야도 곳곳에 빨간불이 켜진 지 오래됐다. 세계 7위 무역 대국 위상에 어울리지 않는다. 국익창출 다변화에 힘쓸 때이다.

줄어드는 세계 1위 분야, 조선업도 중국에 뺏겨

태국 물관리 프로젝트는 12조 4,000억 규모이다. 태국의 수도 방콕을 관통하는 차오프라야강 6,000km 등 25개 강 수자원을 관리하는 시스템이다. 한국수자원공사를 비롯, 4대강 참여업체들이 컨소시엄을 구성해 현지에서 수주를 벌였다. 이명박 대통령이 태국을 방문해 홍보활동을 했고 태국 총리를 초청해 브리핑하기도 했다.

'태국판 4대강 사업 수주' 반대 소식은 1월 15일 세종시에서 열린 국무회의에서 나왔다. 이날 이 대통령은 일부 시민단체들의 움직임을 반국가적, 비애국적 행동으로 규정하고 관계부처에 대응책을 주문했다. 처음에는 시민단체가 반대운동을 한다는 게 도저히 믿기지 않았다.

4대강 복원 범국민대책위 공동집행위원장을 맡고 있는 환경운동연합 염형철 사무총장에 진위 여부를 확인했다. "사실이다"고 답변했다. 그는 다만 꼭 짚고 넘어가야 할 게 있다고 했다. 태국의 물관리 사업내용을 구체적으로 밝힐 것과 우리나라 4대강 문제점을 덮지 말아야 한다는 것이다. 아울러 태국은 우리의 4대강 사업 같은 시행착오를 겪지 않기를 바란다고 했다.

국부창출國富創出 성패에 국가의 명운 달려

이명박 대통령 최대 역점 사업인 4대강 공사 부실 논란이 한창이다. 감사원 감사가 진행 중이다. 시민단체 입장에서 태국 물관리 사업 수주 반대 움직임은 일면 일리가 있다. 그러나 국경 너머 남의 나라 환경문제를 걱정할 만큼 여유가 있는지, 그렇다면 전투기·초계함 수출은 왜 침묵하는지 묻지 않을 수 없다. 사업 수주는 국익과 직결돼 있다.

국가의 행복과 불행, 성공과 실패를 결정짓는 잣대는 두 가지이다. 가정도 마찬가지이다. 자만과 모럴해저드 그리고 진정성이다. 기업과 사회가 자만하고 모럴해저드(도덕적 추락)에 빠지는 순간 국가는 망하기 시작한다. 편 가르기에 치우치고 진정성을 잃어버리면 동반 몰락이 기다릴 뿐이다. 국가의 명운은 여기서 온다.

길이라도 가지 말아야 할 길이 있듯(도유소불유途有所不有), 비교해 너무 따지다 보면 큰 것을 잃는다.(비이부주比而不周)

제2부

부민강국의 큰 부자를 키워야 하는 이유

27. 투자의 귀재 짐 로저스, 농업에 투자하는 이유

귀농과 귀촌이 급증하고 있다. 엄밀히 보면 귀농歸農과 귀촌歸村은 다르다. 도시에서 농촌으로 이주하는 것은 같으나 농사를 지으면 귀농, 전원생활을 하거나 다른 일에 종사하면 귀촌이다. 보통 주민등록상 동洞을 떠나 읍邑, 면面으로 이주하면 귀농이고 귀촌이다.

귀농과 귀촌이 새로운 라이프 스타일로 자리를 잡고 있다. 이주 가구는 2012년을 기준으로 2만7,000호를 넘어섰다. 2001년 88호에 불과했고 2009년 4,000호를 돌파했으니 12년여 만에 300배 넘게 증가한 셈이다. 귀농과 귀촌, 탈(脫)도시화는 60~70년대 산업화의 아픔이던 이농離農현상의 종말이다. 아울러 우리 사회의 변화와 시대상을 고스란히 반영하고 있다.

귀농·귀촌 급증, 주역은 50~60대 베이비부머 세대

귀농과 귀촌은 농촌 교통망과 인프라가 좋아진 면도 있지만, 저성장시대 715만 명에 달하는 베이비부머 세대(55년~63년 출생)의 '귀향'과도 밀접한 관계가 있다. 이들은 은퇴를 기점으로 제2의 인생을 새롭게 설계하고 있다. 50~60대가 주축인 이들의 합류는 아이

울음소리 멎은 농촌의 신선한 활력이자 노령화와 고정관념을 깨는 변화의 서막이다.

도시 불패 신화가 깨지고 있다. 비도시 인구가 해마다 증가하기 때문이다. 농촌지역 억대 연봉자도 매년 증가세이다. 연 소득 1억 이상 농업인이 1만 6,000명을 넘었다. 4년 연속 증가하고 있다. 이 중 50~60대가 절반 이상을 차지한다. 인생 시즌2, 인생 2모작을 농촌에서 시작하는 사람들이 농촌에 희망을 불어넣고 있다.

천하지대본天下之大本 농업은 1차 산업이 아닌 6차 산업이다. 1차, 2차, 3차 산업 전체를 합친 것이나 다름없다. 씨를 뿌리고 흙을 일구는 생명의 잉태 과정은 물론 가공과 유통이 함께 아우러지기 때문이다. 농업은 이제 기업의 먹거리이자 미래 성장동력 자리를 꿰차고 있다. 세계는 지금 에너지 위기를 넘어 물과 식량 위기에 직면해 있기 때문이다.

실제로 농촌으로 이주하는 사람들 가운데 농사에만 그치지 않고 농산물을 가공, 판매하고 농촌체험 프로그램을 운영해 부가 소득을 올리는 경우가 늘고 있다. 단순한 생활 차원의 이주를 넘어 공동체를 함께 가꾸고 일구어 삶의 질을 향상시키고 있는 것이다.

농촌경제연구원은 "50~60대 대학교육을 받은 사람들의 농촌 이주는 지역 총생산의 증가를 가져 온다"며 "귀농과 귀촌이 일시적 현상이 아닌 제2의 인생을 계획하는 라이프 스타일로 굳어질 가능성이 있어 희망이 보인다"고 밝혔다.

세계는 지금 로컬푸드 열풍, 우리만 걸음마

세계적 투자 전문가 짐 로저스는 앞으로 농업에 종사하는 사람들의 지위가 오를 것으로 내다봤다. 기후변화와 무분별한 개발로 농지와 식량자원이 줄고 있기에 농업과 농산물의 가치는 앞으로 더 오른다는 것이다. 농부의 지위도 격상될 것으로 전망했다. 실제로 그의 가치투자 대부분은 농산물과 수자원이다. 돈 보고 일을 선택하는 게 가장 어리석다고 경고한다.

급증하는 귀농, 귀촌과 함께 로컬푸드에 대한 인식을 재고할 때이다. 세계는 지금 로컬푸드 열풍이지만 우리는 걸음마 단계이다. 로컬푸드는 반경 50km에서 재배되는 지역 농산물이다. 2013년 기준 일본은 전용 매장이 1만 6,000개가 넘지만 우리는 고작 20개 수준에 머물고 있다.

로컬푸드는 그 지역 농산물을 그 지역에서 유통하는 제3의 녹색

혁명이다. 생산자와 소비자가 함께 상생한다. 우리의 도농불이都農不二나 신토불이身土不二, 일본의 지산지소地産地消와 같은 개념이다. 우리나라는 2008년 전북 완주에 처음 도입됐다.

도시에서 지리산 기슭으로 이주해 사는 이원규 시인은 농촌 생활의 가장 좋은 점으로 지수화풍地水火風을 꼽았다. 자연과 더불어 사는 맛이 제 맛이라는 것이다. 머무는 곳마다 주인이 되고, 서 있는 곳마다 진리를 깨닫는 게 중요하다.(수처작주隨處作主 입처개진立處皆眞)

슈퍼쌀 개발한 류수노 교수, 방통대 출신 최초 총장

쌀(밥)은 생명이자 우주이며 신神이다. 쌀(米) 한 톨이 세상에 나오려면 사람의 손길 88번이 간다. 사람이 나서 갈 때까지 평생을 함께해도 질리지 않는 게 밥이다. '달빛 비추는 밤과 잘 지은 밥에 싫증을 내는 사람이 있을까'라는 오래된 일본 속담도 있다.

쌀을 잉태하는 벼가 지닌 고결한 자태는 사군자四君子에 못지않다. 사군자에 벼를 더해 오군자(五君子; 매난국죽도梅蘭菊竹稻)라 부른다. 벼꽃은 이삭을 패고 나서 하루에 딱 한 번 오전 10~12시에 핀다. 꽃을 피워도 암술을 수술이 감싸 다른 수술의 꽃씨가 날아와도 수정을 할 수가 없다. 자신의 혈통을 순결하게 이어간다. 벼는 겸양의 미덕이 있어 익을수록 고개를 숙인다.

쌀은 세계 평화의 보루, 성인병과 노화 막는 슈퍼쌀
쌀은 세계의 평화를 지키는 최후의 보루이다. 다른 것 다 없어도 식량만큼 못하다. 석유 고갈로 자원의 위기를 겪은 인류는 지금 생명의 위기에 처해 있다. 식량은 물과 더불어 지속가능한 삶의 척도이다. 제2, 제3의 녹색혁명이 지구를 살린다. 미국의 농학자 보르그

박사는 1970년 노벨 평화상을 받았다. '소노라'라는 밀을 품종 개량해 인도와 파키스탄을 기아에서 구했다.

슈퍼쌀은 인간의 건강을 지키는 웰빙의 보배이다. 각종 성인병과 노화를 막을 수 있다. 주식인 쌀을 업그레이드시킨 슈퍼쌀(슈퍼 자미, 슈퍼 홍미)은 유해(활성)산소를 없애는 항산화 성분인 안토시아닌이 풍부하다. 300종에 달하는 안토시아닌 중 항산화 효과가 가장 크다는 C3G를 많이 함유하고 있다. 블루베리에 비해 1.5배 높다. 일반 쌀은 안토시아닌이 거의 없다.

슈퍼쌀은 한국방송통신대 농학과 류수노 교수가 개발했다. 중학교 졸업 후 가업으로 농사를 짓다 9급 공무원과 7급 농업연구사를 지냈다. 1982년 방통대 농학과에 입학한 류 교수는 이 대학 졸업생 최초로 교수가 됐고 총장을 역임했다. 관련 학위 논문만 120편에 이른다. 류 교수는 필자와의 통화에서 "국가의 도움을 입고 혜택을 봤으니 이제 국가를 위해 봉사하고 싶다"고 말했다.

우리나라 녹색혁명을 이끈 통일벼를 개발한 주인공은 허문회 전 서울대 농업생명대 교수(2010년 작고)이다. 그의 수제자인 박순직 박사와 함께 류 교수가 큰 성과를 이뤘다. 40년이 소요된다는 육종기술을 13년 만에 해낸 것이다. 3모작이 가능한 필리핀의 국제쌀연구소(IRRI)에서 연구한 힘이 발판이 됐다. 이미 미국과 일본에 특허 등록을 냈다. 국부창출이 기대된다.

쌀시장 개방은 국가안보 가늠자, 국익이 최우선
공교롭게도 필리핀과 우리나라는 공통점이 있다. 세계무역기구

(WTO) 회원국 가운데, 2014년 기준 유이有二하게 쌀시장을 개방하지 않은 국가이다. 우리는 쌀에 관세를 매겨 개방하느냐, 쌀 의무수입량을 계속 늘리느냐의 기로에 서 있다. 쌀 관세화 유예기간이 이해에 끝났기 때문이다.

쌀시장 개방은 국익과 직결된다. 20년을 끌어온 이 문제는 오로지 국익 차원에서 접근해야 옳다. 1994년 타결된 우루과이라운드(UR) 협상에서 쌀시장을 개방한 후 수입량이 2013년 40만 9,000t으로 급증했다. 축구장 100개 넓이의 창고를 채울 물량이다. 개방을 5년 유예할 때 드는 수입과 보관운송비용은 2조 8,065억 원, 개방할 때 의무수입 비용은 1조 7,010억 원이다.

기회비용 개념으로만 따져도 쌀시장 개방이 유예보다 유리하다. 쌀시장을 개방하는 대신 높은 관세율을 매겨야 쌀 가격경쟁력이 보전된다. 2014년 기준 우리 쌀은 kg 당 2,300원, 수입쌀은 821원이다. 관세율이 400% 돼야 우리 쌀 농가에도 피해가 가지 않는다. 참고로 일본은 1999년 쌀 개방 때 1,066%의 관세를 매겼다. 2003년 개방한 대만은 563%였다.

쌀시장 개방의 해법을 찾을 때가 됐다. 선심성 포퓰리즘 및 구호나 캐치프레이즈로 접근할 사안이 아니다. 방안에 앉아선 농사를 짓지 못한다. 빨리 가려면 혼자 가고, 멀리 가려면 함께 가야 한다. 남을 위하는 게 결국 자기를 위하는 거다.(자리이타自利利他)

^{29.} 빌 게이츠 같은 부민강국의 큰 부자 키워야

"**자**동차는 이제 가솔린으로 달리는 게 아니라 소프트웨어로 달린다." 2019년까지 메르세데스 벤츠를 이끈 디터 제체 회장의 말이다. 소프트웨어(SW) 경쟁력 없이는 하드웨어(HW) 경쟁력마저 잃어버린다는 뜻이다. IT분야에서 세계 최고지만 유독 소프트웨어 분야 후진국인 우리가 새겨들을 말이다. 소프트웨어가 산업의 핵심 경쟁력이기 때문이다.

우리나라는 조선 분야 세계 1위지만 내부의 소프트웨어 90%를 수입에 의존한다. 자동차 내장 소프트웨어 99%가 외국산이다. 하드웨어는 세계 최고가 여럿 있지만, 소프트웨어는 그렇지 않다. 이러한 '불편한 진실'이 한 대학 교수의 쓴 소리를 통해 나왔다.

소프트웨어가 세상을 지배, 한국만 뒷짐
"소프트웨어가 세상을 먹어 치우고 있는데 한국만 뒷짐을 지고 있다." 미국 벨연구소에 몸담았던 고 건 전 서울대 컴퓨터공학과 교수(2018년 작고)가 박근혜 정부에서 신설된 미래창조과학부 특강에서 한 말이다. 졸업생 중 90%가 다른 길을 가고 있다고 개탄했다.

이어 학부 교수 30명 가운데 절반은 대학원생을 확보하지 못하고 있다고 했다.

서울대 컴퓨터공학과 정원은 100명이었지만 2013년에는 딱 절반인 50명이었다. 소프트웨어 전문가 미충원률이 28.9%에 달했다. 대학의 문을 나서는 소프트웨어 인력이 기업이 필요한 수의 70%에도 못 미친다는 말이었다. 업계에서는 소프트웨어 개발자는 넘치는데 글로벌 핵심 개발인력이 부족하다고 입을 모았다. 대학과 기업 모두 수급에 문제가 있었다.

보통 100억 원짜리 프로그램이 발주되면 도급과 재도급을 거쳐 개발업체 수입은 10%에 그치는 경우가 많다. '한국의 구글'로 불리던 소프트웨어 전문기업 제니퍼소프트가 한때 주목받았다. 이 회사가 내세우는 '하지 말아야 할 33가지' 가운데 핵심은 회사를 위해 일하지 말라는 거였다. 개인의 풍족한 삶이 결국 회사발전의 원동력이라는 역설이다.

국민 게임으로 불리는 '애니팡' 누적 다운로드 수는 2013년 11월 기준 2,800만 건에 육박했다. 이 게임 개발업체 선데이토즈가 그해 코스닥에 상장됐는데, 스마트폰을 기반으로 하는 스타트업(신생벤처) 중 첫 증시 상장이었다. 소프트웨어 분야의 쾌거로 불리었다.

하드웨어·소프트웨어 함께 어우러져야 빛난다

변화무쌍한 소프트웨어의 역동성은 가히 모든 분야를 집어삼키고 있다. 고정관념을 누가 빨리 버리느냐가 미래 경쟁력을 좌우한다. 사진 분야를 보면 코닥이 지고 사진 공유사이트 플러거가 떴다. 음악 분야에서는 디지털 음원서비스가 레코드사를 대체했다. 도서 분야에서는 책방이 사라지고 아마존이 장악했다.

"IT 파워가 삼성 같은 하드웨어에서 소프트웨어 강자로 넘어가고 있다." 구글이 모토롤라를 인수했을 때 삼성 이건희 회장(2020년 작고)이 한 말이다. 스마트폰과 TV, PC 등 다양한 하드웨어 중심으로 운영되는 삼성의 고민이 고스란히 담겨 있다. 없는 게 없지만 이를 묶어 융합·복합하는 앱과 운영체계(OS), 소프트웨어가 부족했다.

우리나라 인구 70%인 3,500만 명이 스마트폰을 사용하고 있다. 삼성은 2013년 3분기에 스마트폰을 9,000만 대나 팔았다. 그러나 세계 일류의 하드웨어 회사임에도 소프트웨어는 자체 경쟁력을 확보하지 못해 구글의 운영체계인 안드로이드에 전적으로 의존하고 있다.

소프트웨어는 하드웨어의 부속품이 아니다. 형식이 내용을 지배할 수 없다. 형식과 내용, 바탕과 꾸밈이 어우러져야 빛난다.(문질빈빈文質彬彬) 거대한 바다에서 일어나는 파도만 볼 게 아니라, 바람도 봐야 옳다. 이제 빌 게이츠 같이 국민을 부유하게 하고 강한 국가를 만드는 부민강국富民强國의 큰 부자를 키워야 한다. 그러기 위해서는 지금부터라도 핵심 소프트웨어 기술력을 보상하고 인재를 키우자.

30. '알리바바 대박' 이끈 일본 거부 손정의

싹수(穗)가 노랗건 파랗건 제대로 감별해야 이삭이 패고 알곡이 맺힌다. 싹수는 어린 싹이다. 싸가지는 싹의 모가지이다. 싹수가 노랗다면 싸가지가 없다는 거다. 아니다 싶으면 뽑아 버려야 한다. 될 성부른 놈은 떡잎부터 다르다. 농부는 싹수와 같은 '생명의 골든타임'을 알고 있다.

골든타임은 최적의 시간을 정하고 실행하는 원칙이자 중용中庸이다. 중용은 단순한 중간이 아니라 황금과 같이 중요한 중심이다. 골든타임은 이념보다 상황, 논리보다 현실에 초점을 맞춰야 한다. 기업의 성패는 싹수의 감별에 따라 판가름이 난다. 기업가는 '투자의 골든타임'을 알아야 이긴다. 투자의 골든타임을 떠올릴 때마다 일본 최고 부자 손정의만한 사람이 없음을 느낀다.

알리바바 뉴욕증시 상장, 최대 수혜자는 손정의

재일교포 3세 손정의(일본명 손마사요시)는 일본 이동통신업체 소프트뱅크 회장이다. 이대호 선수가 뛴 일본 프로야구 소프트뱅크가 그 회사이다. 대물림이나 정경유착으로 성장한 재벌이 아닌 자수

손정의

성가형 거부이다. 애플의 아이폰을 일본에 최초로 도입했다. 2021
년 기준 포브스지 선정 세계 갑부 47위이다. 재산은 약 36조이며,
돈을 쓸 데 쓸 줄 아는 기업인으로 정평이 나 있다.

　손정의가 투자 대박을 터뜨렸다. 2014년 9월 19일 세계 최대 전
자상거래업체 알리바바가 뉴욕 주식시장에 상장됐다. 그는 이 회
사 지분 34.4%를 가진 최대 주주로 이번 상장의 최대 수혜자이
다. 2000년 205억 원을 투자해 14년 만에 59조 원을 거머쥐었으니
3,000배 투자수익률을 올렸다. 알리바바 시가 총액은 172조 원, 구
글·페이스북에 이어 글로벌 인터넷기업 3위이다.

　2000년 마윈이 창업한 알리바바는 중국 제조업체와 해외 바이어
를 연결해주는 작은 온라인 사이트로 출발했다. 지금은 중국시장
80%를 장악하는 중국판 G마켓으로 불린다. 손정의는 당시 무명이
나 다름없던 청년 마윈을 만나 6분 만에 투자를 결정했다. 투자의
골든타임이 빛난 혜안慧眼이었다. 돌다리를 두드리는 투자도 있듯,
빛의 속도로 승부를 걸 때도 있다.

　중국 최고 부자로 등극한 마윈도 창업 후 초창기 5~6년 동안은
고전했다. 손정의는 기다림의 미학을 경영에 접목했다. 씨를 뿌리

고 경작해 결실을 맺을 때까지 기다렸다. 그는 직원들이 투자에 실패해도 책임을 묻지 않는다. 다만 투자를 머뭇거리다 시기를 놓치는 걸 싫어했다. 작전에 실패한 지휘관은 용서해도 경계에 실패하면 용서할 수 없는 것과 같다.

재일교포 손정의 '큰 꿈'…한일 상생과 남북 화해

생명의 골든타임, 투자의 골든타임 말고 '채용의 골든타임'도 있다. 아이러니하게 채용의 골든타임도 6분이다. 기업 채용 담당자가 입사지원서 한 통을 보는 데 6분이 걸리는 것으로 조사됐다. 이력서에서는 경력사항을, 자기소개서에는 지원동기를 중요하게 평가한다. 손정의가 6분 만에 중국 최고의 부자 마윈을 감별한 건 우연이 아니다. 투자의 싹수를 알아 본 거다.

한국인의 혼이 살아 있는 손정의는 남다른 꿈이 있다. 한국과 일본 양국이 상생하는 비즈니스를 이루는 거다. 그는 2011년 후쿠시마 원전사태 이후 국가 차원의 전력망 수급에 관심이 많다. 부산과 규슈(九州)를 잇는 200km 해저 전력망 건설을 추진하고 있다. 전력 수급이 안정된 우리나라 전기를 부족한 일본에 공급하는 거다.

손정의가 한일 해저 전력망에 관심을 보이는 이유는 아시아 슈퍼그리드(전력망)와 관련이 있다. 이는 한국과 일본은 물론 중국과 러시아, 몽골의 전력망을 연결하는 대단위 프로젝트의 하나로 한일 전력망은 첫 단추이다. 이 프로젝트에 북한이 참여하게 되면 동북아 평화는 물론 상생의 자원협력이 기대된다. 국가 차원을 넘어 대륙 수준의 상생 비즈니스를 그리는 밑그림이다.

손정의는 자신의 경영철학을 풍림화산風林火山으로 정의한다. 『손자병법』에 나와 있는 전략이다. 때론 바람처럼 빠르고, 숲처럼 고요하고, 불처럼 거세고, 산처럼 무겁게… 중국 최고 부자 마윈을 탄생시킨 일본 최고 부자 손정의, 그에게 한국인 피가 흐르는 게 자랑스럽다. 그에게 남북한 긴장완화, 평화통일과 관련해 중요한 역할을 기대하는 건 지나친 욕심일까?

31

알리바바 마윈의 '금융 빅뱅' 쇼크

중국 최고 부자 마윈(馬雲)의 성공 비결은 한마디로 '3무無'이다. 『마윈처럼 생각하라』는 책에 나와 있다. 세 가지 결핍이 오히려 성공의 원천이 됐다. 돈이 없었기에 한 푼의 돈도 귀하게 여겼다. IT 기술에 무지했기에 이 분야 최고 인재를 등용했고, 자신 같은 사람들이 이해할 수 있는 사이트를 만들었다. 끝으로 평소 특별한 계획을 세우지 않았다.

마윈에게는 탄력적으로 변화하는 게 가장 좋은 계획이었다. 그래야 세상에 발맞춰 변해갈 수 있었다. 변변한 인맥(관시關係)도 없었다. 농민의 아들로 태어나 삼수 끝에 정원미달의 항주사범대에 들어갔다. 졸업 후 번번이 취직시험에 떨어져 관광 가이드와 영어 과외교사를 전전했다.

36살에 세운 전자상거래기업 알리바바, 아마존 밀어내

그러나 마윈은 통찰력과 결단력이 있었다. 36살에 세운 전자상거래기업 알리바바(阿里巴巴)는 부동의 세계 1위였던 미국 아마존을 밀어냈다. 중국 온라인쇼핑 90%를 장악했다. 2014년 뉴욕 증시에 상장돼 대박을 터트렸다. 중국 최고 갑부에 오른 건 재일교포 3세 손정의 소프트뱅크 회장의 도움이 컸다. 손 회장을 만난 지 6분 만에 578억 달러 투자를 이끌어낸 것이다.

마윈은 시진핑 국가주석 방한 때 동행해 스포트라이트를 받았다. 당시 언론 보도에 따르면 인천 영종도에 1조원 규모의 알리바바타운을 조성하고 있는 것으로 보였다. 알리바바와 인천시가 50%씩 투자하는 초대형 프로젝트로 각종 쇼핑몰과 물류센터, 문화시설 등이 들어설 계획이었다. 한중 경제교류의 큰 장이 열릴 것으로 기대됐다.

알리바바타운 프로젝트는 당시 유정복 인천시장의 취임 100일 기자회견에서 처음 나왔다. 유 시장은 중국의 글로벌 기업 가운데 한 곳과 투자유치를 협의 중이라 밝혔다. 알리바바타운은 중국인 관광객(유커) 유치 및 한국기업의 중국진출을 확장하는 데 기여할 것으로 보였다. 그러나 요우커들의 온라인 구매가 늘면 한국시장을 뺏길 수 있다는 우려도 나왔다.

중국 ICT(정보통신기술)분야 공룡 알리바바는 '금융 빅뱅'의 선구자로 자리를 선점했다. 중국의 제조업은 세계의 공장으로 불리었지만 금융 분야는 후진적이었다. 그러나 알리바바가 그 패러다임을 바꿨다는 평가를 받는다. 급기야 중국 금융의 판도를 뒤흔들 새로운 도전에 나섰다. 그 가운데서도 모바일 간편 결제 금융시스템에서의 두드러진 활약은 가히 혁명적이었다.

각종 규제에 IT강국 퇴색… 모바일에서 자존심 회복해야

미국 이베이를 벤치마킹한 알리페이(支府寶)는 페이팔과 더불어 전 세계 시장을 양분했다. 중국 최대 온라인 쇼핑몰의 물품대금을 대부분 결제하고 있다. 중국 인구의 절반이 넘는 사람들이 회원이다. 노인과 어린이를 빼면 경제활동인구 대부분이 이용하는 셈이다. 거래대금은 천문학적이다.

알리바바가 출시한 온라인 금융상품 위어바오(餘額寶)는 2015년 기준 출시 1년 만에 9,000만 명이 가입해 98조 원을 유치했다. 중국의 국유 5대 은행(공상·중국·농업·건설·교통)에 초비상이 걸렸다. 성공 비결은 두 배 이상 높은 금리이다. 국유은행은 수신금리에 제한을 받지만 알리바바는 자체적으로 금리를 책정했기 때문이다. 빅데이터를 활용한 중소상인 소액대출 서비스로 주목받았다.

IT강국 대한민국은 유독 금융결제 분야는 걸음마 수준이다. 각종 규제와 핵심을 비켜가는 시스템 부재가 빚은 어처구니없는 업보이다. 아직도 시대조류에 뒤쳐진 공인인증서나 안전결제를 고집하고 불필요한 절차가 너무 많다. 모바일 금융은 거스를 수 없는 대세이다. 금융과 기술이 융합하는 핀테크(FinTech)가 미래 국익창출의 원천으로 급부상한 지 꽤 됐다.

은행권 취급 업무 중 30% 정도를 IT기업 등 비 금융권이 잠식한다는 전망이 나와 있다. 차대 모바일 금융 패러다임이 바뀌고 있다. IT강국의 위상을 되찾아 자존심을 회복하자. 근본을 바로 하고 근원을 좇아야 한다.(정본청원正本清源)

32

박정희 대통령의 눈물, 산유국의 꿈

박정희 대통령은 눈시울을 붉혔다. 라디오와 TV로 중계방송을 지켜보던 국민들이 일제히 환호성을 터뜨렸다. 음식점에선 누가 먼저랄 것도 없이 함께 애국가를 불렀다. 대한독립만세에 버금가는 역사적 대사건이었다. 석유 발견 뉴스를 확인하느라 문의가 빗발쳤다. 1976년 1월 15일 중앙청(현 청와대) 제1 회의실에서 열린 대통령 연두 기자회견에서 있었던 일이다.

박 대통령은 기자회견 후 기자들과 질의응답 시간을 갖고 이렇게 말했다. "포항에서 석유가 발견된 건 사실이다. 한국과학기술연구원(KIST)에서 분석한 결과, 매우 좋은 석유로 판명이 됐다." 그 후 갖가지 발굴에 얽힌 얘기들이 쏟아졌다. 어느 장관은 청와대에 공수된 원유를 접시에 담아 맛보기도 했다.

세계 95번째 산유국, 유전개발 쾌거

이렇듯 국민들이 유전개발에 신경을 곤두세운 건 제1차 오일쇼크 때문이었다. 1973년 10월 석유는 전쟁무기로 둔갑했다. 제4차 중동전쟁에서 미국이 이스라엘을 지원하자 아랍 산유국들이 전격적으로 석유 무기화를 선언했다. 그해 겨울 국제 원유가는 연초 대비 네 배나 뛰었다. 중공업 위주로 행보를 시작한 조국 근대화가 삐걱 댔다. 이 와중에 유전개발 소식은 구세주였다.

그러나 그토록 갈망하던 산유국의 꿈은 끝내 현실로 다가오지 않았다. 박 대통령은 1977년 8월 11일 휴가지 진해에서 이례적으로 특별기자회견을 가졌다. "포항 석유개발은 기름이 조금씩 나오고 있으나, 희망은 희박한 것 같다"고 말했다. 온 나라가 열광의 도가니에 빠진 지 1년 7개월 만이다. 안타깝게도 경제성 때문에 유전개발을 지속할 수 없었다.

건국 이래 우리나라가 최초로 경험한 유전개발의 씁쓸한 단면이다. 이 일이 세삼 주목받는 건 자원개발은 국가 부흥을 앞당기는 중요한 전환점이기 때문이다. 에너지 98%를 수입하는 우리나라

는 석유 수입 세계 5위, 석유 소비 세계 8위이다. 석유 수입에 연간 100조 원 이상을 쓴다.

　장황하게 40여년이 지난 박정희 대통령의 눈물과 회한, 산유국의 꿈을 들먹인 건 다름이 아니다. 우리나라가 산유국이 된 지 세월이 꽤 흘렀지만, 이 같은 사실을 모르는 사람이 많기 때문이다. 자원외교 실상과 비전을 정확하게 알아야 한다. 국가의 품격과 국익, 미래가 달려 있기 때문이다. 이런 가운데 이명박 정부 자원외교가 박근혜 정부 2년차 들어 유감스럽게도 정치게임에 휘말려 국정조사를 받게 됐다.

이명박 정부의 자원외교 국정조사 '유감'

2004년 7월 11일 우리는 세계에서 95번째 산유국이 됐다. 울산 동남쪽 해상 동해-1 가스전에서는 원유와 가스가 10년 동안 치솟았다. 박정희 대통령의 꿈과 회한이 묻힌 곳이다. 중동의 검고 끈적끈적한 원유와 달리 맑고 투명했다. 한때 울산광역시 전역에 매일 공급됐으나 2021년 생산이 종료된 것으로 보인다. 에너지 개발 역사의 현장 이곳은 국내 대륙붕 및 유전 탐사와 시추를 통해 축적된 자료와 기술력을 간직하고 있다. 향후 에너지 개발 플랫폼으로 거듭날 것으로 보인다.

　자국에서 생산되는 원유와 가스는 수입품의 10배 효과가 있다. 생산량 1,000배럴은 1만 배럴과 같다. 동해-1 가스전은 10년간 17억 5,000만 달러의 수입대체 효과를 냈다. 3만 5,000명의 고용창출 효과와 2조 원의 부가가치를 생산했다. 삼성엔지니어링이 가스와 원유를 뽑아 올리는 기술을 설계했고 현대중공업이 제작했다. 순수 우리 기술로 만든 최첨단 해상 유전이다.

이명박 정부의 자원외교에 대한 국정조사는 유감이다. 전쟁에서 졌다고 작전을 수행한 장수에 책임을 돌리는 건 어리석은 짓이다. 문제는 경제이다. 정치가 경제의 발목을 잡아선 안 된다. 엑손모빌 등 글로벌 에너지회사들의 탐사성공률도 20~30%에 불과하다. 이명박 정부는 석유가스 개발을 두 배 이상 성장시켰다. 자원 생산량을 기준으로 한 총투자회수도 역대 정부 중 가장 높다.

박근혜 정부 2년 유가 하락에 날개가 없다. 6개월 사이에 두바이유 값이 배럴당 100달러에서 50달러대로 떨어졌다. 오일쇼크 시기는 되레 해외 자원개발의 적기適期이다. 지속가능한 지혜를 모으자. 공전의 히트작 '미생'에도 이런 대사가 있다. '남 공격하기에 앞서 자기부터 살펴라.'(아생연후살타我生然後殺他) 건반 위 흑백처럼 다름을 존중하고 같음을 추구하는 게 진정한 국부창출의 길이다.(구동존이求同尊異)

33. 'MB 멘토' 최시중이 흘린 눈물

비와 바람에 흔들리지 않고 피는 꽃은 없다. 이명박 정부 임기가 끝나는 해 봄에 몰아친 비바람 탓인지, 제일 먼저 새봄을 알렸던 개나리와 벚꽃이 일찍 졌다. 뒤이어 진달래, 목련이 꽃망울을 터트린다. 봄이 지나고 여름, 가을이 오면 또 그 계절 꽃이 피고 진다. 꽃이 피고 지는 시기는 일정하다. 사계절 빛과 온도를 스스로 감지하기 때문이다. 이게 오묘한 자연의 섭리이다. 사람도 비슷하다.

먼저 오면 먼저 가고, 늦게 오면 늦게 간다. 그러나 해마다 피는 꽃은 같지만, 해마다 만나는 사람은 같지 않다.(연년세세화상사年年歲歲花相似 세세연년인부동歲歲年年人不同)

생명과학의 발달로 개화의 시기를 인위적으로 조절할 수 있지만 그래도 자연 그대로 핀 꽃이 멋있다. 자연 생태계는 비와 바람을 맞고 자라야 제격이다. 태풍 같은 교란도 적당한 빈도로 필요하다. 그래야 내성을 키우고 뿌리도 깊게 내린다.

골프장의 나무는 폭풍우가 불면 금방 쓰러진다. 매일 물을 뿌려줘 뿌리를 깊게 내릴 필요가 없기 때문이다. 이른바 중간 교란의 가설이다. 맑은 날만 계속되면 세상은 사막이 되는 것과 같은 이치이다.

방송통신위원장 사퇴 기자회견장서 인생 두 번째 눈물

봄날은 간다. 흐드러지게 피었다가 하염없이 떨어진 봄꽃을 보며 상념에 젖은 건 2012년 봄 알선수재 혐의로 구속 수감된 최시중 전 방송통신위원장 때문이다. 개인적으로 잘 알지 못하는 언론계 선배인 그를 두둔하거나 비하할 생각은 추호도 없다. 다만 취재 현장에서 지켜본 그의 인생 항로와 좌우명을 남다르게 받아들인 탓이다.

매사 균형과 절제를 강조해 온지라 추락 이유와 과정도 궁금하기 짝이 없다. 이명박 정부 창업 공신이자 멘토인 그의 동선을 역추적하면 뭔가 잡힐 것 같은 생각이 든다. 다음 대선 정국을 맞아 정치 발전의 나침반을 찾을 수 있다는 믿음 때문이다.

최시중 방송통신위원장은 사퇴 기자회견을 하면서 눈물을 흘렸다. 어부의 아들로 태어나 칠순을 넘기면서 흘린 두 번째 눈물이다. 그는 '어렵고 소외받은 사람들의 권익과 사회정의를 위해 평생을 바쳤고 겸허하게 지냈다. 자신으로 인해 다른 사람이 구설에 오르는 걸 참기 어려워 그만 둔다'는 요지로 발언했다. 이즈음 '양아들' 정용욱 보좌관의 뇌물수수 의혹이 불거진 시점이었다. 취재기자들에게 불편부당한 기사를 써달라고 주문했다.

그가 흘린 첫 번째 눈물은 초등학교 졸업 후 병석에 누운 가장을 대신해 가족 생계를 책임지던 때이다. 포항 구룡포 시내를 오가며 오징어 장사를 하고 돌아오다 교복을 입고 지나가는 친구들을 만나자 숨어서 눈물을 흘렸다. 고학과 가난을 물리치고 서울대 정치학과를 나와 동아일보에서 28년 동안 기자생활을 했다. 군부독재와 민주화 과정을 언론 현장에서 지켰다. 그는 이명박 대통령의 친형인 이상득 의원과 대학 동기이다.

내명과 하심의 인생사, 보좌관 뇌물수수로 추락

권력은 간다. 봄날이 가듯 권력도 간다. 최 위원장의 좌우명은 내명(內明; 마음을 깨끗이 갈고 닦음)과 하심(下心; 자신을 낮추는 마음)이다. 그랬던 그가 어쩌다가 고향 후배에게 돈 몇 억 원을 받아 쌓아온 내공이 물거품 되었나? 인간적으로 쓸쓸하기 그지없다. 종편 허가 관련 우호 세력임을 자처했던 거대 언론들도 언제 그랬냐는 듯 싸늘하다.

아마도 최 위원장은 고난과 역경, 보람과 명예의 인생에서 한 가지를 놓치지 않았는지… 바로 '인물 감정법'이다. 그중 제일 앞에 있는 게 '오랜 지인을 경계하라'이다. 사람을 제대로 봐야 한다. 꽃도 피고 질 때를 아는데, 오랜 지인을 만나고 거두고, 받고 저미는 건 그래서 중요하다.

대통령 5년 단임제 폐해인가? 대통령 만드는 데 앞장선 사람 상당수는 유공자 순으로 감옥에 간다. 권력 실세 주변은 항상 붐비기 마련이다. 우리나라 정치사의 불편한 진실이다. 대통령의 임기 초에 벌써부터 임기 말 데자뷔가 그려진다. 권력무상이 너무 일찍 떠오르는 건 아이러니이다. 나이 들어서도 절개를 지키지 못하면 추락한다.(노절란老節難)

한비야와 최경환이 걷는 '지도에도 없는 길'

한비야… 1958년 생, 중학교 때 부친을 여의고 대학입시에 낙방한 후 직장생활을 했다. 눈물 젖은 빵을 먹으며 고졸의 비애를 겪었다. 늦깎이로 홍익대 영문과를 졸업하고 글로벌 홍보회사 버슨·마스텔라를 다녔다. 오지 여행을 갔다 온 후 국제구호전문가로 활동하고 있다.

한비야 씨의 본명은 한인순, 비야는 세례명이다. UN 중앙긴급대응기금 자문위원 겸 세계시민학교 교장으로 일한다. YWCA에서 젊은 지도자상을 받았다. 아직도 네티즌이 만나고 싶은 사람 상위에 올라 있다. 6년에 걸쳐 60개국 땅을 밟았다. 육로 장기 배낭여행의 역사이다. 유명 관광지나 호텔 숙박을 피하고 민박하며 현지 문화와 삶의 다양성을 체험했다.

눈물 젖은 빵 먹은 한비야, "나의 성공이 우리의 성공"
'바람의 딸'로 불리는 한 씨는 전대미문의 에볼라 바이러스가 창궐하고 있던 서아프리카 시에라리온과 라이베리아에서도 구호 활동을 벌였다. 세계의 화약고 팔레스타인-이스라엘 현장도 다녀왔다.

2005년 펴낸 책 『지도 밖으로 행군하라』에서 "문화와 삶은 달라도 사람과 사람 사이에 흐르는 따듯한 사랑은 같다"고 했다. 이 책은 5년간 100만 부가 팔렸다.

자유롭고 거침없는 도전의 상징인 한 씨는 '지도에도 없는 길'을 다녔다. 안전하고, 먹이도 거저 주고, 가끔씩 쳐다보며 예쁘다고 칭찬하는 새장 안의 삶이 싫었다. 경계가 분명한 지도 안에서만 살고 싶지 않았다. 그래서 새장 밖으로, 지도 밖으로 눈을 돌렸다. 스스로 먹이를 구해야 하고 항상 위험에 노출돼 있지만 그게 좋았다. 자신의 성공을 우리의 성공으로 봤다.

한비야 씨를 장황하게 소개한 건 두 가지 이유이다. 첫째, 지도에도 없는 길을 걸은 그녀의 삶이 주는 의미가 컸다. 둘째, 최경환 신임 경제부총리가 경제 관계 장관회의에서 '지도에도 없는 길'을 간다고 했기 때문이다. 박근혜 정부 2기 경제팀의 정책 성패를 가름하는 일성이다. 이 길은 한계와 틀을 벗는 길이자 인식과 발상의 패러다임을 바꾸는 출발점이다.

엘리트 길 걸은 최경환, "몸을 굽혀야 진리를 줍는다"

최경환… 1955년 생, 이명박 정부에서 지식경제부 장관을 지낸 3선 의원 출신이다. 박근혜 대통령의 신뢰가 각별했다. 연세대 경제학과 4학년 때 행정고시에 합격했다. 1980년 청도군청 행정사무관 시보로 시작해 경제기획원(재정기획부)과 청와대 비서실을 거쳤다. 한국경제신문 논설위원과 편집부국장을 지내기도 했다.

최경환 씨는 "우리 경제가 해결해야 할 난제들을 생각하면 새 경제팀은 아마도 지도에도 없는 길을 걸어가야 할지도 모른다"고 말했다. 어느 정부도 가 본 적이 없는 길이다. 침체된 경제를 치유하려면 충격요법이 필요하다. 수출보다 내수를, 투자보다 가계소득 증대를 통한 소비 진작에 중점을 두는 정책이다. 중요한 건 소비 진작을 넘어 경제 패러다임을 바꾸는 거다.

최 씨가 밝힌 '지도에도 없는 길'은 대략 세 가지이다. 첫째가 확장적 재정정책으로 보수 정부가 금과옥조처럼 내세웠던 재정 건전성에 집착하지 않겠다는 것. 둘째가 주택담보대출비율(LTV)과 총부채상환비율(DTI)의 완화이다. 부동산 금융규제 논란에 종지부를 찍겠다는 것. 셋째가 가계소득 증대를 통한 내수 진작으로 우리 경제의 성장방식을 바꾸겠다는 것이다.

경제는 심리이다. 경기 수치가 아무리 높아도 제 주머니가 비면 허탈하다. 쌀독에 쌀 없이 집안의 행복을 논할 수 없다. 복잡한 경제통계에는 관심이 없다. 잘 먹고 잘사는 게 우선이다. 기업 금고에 잠긴 돈을 끄집어내고 돈을 풀고 금리를 인하해야 시장이 잠에서 깬다. 시장이 요동을 쳐야 건질 게 있고, 체질도 변한다. 경제의 근본 체질이 변해야 국가 경제가 산다.

지도에도 없는 길은 위험하다. 잘못 들어서면 길을 잃는다. 전후방을 살펴 바르게 가려면 지도와 나침반은 갖고 가야 한다. 국민행복이 그려진 지도와 국부창출을 가리키는 나침반 말이다. 순탄한 길을 걸어온 최 씨가 명심할 게 있다. 지나침은 금물, 몸을 굽혀야 진리를 줍는다.(과유불급過猶不及)

35. 김종훈과 안철수의 같은 듯 다른 길

입춘과 우수가 지나니 봄기운이 비친다. 개구리도 놀라 겨울잠에서 깨는 경칩도 얼마 남지 않았다. 꽃샘추위만 가시면 완연한 봄이다. 봄이라는 이름은 볼 게 많아, 또 보여줄 게 많아 봄인가 보다. 봄의 꽃은 아름답기 그지없다. 봄마다 피는 꽃은 비슷하지만, 봄을 맞는 사람은 다르다. 세월 따라 피는 꽃과 세월 속에 사는 사람은 같을 수가 없다.

박근혜 정부 출범 스포트라이트 받은 '글로벌 성공신화' 주역
봄맞이 사람들 표정도 가지각색이다. 어떤 사람은 슬피 울어도 천년고찰이요, 어떤 사람은 호탕하게 웃어도 간이화장실이다. 아무리 꾸미고 고쳐본들 본래 모습은 어디 가지 않는다. 드러나기 마련이다. 천연과 대비되는 세파의 자화상이다. 자연은 꾸밈없이 선순환을 하는데, 사람은 그렇지 못하다. 그래서인지 봄꽃 같은 사람을 찾기가 여간 쉽지 않다.

2013년 봄을 앞두고 박근혜 정부가 출범했다. 청와대와 내각 인선도 마무리됐다. 하지만 새로운 느낌이 별로 없다. 그 사람들 때문이다. '박정희 키드'도 많다. 인사청문회 장이 서기 전부터 자진 사퇴와 비방, 음해, 읍소 등 난리법석이다. 인재 발탁 기준과 신언서판身言書判은 온데간데없다. 인명재천人命在天이 아니라 인명재처人命在妻이다. 배우자가 명줄을 쥐고 있다. 언제 적 부동산투기, 병역의혹인가? 세월 속 꽃과 사람은 달라도 한참 다르다.

탐욕과 분노, 어리석음을 내려놓지 못하면 파렴치이다. 이명박 대통령 말대로 '살 만한 사람들이 왜 그러는지' 모르겠다. 그럼에도 불구하고 새 정부 조각의 하이라이트는 미래창조과학부, 김종훈 장관 후보자이다. 대통령과 국무총리, 부총리 겸 재정경제부 장관에 이어 내각 서열 네 번째이다.

김종훈을 두둔하거나 치켜세울 어떠한 이유도 없다. 따지고 보면 그는 필자의 고향 1년 선배인데도 말이다. 백두대간 한북정맥의 중심, 북한산 보현봉 기슭 정릉貞陵에 있는 초등학교와 중학교를 같이 다녔다. 중학 2년을 마치고 미국으로 이민을 간 후 금의환향錦衣還鄕했다.

김종훈의 글로벌 성공신화는 한 편의 드라마이다. 가난한 집안의 미국 이민 2세, 신문 배달 등 고학으로 고교와 대학을 마쳤다. 해군 장교 자원입대 후 핵잠수함 승선, 메릴랜드대에서 공학박사를 받았다. 경제 전문지 포브스 선정 미국 400대 갑부에 이름을 올렸다. 2005년에는 노벨상을 13명 배출한 벨연구소 사장을 맡았다. IT와 생명과학의 접목 분야에 관심이 많다.

김종훈 장관 후보자 이중국적 논란 매듭지었어야

김종훈을 둘러싼 이중국적 논란은 예의가 아니었다. 글로벌 성공 신화를 쓴 사람을 모국에 불러다 놓고 CIA가 어떠니, 감 놔라 배 놔라 잣대를 들이댄 것은 한참 잘못됐다. 미국 시민권 포기를 밝혔으면 그만이었다. 이중국적 메스는 주가조작을 일삼는 '검은 머리 외국인들'에게 들이댔어야 옳았다. 지하경제를 쥐락펴락하는 파렴치는 바로 그들이다. 경제민주화 훼손의 주범들이다.

'살아 있는 벤처 신화' 김종훈은 안철수와 사이부동似而不同이다. 얼핏 비슷해 보이지만 전혀 다르다. '장교와 벤처' 두 공통점으로 종종 비교되지만 말이다. 그러나 비교 대상이 안 된다. 유복하게 자라고 연구소를 창업, 6000억 원 회사를 키운 후 정치판을 기웃거린 안철수와는 딴판이다. 동네 수영장과 바다에서 수영하는 것은 절대 같을 수 없다. 안철수는 같다고 했지만 말이다.

제2, 제3의 김종훈이 나와야 우리나라가 업그레이드가 된다. 김종훈의 성공 신화 바탕은 인기아취人棄我取에 있다. 버리는 걸 거둘 때, 거기에 길이 있다. 위기를 기회로 삼고 패러다임을 바꿔야 희망의 싹이 튼다. 소용돌이치는 물에서 고기가 더 많이 잡힌다. 그가 그걸 보여줬다. 김종훈 미래창조과학부 장관 후보자는 자랑스러운 한국인이다.

윤창중 청와대 대변인의 경우

많은 사람을 잠시 속일 수는 있다. 적은 사람을 오래 속일 수도 있다. 그렇지만 많은 사람을 오래 속일 수는 없다. 거짓을 논할 때 흔히 하는 말이다. 정직이 최선의 방책이다. 만고불변의 진리가 다시 떠오른 건 윤창중 전 청와대 대변인(2013년 5월 15일 직권면직) 때문이었다. 박근혜 대통령 방미 수행 중 성추행 의혹과 홀로 귀국 후 가진 기자회견의 파문이 컸고 진정성이 부족했다.

불미스러운 성추행 의혹은 차치하고 기자회견에서 무얼 말하려 했는지 모르겠다. 엉덩이를 만졌든 허리를 감쌌든, 팬티를 입었든 걸쳤든, 그게 중요한 게 아니었다. 잘못을 뉘우친 사과가 급선무였다. 음모, 날조 등 책임 떠넘기기에 급급한 일그러진 처신이 문제였다. 제대로 된 국가관과 공직자 윤리는 있었는지 안타깝기 그지 없었다.

윤 파문은 국격 실종, 벼슬의 무상함 일깨워

박 대통령 첫 해외 순방은 결국 국격國格의 먹칠과 대통령의 사과를 불렀다. 윤 전 대변인 외 일부 방미 수행단의 부적절한 처신도 도마에 올랐다. 이에 대한 초유의 검찰 조사가 별도로 진행됐다. 대한민국 심장이자 컨트롤타워가 어처구니없게 망가졌다. 최고 권력자의 인사권과 청와대 위기관리 능력의 부재 논란도 불렀다.

기자 출신인 그가 기자들에 쫓기는 신세가 됐었다. 방미 수행 중 이역만리 동포들에 친밀하게 다가갈 수 없었는지, 언론계 선배로서 와인을 한 잔 건네며 후배 기자들을 격려하고 위로하는 게 그리 어려웠는지, 대변인 매뉴얼은 제대로 숙지했었는지 궁금하기 짝이 없다.

윤창중 파문은 '벼슬의 무상함'을 일깨워줬다. 원래 논객과 벼슬은 함께하기 어렵다. 견제와 검증의 관계이다. 그는 자신의 과거 칼럼에서 '청와대 대변인은 대통령을 보좌하는 정권의 얼굴'이라 했다. 박근혜 정부 첫 대변인에 임명돼서는 '박근혜 정부의 성공을 위해 최선을 다하겠다'고 했다. 그랬던 그가 한미동맹 외교 성과를 한 방에 날려 버렸다

그는 몇 개월 사이에 천당과 지옥을 오갔다. 대통령 당선인 수석 대변인 겸 인수위 대변인으로 스포트라이트를 받은 후 138일 만에 전격 경질됐다. 대통령 취임 후 75일 만의 중도 하차이다. 개인적으로 벼슬의 무상함이겠지만 국가적으론 초대형 이슈이자 엄청난 손실이다. 스스로 수신하고 되돌아보지 않은 결과이다. (위기지학爲己之學)

'부여된 역할' 따라 바꿀 사람과 놔둘 사람 분간해야

'부여된 역할'이란 게 있다. 세상에서 제일 안 되는 게 사람 가르치

는 일이다. 사람은 대개 자기가 생각한 대로 한다. 배운 대로 안 한다. 학습은 보조이다. 억지로 어떤 일을 하게 할 수 없다. 날 때부터 주어진 역할이 있다. 시험관아기 연구의 대부인 서울대병원 문신용 교수는 세상에서 제일 뜻대로 안 되는 게 사람과 세포라고 말했다.

문 교수는 1985년부터 수많은 시험관아기를 탄생시켰다. 모든 생명체와 세포는 자연에서의 위치와 역할이 날 때부터 정해진다는 게 그의 지론이다. 선택할 수 없고 부여받는다는 것이다. 안타까운 윤창중 파문은 그에게 부여된 역할이 잘못됐음을 보여준 사건이다.

박 대통령은 취임 첫해 미국에 이어 영국을 국빈 방문했다. 엘리자베스2세 여왕의 초청이었다. 박 대통령의 영국 방문을 앞두고 부임한 지 1년도 안 된 영국대사(박석환)의 갑작스러운 교체에 말들이 많았다. 인사가 만사이다. 바꿀 사람과 놔둘 사람 잘 분간하는 게 최고 인사권자의 핵심 덕목이다.(지인지감知人之鑑) 제2, 제3의 윤창중 파문이 발생하면 안 된다. 나라의 불행은 말을 타고 오고 걸어서 나간다.

_37._ 3D프린터 주목한 '비운의 우주인' 고산

2014년 봄, 불혹을 앞둔 우주인 고산 씨 근황이 궁금했다. 6년 전 최초의 우주인 자리를 이소연 씨에게 내줬고, 미국 유학 중 귀국했다. 비운의 우주인으로도 불린다. 이명박 정부 말 종로3가 세운상가에 모습을 보였다. 창업전도사로 변신했고 벤처기업도 세웠다.

그는 우주인양성 프로그램을 복기하기 싫을 것이다. 그렇지만 3년간 260억 원이 든 국가 프로젝트였다. 2007년 3만 6,200명의 경쟁을 뚫고 최초의 우주인으로 선발됐지만, 정식비행을 한 달 앞두고 탈락했는데 이유는 불분명했다. 고산 씨 후임 이소연 씨는 미국에서 MBA 과정을 밟다 재미교포와 결혼했다. 둘 다 우주 프로젝트와 동떨어진 길을 가고 있지만, 차이가 많다.

제조업 메카 세운상가서 창업전도사 변신

고산 씨는 2010년 미국 하버드대 케네디스쿨에 과학기술정책을 공부하러 갔다가 1년 만에 귀국했다. 미국 항공우주국(NASA)이 실리콘밸리에 세운 싱귤레리티대에서 우연히 창업프로그램을 접했

는데 그게 그의 마음을 결정적으로 돌렸다. 글로벌 시대정신은 취업이 아니라 창업이라는 걸 알았다. 제조업 창업을 꿈꾸는 젊은이들에게 희망과 용기를 주고 싶었다.

귀국 후 세운상가에 우리나라 최초의 팹랩(Fadlab)인 '타이드 인스티튜트'를 세웠다. 팹랩은 제조(Fabrication)와 연구실(Laboratory)을 결합한 개념이다. 제조업을 꿈꾸는 젊은이에게 시제품 제작 방법과 공간을 제공하며 창업을 돕는 비영리단체이다. 신생벤처를 위한 창업 아이디어대회(스타트업 스프링보도)도 여러 차례 개최했다.

고 씨는 직접 3D프린터를 제조하는 'A팀벤처'라는 벤처기업을 차렸다. 미국과 중국이 주도하는 3D프린터 시장에 당찬 도전장을 던졌다. 누구나 아이디어를 구체화하고 이를 사업으로 연결시키기 위해서였다.

3D프린터는 '100년 만의 산업혁명' 성장동력

그가 주목한 3D프린터는 활자를 인쇄하듯 물체를 찍어낸다. 미래를 변화시킬 차세대 신기술이다. 개인이 생산 인프라를 구축하는 데에 더 큰 의미가 있다. 오바마 전 미국 대통령도 3D프린터를 '제조업의 부활을 쏘는 신호탄'이라 했다. 미래를 바꿀 100년 만의 산업혁명이라 불린다. 나노 물질부터 전자제품, 집, 총기, 마약류까지 모두 만들어낸다. 인공 장기도 가능하다.

미국 항공우주국은 우주선에 3D프린터를 실어 보냈다. 달 표면의 점토를 이용해 그곳에 건축물을 세울 프로젝트를 진행 중이다. 나이키 신발 시제품 제작도 3D프린터를 이용하면 하루면 가능하다. 종전에는 꿈도 꾸기 어려웠던 일이다. 꿈이 현실로 다가왔다.

선풍적 인기를 끌었던 영화 '아이언맨2'에 나오는 아이언맨 슈트도 3D프린터로 출력한 거였다. 3D프린터는 창조경제를 이끌 신기술이다. 3D프린트 시장 조사기관 홀러스어소시에이츠에 따르면 2020년 시장 규모는 무려 1조 달러(1121조 원)였다.

고산 씨가 둥지를 튼 세운상가는 제조업의 새로운 혁명을 일으킨 메카이다. 1968년 건축계 거목 고 김수근 씨가 설계한 우리나라 최초의 주상복합건물이다. 김 씨는 1966년 건축문화예술 월간지 공간(SPACE)을 창간했다. 공간은 현재 CNB미디어가 인수해 발행하고 있다. CNB미디어는 인터넷신문 CNB뉴스와 주간지 문화경제를 발행하고 있다. 세운상가는 경제부흥의 본산으로 핵무기 빼곤 못 만드는 게 없는 제조업의 성지聖地였다.

세운상가의 잠재력은 놀랍다. 사통팔달 서울 중심부 100만 평이

넘는 부지에 테크숍이 즐비하다는 건 축복이다. 저명한 도시경제
학자 리처드 플로리다 캐나다 토론토대 교수는 창조경제는 도시의
경쟁력과 직결된다고 했다. 도시 자체가 창조경제를 담는 그릇이
라 했다. 세운상가의 부활은 창조경제의 활력이다. 제조업은 국가
경제의 근간이기 때문이다.

우주인 고산 씨의 무한변신은 많은 걸 시사한다. 좋아하는 일을
하는 것이 중요하다. 아울러 하는 일을 좋아하는 것도 필요하다. 묵
은 마음을 비워야 새로워진다.(허밀청원虛密淸圓)

100세 꿈꿨던 김일성, 주치의가 들려준 교훈

광화문을 지나 청와대로 가는 길목, 국립고궁박물관 왼편에 100
년한의원이 있었다.(현재는 이전) 필자의 지인 석영환 원장이 오랫
동안 운영했다. 그는 김일성종합대를 나와 북한군 장교로 복무하
다 지난 1998년 중동부 전선으로 귀순했다. 탈북자가 개원한 최초
의 한의원인 셈이다.

　석 씨는 100년 가는 병원이 되고자 이름도 그렇게 지었다고 말
했다. 김일성의 꿈은 100세까지 사는 거였다. 김일성만수무강장수
연구소는 1977년 세워졌다. 당시 4,000여 명의 연구원이 불철주야
1,750가지 약초를 분석했고 자연요법에서 무병장수를 추구했다.
그러나 김일성은 100세는커녕 83세에 생을 마감했다. 1994년의
일이다.

김일성이 장수하지 못한 이유, 지나친 욕심

김일성 주치의를 지내다 탈북한 김소연 박사가 2014년 『만수무강
건강법』이란 책을 펴냈다. 유병장수 시대를 살아가는 현대인에게
무병장수 비결을 제시하고 있다. 북한에서의 양의학 임상 연구와

귀중한 자료가 들어있다. 여기에다 우리의 한의학, 미국에서 접한 통합의학을 접목시켰다. 김 박사는 김일성이 장수하지 못한 이유는 지나친 욕심 때문이라고 했다.

김 박사에 따르면 김일성은 항상 '좋은 것'만 찾았다. 자신의 건강 상태나 주위 환경을 고려하지 않고 무조건 좋은 것만 찾아 무분별하게 취했다는 것이다. 어리석은 욕심이 화를 불렀다.

건강 100세는 모든 사람의 로망이다. 건강을 관장하는 생사여탈권을 쥐고 있는 건 다름 아닌 자연이다. 모든 자연의 산물이 사람을 건강하게 만든다. 환경이 무병장수와 만수무강의 길을 인도한다. 환경에 순응하면 흥하고 역행하면 망한다. 그 길에서 욕심과 번뇌를 떨치고 배려의 삶을 사는 게 건강의 지름길이다. 더불어 사는 자연의 섭리가 최고의 모델이다.

기업도 사람과 마찬가지로 환경에 영향을 받는다. 기업의 흥망성쇠는 사람의 생로병사와 같다. 건강 100세의 꿈은 기업으로 보면 일업백년—業百年이다. 그러나 현대사의 거친 풍파를 이겨내고 100년을 넘긴 기업은 흔치 않다. 박근혜 정부 2년차, 100이란 완성의 숫자를 떠올린 건 다름 아니다. 100년 이상 지속가능한 기업이 많이 나와야 국가가 튼튼해지기 때문이다.

100년 장수기업의 공통분모는 변화와 대응

2014년 기준 우리나라에서 100년 이상 된 기업은 모두 6곳이다. 두산그룹(박승직상점 1896년)을 필두로 동화약품(동화약방 1897년), 신한은행(합병한 조흥은행의 전신 한성은행 1987년), 우리은행(대한천

일은행 1897년), 광장주식회사(광장시장 1905년), 몽고식품(야마다장 유양조장 1905년) 등이다. 미국의 152개, 영국의 51개, 일본의 45개, 독일의 24개에 비하면 초라하다.

100년 장수기업의 비결은 강한 결속력과 정체성이다. 외부환경에 민감하게 대응하고 사업 관계인에게 관대함을 유지한다. 자금 조달에 보수적 입장을 갖는다. 특정한 전략이나 아이디어보다 근본적인 원칙에 주목한다.(아리 드 호이스 저『살아 있는 100년의 기업』)

100년 장수기업 비결의 공통분모는 변화에 대한 대응이다. 삼성전자의 2013년 4분기 영업이익이 18% 감소했다. 그룹 매출의 60%를 차지하는 스마트폰이 성장 한계에 직면한 것이다. 2012년 삼성전자 매출은 201조, 현대자동차와 포스코를 합친 것보다 많았다. 우리나라 GDP의 18%를 차지했다. 기업도 변해야 오래 간다. 환경변화에 적절히 대응해야 한다.

보수와 진보의 해묵은 진영논리 대결은 아무에게도 도움이 되지 않는다. 국가를 좀먹을 뿐이다. 사회질서만 제대로 잡혀도 경제는 1% 성장한다고 한다. 말로는 밥을 짓지 못한다. 곳간이 비면 평정심을 잃고 헤맨다.(무항산無恒産 무항심無恒心) 100년 장수기업 육성이 부국안민富國安民의 조건이다.

³⁹ 휴대폰 안 쓰는 과학 칼럼니스트 1호 이인식

우리나라 과학칼럼니스트 1호로 불리는 이인식 씨는 휴대폰을 안 쓴다. 최신 과학 트렌드를 연구하는 사람치고 아이러니하다. 휴대폰을 사용하지 않는 게 그의 브랜드가 됐다. 그러니 이젠 쓰고 싶어도 못 쓴다. 휴대폰 외에 신용카드와 운전면허도 없다. 3무無 인생을 산다.

이 씨는 원고지에 볼펜으로 원고를 쓴다. 원고료와 인세, 강연료가 주 수입원이다. 일흔의 나이에『융합하면 미래가 보인다』라는 책을 냈다. 과학과 인문학의 융합을 설파한다. 대중과학서를 45권 넘게 출간했다. 매년 두세 권씩 책을 내고, 꾸준히 신문과 잡지에 글을 쓴다. 휴대폰을 안 쓰는 이유는 간단하다. 요금이 비싸기 때문이다.

과학과 인문학 융합, "통신료 비싸 휴대폰 안 써"

1945년생, 서울대 전자공학과를 나온 이씨는 LG그룹에 근무했다. 대성산업 상무를 거쳐 46살에 직장생활을 마감하고 과학저술가의 길을 걷고 있다. 직함은 지식융합연구소장. 사무실도 연구원도 없다. 자택이 사무실이다. 국가과학기술자문위원과 카이스트 겸직교수도 지냈다. 그는 피땀 흘려 원고를 써 번 돈이 아들 휴대폰 통신비로 나가는 걸 아까워했다. 불편한 점이 한두 가지가 아니지만 자기라도 휴대폰 없이 살자고 결심했다.

우리나라는 휴대폰 보급률 세계 1위이다. 통신 인프라는 세계 으뜸이다. 세계 휴대폰 시장의 40%를 장악하고 있다. 지하철이나 버스 등 대중교통을 타 보면 안다. 보고 누르고 찍고 속삭이는 광경이 흔하다. 휴대폰은 분신이다. 잠잘 때도 곁에 둬야 안심이다. 손바닥만한 기계에서 하루가 시작되고 하루가 끝난다. 언제 어디서나 함께 존재한다. 순기능과 역기능이 교차한다.

가계비 지출에서 통신비가 차지하는 비중이 증가하고 있다. 엥겔지수와 맞먹는다. 한 달에 드는 쌀값과 통신비가 엇비슷하다. SK텔레콤과 KT, LG유플러스 등 이동통신 3사는 가장 큰 광고주이다. 앞다퉈 쏟아내는 마케팅 비용은 천문학적이다. 한때 경기 불황에도 새로 문을 여는 가게는 한 집 건너 이동통신 대리점과 24시 편의점이었다. 21세기 대한민국 신풍속도였다.

비싼 통신비 고민은 어제오늘의 일이 아니다. 휴대폰을 안 쓰고, 못 쓰는 제2~제3의 이인식 씨가 많다. 통신비 부담은 급기야 알뜰폰(MVNO, Mobile Virtual Network Operator)을 낳았다. 이동통신 3사의 통신망을 저렴하게 빌려 요금이 30% 정도 싸다. 가계 통신비 절감을 위해 2011년 7월 도입됐다.

대기업 계열사가 장악한 '알뜰폰사업'

박근혜 정부 2년차 알뜰폰 가입자가 260만 명을 넘었다. 우체국이나 농협, 대형마트 등 가입할 수 있는 곳이 늘면서 크게 증가했다. 대부분 기존 통신사가 외면하는 2G·3G 요금제에 가입했다. 고속·고가의 LTE 시대가 바뀌고 있다. 삼성전자도 이례적으로 3G폰을 다시 출시했다. 이동통신 3사도 기존 가입자를 지키려 2G·3G폰 주문을 늘렸다.

그러나 알뜰폰 시장마저도 대기업 독무대였다. 이동통신 3사와 중소업체 간 가격경쟁을 통해 통신비를 내린다는 취지가 무색해졌다. 중소기업 활성화와 일자리 창출에도 역행했다. 알뜰폰 가입자 가운데 40%를 SK와 CJ 등 대기업 계열사가 독차지했기 때문이었다. 나머지 중소업체는 실적이 미미했다.

유통망과 자금력에서 중소기업은 대기업에 뒤진다. 마케팅도 절대적으로 밀린다. 정부의 제도적 지원이 절실하다. 일부 중소 통신업체에만 우체국 알뜰폰 판매를 허용했지만, 일부 대기업도 우체국 문을 두드렸다는 후문이다.

중소기업의 영역은 마지막 보루와 같이 지켜져야 한다. 알뜰통신사업자협회는 유통채널 확보와 시장 개척에 사활을 걸고 있다. 알뜰폰 중소업체 육성에 관심을 기울이자. 베풀어야 돌아온다.(식신생재食神生財)

10. 한류열풍의 원조 싸이 그리고 기초연금

프랑스의 세계적 문명비평가 기 소르망이 한류열풍의 원조인 싸이의 '강남스타일'을 수준 높게 평가했다. 인류 역사상 가장 보편적인 춤음악이라는 것이다. 빠른 4분의 4박자 비트로 세계인의 몸을 들썩이게 하고 춤추게 하는 신명이라 했다.

흔히 우리만 우리를 잘 모른다고 한다. 바깥에서 보는 우리는 우리와 사뭇 다른데도 말이다. 스스로 발밑을 잘 살피는 게 중요하다.(조고각하照顧脚下) 그래야 전체를 성찰할 수 있다. 오곡백과 영그는 감사의 계절 가을에 '글로벌 베스트' 싸이의 강남스타일을 떠올린 건 다름이 아니다. 기업의 사회공헌과 나라의 복지에 대한 인식의 부재 때문이다.

기업의 사회공헌 비용 1조 돌파, 국민 대다수 "잘 모른다"
기업의 사회공헌 비용이 2013년 기준으로 한 해 1조 원을 넘었지만 국민 대다수(51%)는 잘 모르는 것으로 나타났다. 사단법인 문화예술사회공헌네트워크가 성인남녀 1,000명을 대상으로 조사한 결과였다. 사회공헌에 대한 전반적인 인식은 높아졌지만 구체적인 프로그램에 대한 인식은 미흡했다. 보여주기식 이벤트성 활동이 많았다는 얘기이다.

사회공헌 전문가 김기룡 플랜엠 대표는 이제 사회공헌이 변해야 한다고 강조했다. "과거의 사회공헌 활동이 사회적 약자를 돕는 차원이라면, 지금은 한 발 나아가 약자가 생기는 것을 사전에 방지하고 미래 사회를 준비하는 쪽으로 발전하고 있다"고 말했다.

국내는 물론 글로벌 사회공헌이 화두가 된 지 오래됐다. 값싼 노동력과 풍부한 자원을 찾아 해외 진출이 급증했기 때문이다. 삼성전자는 2013년 2분기 해외 매출 비중이 90%를 넘었다. LG전자는 전체 매출 85%를 해외에서 달성했다. 현대자동차는 상반기 해외 생산이 60%를 넘겼다.

롯데그룹은 신동빈 회장을 중심으로 아시아시장 공략에 박차를 가했다. 롯데마트는 인도네시아 진출 34개 점을 비롯해 중국 105개 점, 베트남 4개 점 등 143개의 해외 점을 운영했다. 신 회장 초청으로 방한한 세계적 경영학자 고빈 다라잔 미국 다트머스대 교수는 기업의 상생모델과 사회공헌, 미래가치를 강조해 눈길을 끌었다.

다라잔 교수에 따르면 기업의 미래가치는 선진국이 아닌 신흥국 시장에서 나온다. 신흥국 니즈에 맞는 제품과 서비스를 현지에서 개발해야 한다고 강조한다. 이것이 정보화시대 글로벌 비즈니스의 핵심이다. 여기서 비롯된 혁신을 선진국에 수출해야 역逆혁신(리버스 이노베이션)이 빛난다.

기초연금 축소에 연연하다간 큰 줄기 놓친다

우리는 세계에서 가장 빠른 시기에 산업화와 민주화, 정보화를 모두 이뤘다. 글로벌 압축성장의 표본이다. 이제 역혁신 단계에 접어들었기에 주변의 불균형에 관심을 기울일 때가 됐다. 이것 또한 지속가능한 범위에서 해야 한다.

취임 첫해 박근혜 대통령이 핵심 복지공약 수정에 대해 사과했다. 애초 약속과 달리 노인 기초연금을 소득 하위 70%에게 차등 지급한다는 것이었다. 기초연금 재원은 전액 세금이다. 2014년 예산 중 복지가 29.6%로 사상 최대 규모이다. 노인 전체 기초연금은 나라의 큰 짐이다.

2026년엔 노인이 전체인구의 20%를 넘는 초고령사회가 된다. 65세 이상 노인 기준은 독일에서 나왔다. 근대 독일 통일을 이룬 철혈鐵血재상 비스마르크의 은퇴 프로그램이 시초이다. 당시 수명은 49세, 지금은 80세이다. 노인 개념도 바뀔 때가 됐다.

사회공헌과 복지는 없애거나 줄이면 불평과 불만이 쏟아진다. 이것이 '복지의 저주'이다. 우선 불균형을 줄이는 게 맞다. 기업의 사회공헌 그리고 나라의 복지와 관련한 정치권 논란에 있어 최선의 방책은 겸손이다. 겸손하지 않으면 본전도 건질 수 없다. 겸손하고 겸손하면 큰 강도 건너지만, 나대고 설치면 접시 물에도 빠진다.(겸겸군자謙謙君子 용섭대천用涉大川) 멈추면 비로소 보이는 것들이 의외로 많다.

카이스트 서남표 총장의 '미완의 개혁'

서남표 씨는 1936년생이다. 미국 MIT대 석좌교수 출신으로 2006년~2013년 제13·14대 카이스트 총장을 지냈다. 박근혜 정부가 들어서기 전, 총장 임기 만료를 앞두고 학교가 소란했다. 학생들의 잇단 자살과 농성, 총장연임 관련 갈등으로 자주 뉴스메이커로 등장했다.

2013년 기준 카이스트 신입생 등록률은 84%에 불과했다. 개교 42년 만에 발생한 초유의 사태였다. 초유의 추가 모집에도 불구하고 정원미달의 불명예를 안았다. 노벨상을 받은 석학 로버트 러플린 총장이 중도에 불명예 퇴진하기도 했다. 전액 국민 세금으로 운영하는 최고 과학교육의 산실 카이스트가 왜 이 지경까지 처해졌는지 안타깝기 그지없었다.

졸업 후 의대 입학 등 만연, 모럴해저드에 '개혁의 칼'

카이스트의 추락, 그 연원을 따져보면 '서남표식 개혁'과 맞닿아 있었다. 이른바 '미완의 개혁'이 남긴 아픈 상처였다. 그 개혁은 기존의 대학교육 패러다임을 송두리째 바꾼 일대 혁신이었다. 관습과 타성에 젖은 기존 대학 문화를 일깨웠다. 서 총장은 개혁 방향을 다섯 분야로 정했다. 교수 정년 심사 강화, 성적에 따른 차등 등록금제, 전 과목 영어수업, 인성 평가 위주 입시제, 에너지·환경·물·지속가능성의 연구 방향 설정 등이다.

이 가운데 특히 차등 등록금제는 학생들의 반발을 심하게 샀다. 일대 충격이었다. 그러나 냉정히 들여다보면 그 안에는 '불편한 진실'이 도사리고 있었다. 우리나라 자연과학의 부끄러운 단면이기도 하다. 전액 국민 세금 혜택을 받고 졸업한 후 다시 의대에 입학하는 '몰염치' 카이스트생들이 부지기수였기 때문이었다. 사회적 지탄을 받아 마땅했지만, 누구도 책임을 묻지 않았다. 이러한 모럴해저드가 마침내 서 총장으로 하여금 개혁의 칼을 빼게 만든 것이다.

서남표 총장의 개혁 방향 가운데 에너지·환경·물·지속가능 연구를 눈여겨봤다. 바로 우리가 당면하고 개척해야 할 핵심 키워드였다. 아무리 강조해도 지나치지 않지만 이를 제대로 과학교육에 접목하는 대학이 없었다. 천연자원이 빈약한 우리가 미래 성장동력을 찾을 분야였다. 바로 국가 백년대계와 다름없었다.

이 가운데 '지속가능'은 사회 전 분야에 걸쳐 큰 메시지를 던졌다. 박근혜 대통령의 인수위 52일의 마무리 시점에 신·구 권력 충돌 양상과 불협화음이 불거졌기 때문이다. 우리 사회가 지속가능의 길로 제대로 가고 있는지, 프레임을 바꿔 인식과 발상의 대전환을 이루고 있었는지, 혹 그렇지 않다면 이유는 무엇이었는지 되돌아볼 기회였다.

서남표 "지속가능 방해하는 프레임을 바꿔야"

이명박 대통령의 임기 말 특별사면을 놓고 벌어진 신·구 권력 충돌은 대한민국의 지속가능에 아무런 도움이 되지 않았다. 사면권은 대통령 고유권한이다. 사면권을 남용하지 않는다는 원칙에 의거해 사면심사위를 통해 투명하게 했으면 됐다. 이 대통령 친형 이상득 전 의원도 사면 대상에 포함되지 않았다.

이는 박근혜 당선인 측 말대로 국민 여론을 무시한 차원이 아니었다. 대통령 고유권한에 대한 이론반론은 지속가능의 '절벽'이다. 과거에 권위주의를 없애겠다고 하다가 결국 권위까지 잃어버리는 실수를 범하는 것과 같다.

서남표 총장은 저서 『서남표, 천 일의 기록』(동아일보 발행)에서 이렇게 말했다. "내가 바꾸려 한 것은 카이스트가 아니다. 지속가능을 방해하는 프레임이다." 지속가능은 사회적 책임에서 비롯된다. 사회적 책임은 진정성이다. 진정성을 유지하기 위해서는 프레임을 과감히 바꿔야 한다.

바꾸고 변해야 지속가능하다. 세상에 영원한 건 없다. 황하의 큰 물길도 변한다. 황하의 동쪽 마을이 30년을 지나고 보니 어느새 황하의 서쪽에 있었다.(하동삼십년河東三十年 하서삼십년河西三十年) 지속가능한 게 최고이다. 카이스트의 추락과 이명박 대통령의 임기 말 특별사면 논란이 이를 일깨워줬다.

¹² 삼성 이재용이 체험한 '차이나 쇼크'

SK 최태원 회장이 2013년에는 중국 하이난다오(海南島)에서 열린 4월 보아보포럼에 참석하지 못했다. 아시아판 다보스포럼으로 불리는 이 행사는 아시아 정재계 인사들의 사교와 정보모임이다. 삼성 이재용 부회장은 참석했다. 귀국 후 최 회장을 만난 자리에서 포럼에 대한 얘기를 나눈 것으로 알려졌다.

이번 포럼에서 이 부회장은 두 가지 충격을 받았다. 하나는 중국에서 '삼성 테스크포스(TF)팀'의 실체를 봤기 때문이다. 중국 기업 연구소 중에는 오직 삼성만을 연구하는 팀이 있었다. 삼성의 미래 투자계획까지 간파했다. 현대판 지피지기知彼知己이다.

또 하나는 중국의 IT기업 화웨이(華爲)의 눈부신 약진이었다. 삼성그룹 매출의 대부분은 스마트폰에서 나온다. 스마트폰 세계 1위 삼성의 입장에서 턱밑까지 추격해온 3위 화웨이의 위협이 부담스러웠다.

삼성 이재용, 보아보포럼 참석 후 SK 최태원 면담
공교롭게도 삼성 이재용 부회장이 SK 최태원 회장을 면담한 날, 글로벌 컨설팅업체 맥킨지는 충격적인 '제2차 한국보고서'를 내놨다. 주요 내용은 중산층 붕괴와 고용 없는 성장의 문제점. 사교육비와 가계부채에 짓눌려 중산층이 붕괴되고, 대기업 공장의 해외 이전과 글로벌 경쟁력 하락으로 인한 고용 없는 성장을 경계했다. 낮은 출산율과 고령화로 더 이상 '한강의 기적'이 어렵다는 전망이었다. 심지어 북핵보다 경제성장이 멈춰버린 게 더 위기라고 했다.

이어지는 맥킨지의 경고는 섬뜩했다. "지금 한국경제는 뜨거워지는 냄비 물속 개구리와 같다." 뜨거운 물에 개구리를 넣으면 놀라 도망치지만, 물속에 넣고 서서히 데우면 죽어가는지도 모른다는 것이었다. 껄끄러운 지적이지만 막상 반박하기도 어려운 일이다. 우리 사회 잠재적 현안들이 수두룩하게 쌓여 있기 때문이다.

박근혜 정부 들어 일본 엔저의 역습에 가뜩이나 어려운 수출시장이 꽁꽁 얼어붙고 있다. 가격경쟁력으로 대일 파고를 넘어온 우리로서는 치명적이다. 2013년 1분기 미국 자동차 시장에서 현대자동차 판매는 1만 대 감소한 반면 일본 도요타는 4만 대 늘었다. 이같은 추세라면 판매량이 10% 줄 것으로 예상되었다. 반도체장비도 중국 입찰에서 일본 제품에 뒤졌다. 부품소재 중소기업까지 피해가 확산돼 신규 주문이 30%나 감소됐다.

대한상공회의소의 500대 기업 설문조사 결과, 엔저로 해외시장 점유율이 우려된다는 응답은 62.1%로 나타났다. 아울러 수출주력 품목인 철강은 16%, 석유화학은 14% 점유율이 급감할 것으로 예상됐다. 무역 강국 대한민국의 해외 경쟁력 하락은 치명적이었다. 그러나 마땅한 전략과 대안 창출 없이 허둥대는 현실이 더욱 안타까웠다.

"북핵보다 더 큰 위기, 경제 성장의 멈춤"

2013년 봄 근로자 정년 60세 연장 법안이 통과됐다. 임금피크제도도 병행해서 실시하기로 했다. 국회에 계류 중인 경제민주화 관련 법안은 무려 69개이다. 경제학 이론 중 '합성의 오류'라는 것이 있다. 개별적으로 다 합리적이고 올바를 것 같은 경제 행위도 다 합쳐 놓고 보면 경제 전체에 부정적인 결과를 초래한다. 총론 없이 각론만 난무하면 합성의 오류에 빠질 공산이 크다.

일감 몰아주기 단속 등 대기업 옥죄기가 만연하다. 납품단가 후려치기를 방지한답시고 칼날을 들이대면 결과는 뻔하다. 결국 그 피해자는 누군지 자명하다. 경계해야 할 부분이다. 무엇보다 국부 창출이 우선이다. 그래야 복지가 나온다.

흙 닳고 물 마르면 더 갈 곳이 없어진다.(산진해갈山盡海渴) 일본이 잠 깨고, 중국이 좇아오고 있다. 안이하게 안주할 때가 아니다. 배 부르기를 바라면서 밥 짓기를 게을리해선 안 된다. 따뜻하기를 바라면서 옷 짓기를 무시해선 안 된다. 북핵보다 경제가 더 문제이다.

43. 삼성전자가 '전과자' 노정석에게 배울 점

카이스트를 졸업한 노정석 씨는 산전수전 다 겪은 벤처기업인이다. 흔하디흔한 해외 유학 경험도 없는 토종이지만, 벤처업계에서 모르는 사람이 없다. 글로벌 스탠더드와 남다른 휴머니즘을 갖춘 실력 때문이다. 국내 최고의 해커라는 닉네임도 늘 따라다닌다.

2014년, 스타트업을 운영했던 노 씨가 엑시트(투자금 회수) 역사를 새로 썼다. 미국 실리콘밸리에 본사를 둔 세계 최대 모바일 광고 업체 탭조이에 지분 100%를 400억에 매각했다. 2008년 구글이 아시아 최초로 사들인 기업도 그의 회사(태티앤컴퍼니)였다. 당시 매각액은 500억 규모. 실리콘밸리 벤처보다 더 잘하는 회사를 찾아내겠다는 의지가 결실을 본 것이다.

해외 유학 경험 없는 토종, 실리콘밸리가 주목

노 씨가 2010년에 세운 파이브락스는 세계가 주목하는 모바일 광고 플랫폼 선두주자이다. 세계 최초로 모바일 게임 사용자들의 이용 패턴을 정교하게 분석한 기술을 보유하고 있다. 서비스 시작 1년 만에 세계 700여 개 게임 개발사를 고객으로 끌어들였다. 창업 이

후 한동안 수익이 없어 고전했지만, 데이터분석 기술을 인정받아 단번에 대박을 터트렸다.

벤처업계 기린아 노 씨는 전북과학고를 졸업하고 카이스트에 입학한 후 전산학과 3학년 때인 1996년 일찍이 유명세를 탔다. 포항공대와 해커 전쟁이 한창이던 당시 카이스트 컴퓨터동아리 쿠스(KUS) 회장을 맡아 포항공대의 학사행정을 초토화시킨 해커의 장본인이었다. 이후 교도소에도 갔다 왔다. 전산학과에 입학했지만 경영공학과로 학과를 바꿔 10년 만에 졸업했다.

교도소에서 나오자 손가락질도 당하고 냉대도 받았다. '전과자'라는 굴레를 벗지 못한 채 매일 만화방에 들렀다. 만화를 죄다 섭렵하며 할 일 없이 소일하는 게 창피했다. 자신의 꿈이 뭔지를 골똘히 생각했다. 교도소에서 만난 다양한 사람들의 삶이 떠올랐다. 비록 위험이 크지만 남이 가지 않는 특화된 길을 가기로 마음먹었다.

노 씨의 삶을 변화시킨 계기는 교도소 수감과 병영훈련 입소였다. 27살 뒤늦은 한 달 기간의 병역특례 훈련이었지만 수양록을 쓰며 인생의 의미를 생각했다. 그 기간 『전략의 본질』(노다카 이쿠지로 저)이란 책을 읽고 현려형(賢慮形, wise) 리더십을 깨달았다. 2차 세계대전의 성공적 요체를 분석한 책이다. 상황에 맞게 객관적 의사결정을 하는 리더의 덕목이 나와 있다.

이재용의 M&A 열공, "혁신하지 못하면 퇴보"

1998년 SK텔레콤이 보안시스템을 발주했다. 조건은 한 가지, 철옹성이라 불리던 자사의 홈페이지 시스템을 뚫을 수 있는 회사와 계약하겠다는 것. 노 씨는 하루 만에 해킹에 성공해 사업권을 따냈다. 벤처 창업의 역사는 이렇게 시작됐다. 그는 해킹은 기술이 10%, 인간 심리의 이해가 90%라 말한다. 시스템을 만든 사람의 입장에서 보면 실마리가 풀린다는 것이다.

노정석 씨는 리스크가 클수록 리워드(보상)가 크다고 믿는다. 많은 사람들이 선택한 길은 안정적일지는 몰라도 이미 포화상태이다. 성공 가능성도 낮다. 처음부터 큰 판을 노려야 글로벌 스탠더드가 된다고 봤다. '벤처 골드러시'를 만들겠다는 그의 꿈은 이제 '엔젤'로 변모하고 있다. 유망하지만 사업자금이 없는 창업 초기 단계 벤처에 꾸준히 투자하고 있다.

2012년 기준 미국 실리콘밸리의 엔젤 투자액은 25조 원 규모이다. 엔젤은 일자리창출과 경제성장의 버팀목이다. 해외 IT기업의 한국 스타트업·벤처 투자는 줄을 잇고 있지만, 국내 IT분야 대기업의 M&A 투자실적은 초라하다. 삼성전자는 2014년 들어 이재용 부회장을 중심으로 해외 유망 IT기업 M&A에 열을 올리고 있다.

기업이 커지면 혁신이 퇴보한다. M&A를 통해 부단히 혁신을 수혈해야 지속가능해진다. 갈라파고스섬은 외부와 단절돼 생물이 완전히 다르게 진화했다. 기업이 갈라파고스 증후군에 갇히면 망한다. 날마다 새로워지지 않으면 퇴보하는 거다.(불일신필일퇴不日新必日退)

반도체 역사 바꾼 SK 최태원의 '하이닉스 인수'

강한 자는 물론 살아남는다. 그렇지만 살아남는 자가 강한 거다. 환경과 변화에 적응하는 자가 강한 자이다. 행복해서 웃는 게 아니라, 웃어서 행복해지는 것과 같다. 궁극적으론 자신을 이기는 자가 강한 자이다.(자승자강自勝者強) 2014년 11월 4일은 뜻깊은 날이다. SK하이닉스가 우리나라 기업 가운데 2위에 뛰어올랐다. 살아남는 게 최고의 덕목임을 보여줬다.

당시 시가 총액 1위는 삼성전자로 2000년부터 그 자리를 지키고 있었다. 현대자동차가 SK하이닉스에 2위를 내줬다. SK하이닉스 주가는 4만 7,450원 시가 총액은 34조 5,437억 원, 현대차는 각각 15만 5,000원, 34조 1,428억 원을 기록했다.

질곡의 역사 간직한 하이닉스반도체… SK 인수 후 새 모습
반도체는 '산업의 쌀'로 불린다. 자동차와 스마트폰을 제치고 우리나라 대표 산업의 위상을 되찾았다. 애플의 아이폰이 세계 시장에서 돌풍을 일으키고 있다. 애플에 D램을 공급하는 삼성과 SK의 반도체 실적은 계속 늘 것으로 보인다.

위기를 극복하고 화려하게 변신한 SK하이닉스는 애초엔 구제불능 애물단지였다. 2000년 초에는 회생 가능성이 없어 문 닫는 게 시간문제였다. 2003년 주가는 135원이었으니, 11년 만에 351배 성장했고 급기야 세계 D램 메모리반도체 최강자가 됐다. 2014년 들어 3분기 연속 영업이익 1조 원을 돌파했다. SK그룹의 효자 노릇을 톡톡히 하고 있다.

SK하이닉스는 질곡桎梏의 약사를 간직하고 있다. 1983년 세워진 현대전자가 모태이다. 1990년대는 세계 반도체 시장의 격변기였다. 미국과 일본, 대만 등 20개 업체가 난립했고 원가 이하로 경쟁하는 치킨게임에서 치명타를 입었다. 1999년 정부의 빅딜 조치에 따라 LG반도체가 인수했는데 당시 부채가 무려 17조 3,000억 원에 달했다.

2001년에는 현대그룹에서 분리돼 워크아웃에 들어갔고 이름도 하이닉스반도체로 바뀌었다. 이때부터 뼈를 깎는 구조조정과 고통분담, 비용절감으로 자구책을 강구했다. 임직원은 2만 2000명에서 1만 4000명으로 줄었고 그나마 순환 무급 휴직제로 돌렸다. 구내식당 반찬 수도 줄이고 신규로 투자할 여력이 없어 반도체 장비도 낡은 걸 고쳐 쓰기 일쑤였다.

무상복지 이끌 해법은 기업하기 좋은 환경 조성

2012년 2월, 하이닉스반도체는 도약의 기회를 맞는다. 최태원 SK 회장이 그룹 내부의 반대를 물리치고 3조 3,000억 원에 인수했다. 부채와 누적 결손액 10조 원을 떠안았다. 최 회장은 창업주(최종건)

와 부친(최종현)에 이어 3대째 그룹을 이끌고 있다. '무모한 도박'이란 비판도 있었으나 인수 다음 해부터 흑자행진을 이어갔다. '반도체 승부수'가 결실을 본 것이다.

하이닉스의 변신은 최 회장의 기업가정신과 선행투자가 있었기에 가능했다. 승부수를 던진 후 과감한 투자를 감행했다. 미국 컨트롤러업체 LAMD와 이탈리아 플래시메모리 반도체업체 아이디어플래시를 인수해 현지 기술센터로 전환했다. 전체 D램 반도체 물량 50%를 생산하는 중국 우시공장에도 전폭적으로 투자했다.

하이닉스 입장에서는 최태원 회장의 결단이 결국 마중물이 된 셈이었다. SK하이닉스는 국부창출은 물론 국가경제에도 큰 힘이다. 2014년 납부한 법인세 7,000억 원은 삼성전자와 현대자동차에 이어 국내 3위이다. 삼성전자와 미국의 마이크론과 함께 반도체 분야에서 세계 3강 구도를 형성하고 있다.

세수 부족은 큰 짐이다. 세수를 늘리려면 세무조사나 유보금 과세보다 기업하기 좋은 분위기를 조성해 이익을 더 내게 해야 옳다. 무상복지를 추진할 예산 부족으로 논란이 거셌다. 이런 가운데 SK하이닉스의 빼어난 변신에서 얻을 게 많다. 역경을 극복해야 진가가 나온다.(질풍지경초疾風知勁草)

45. 나무에서 배터리 원천기술 개발한 이선영 박사

国립산림과학원에 근무하는 이선영 박사를 만났다. 고분자복합 재료 및 나노기술 응용 분야 전문가이다. 종종 만날 때마다 슈퍼 나노종이에 대해 설명을 듣곤 했지만 솔직히 잘 몰랐다. 그가 2014년 '휘어지는 종이 배터리' 원천기술을 개발했다.

세계 최초로 나무에서 차세대 유망 에너지원인 리튬이온전지 핵심 부품을 얻어냈다. 나무에서 추출한 셀룰로오스 나노섬유로 리튬이온전지의 분리막을 얻는 데 성공했다. 분리막은 양극과 음극 사이에 리튬이온이 통과하는 통로로 전극 간 전기접촉을 막아주는 핵심 소재이다. 이 연구는 세계적인 권위지 영국 왕립화학회 발행 재료화학 저널과 나노레터스에 실렸다.

세계 최초로 리튬이온전지 분리막 얻는 데 성공

이 박사가 개발한 소재는 리튬이온 전도가 우수하고 전기화학적 안정성이 높다. 고온에서도 수축 현상이 발생하지 않는다. 리튬이온전지 업그레이드에 기여하고 있다. 리튬이온전지는 리튬이온을 통해 전류를 충전하는 2차 전지이다. 소형은 휴대폰과 노트북PC,

카메라 등 IT 모바일기기에, 중대형은 전기차동차와 에너지저장시스템(ESS)에 주로 사용된다.

고려대학교 농과대학(현 생명과학대학)을 졸업하고 미국 루이지애나주립대에서 박사학위를 취득한 이선영 박사는 지난 2010년 세계 최고 권위의 인명사전인 후즈후 인더월드에 이름을 올렸다. 국내 최초로 세계 산림연구기관연합회 총회에서 학술 대상을 수상했다. 한국과학기술 우수논문상을 받았고 SCI급 세계적 학술지에 다수의 논문을 게재했다.

이 박사는 필자에게 "나무 성분의 40~50%를 차지하는 셀룰로오스는 지구상에서 가장 많이 분포하는 바이오 분자이다. 손쉽게 얻을 수 있는 친환경 재료이다. 나노섬유는 세계적으로 전기전자 분야에 이용되고 나노 복합재료는 첨단 신소재 개발에 다양하게 활용할 수 있다. 이번 연구가 차세대 미래 에너지원 개발과 수입대체 효과에 도움이 됐으면 좋겠다"고 말했다.

자세하게 이 박사와 리튬이온전지를 설명한 건 다름 아니다. 이 분야가 엄청난 잠재력을 가진 미래시장이기 때문이다. 2013년 기준 리튬이온전지 세계 시장 규모는 22조 원이다. 미국 시장조사업체 HIS는 2020년 시장 규모를 60조 원으로 전망했다. 지금까지 리튬이온전지 분리막은 석유에서 추출한 폴리에틸렌과 폴리프로필렌을 주로 사용해 환경오염에 대한 위험부담이 컸었다.

국부창출의 원천, 부품소재산업 업그레이드 기회

2차 전지 세계 시장은 총성 없는 전쟁터이다. 글로벌 미래 유망업종 목록 가운데 최상위를 차지한다. 충전을 통해 반영구적으로 사용되는 2차 전지는 친환경 재료인 리튬이온이 가장 많이 사용된다. 에너지밀도가 높아 작은 공간에서도 저장이 가능하기 때문이다. 우리나라는 소형 리튬이온전지 강국이다. 삼성SDI와 LG화학이 세계 시장에서 1, 2위를 차지하고 있다.

삼성과 LG, SK 등 대기업들이 리튬이온전지를 앞세워 중대형 자동차 배터리 시장을 공략하고 있다. 삼성SDI는 BMW와 폭스바겐, 클라이슬러, 포드와 합작 계약을 체결했다. LG화학은 현대기아차와 GM, 볼보, 르노와 협약을 맺었다. 기아차 쏘울에 배터리를 공급하고 있는 SK이노베이션은 중국 베이징자동차와 합작법인을 통해 생산에 박차를 기하고 있다.

해외를 중심으로 중대형 에너지저장시스템(ESS) 분야도 각축전이 한창이다. 이제 기존의 납축전지는 리튬이온전지로 빠르게 대체되고 있다. 우리나라 2차 전지 업체들이 회원사로 있는 한국전지산업협회는 "2차 전지가 B2B 분야이다 보니 기업별 통계를 취합하는 데 어려움이 있지만 세계 최고 수준이다"고 말했다.

한국경제 버팀목 역할을 해온 5대 분야가 흔들리고 있다. 휴대전화와 조선, 석유화학, 자동차, 가전에 적신호가 켜졌다. 나무는 아낌없이 준다. 곡식 알알은 농민의 피땀이다.(입립신고粒粒辛苦) 부품소재산업은 아낌없이 주는 나무와 곡식이다. 국부창출의 핵심이다.

40. 대한항공 조현아, SK 최민정의 '노블레스 오블리주'

코이의 법칙은 꿈과 운명은 비례한다는 것을 말해준다. 어떤 꿈을 꾸고 어떻게 환경에 적응하느냐가 중요하다. 코이(Koi)는 비단 잉어과에 속하는 관상어이다. 작은 어항에서 키우면 약지손가락만 해지고, 커다란 수족관에서 키우면 손바닥 크기로 자란다. 그러나 강물에서 자란 코이는 팔뚝만하고 큰 건 1m가 넘는다. 같은 물고기라도 어디서 어떻게 크느냐에 따라 확연히 다르다.

　코이라는 물고기는 종종 기업에 비유된다. 유망 기업들이 글로벌시장에 진출해 대어로 성장해야 국가의 미래가 밝다. 초일류기업으로 도약하려면 기업가정신을 가다듬고 기업 체질을 바꿔야 한다. 레드오션에 갇혀 아등바등하지 말고 인식과 발상을 전환해야 제대로 큰다.

재벌 3세 첫 기소 수감된 대한항공 조현아

2014년 새해 경제계 신년 인사회에 참석한 박근혜 대통령도 코이라는 물고기에 대해 얘기했다. 아울러 이번이 경제를 살리고 회복시킬 골든타임이라 했다. 우리나라가 민주화와 산업화, 정보화를 거치며 기적의 역사를 써왔다면 미래는 희망의 역사를 써야 한다. 글로벌 경제위기를 헤쳐 나갈 지혜와 역량을 모아야 할 때이다.

취임 2년을 맞은 박근혜 정부는 국가 미래와 관련해 여러 모로 뜻 깊은 시기였다. 그동안 우리는 폐허와 결핍을 딛고 한강의 기적을 넘어 경제 강국으로 도약했다. 『오래된 미래』에 나오는 교훈을 다시 되새기면 좋겠다. 언어학자에서 환경운동가로 변신한 헬레나 노르베리 호지가 쓴 이 책은 세계 50개국에서 발간됐다. 티베트 고원지대 라다크에서 배우는 공존의 교훈을 담고 있다. 오래된 미래는 뿌리가 깊고 바람직한 미래를 말한다.

공존의 가치를 파괴하는 불행의 씨앗은 지극히 사소한 데서 자란다. 태어날 때부터 금수저를 물고 나오는 사람들이 주로 저지른다. 이들의 철없는 행위는 결국 반기업 정서를 확산시킨다. 대한항공 조현아 전 부사장의 갑질 논란이 대표적이다. 남부교도소에 수감됐다 풀려난 그를 이렇게 복기하는 건 함의含意가 크기 때문이다.

재벌가 후손 비리와 탈선이 종종 등장하지만 기소, 수감됐던 경우는 조 씨가 처음이다. 항공보안법상 항공기 항로변경·안전운항 저해 폭행, 위계에 의한 공무집행 방해, 업무방해, 강요 등의 혐의였다. 모두 공존을 파괴하는 악성 바이러스였고 노블레스 오블리주를 좀먹는 수치였다.

조현아 씨는 1998년 탈세 혐의로 구속됐던 조양호 회장의 장녀이다. 26살 이른 나이에 대한항공에 들어와 후계 수업을 받아왔다. 입사 1년 만에 임원이 되고, 14년 만에 대한항공 호텔사업 부문 총

괄부사장과 한진관광 대표이사를 지냈다. 오너 일가를 특별히 대우하는 건 재벌가의 관행이다. 그러나 원활한 오너경영을 위해서라도 전문경영인을 우대하는 게 공존의 순리이다.

재벌 3세 최초 여군 장교 임관한 SK 최민정

최민정은 친기업 정서를 불러온 주인공이다. 최 씨는 SK 최태원 회장의 차녀로 해군 학사장교로 임관해 함정에서 군 복무를 했다. 재벌 3세 여성 신분으로 장교로 자원입대한 첫 사례이다. 소위 임관식에는 횡령 혐의로 의정부교도소에 수감 중인 아버지 최 회장을 대신해 해병대를 전역한 큰아버지 최신원 SKC 회장이 참석했다.

최 씨는 생활하면서 재벌 오너 집안 티를 내지 않았다. 고교 시절 신분을 속이고 편의점 아르바이트를 해 용돈을 벌었다. 하루 11시간 동안 아르바이트를 했던 와인 바에서는 잔을 너무 많이 깨 쫓겨난 경험도 있다. 중국 베이징대 광화관리학원에 우수한 성적으로 입학해 주위를 놀라게 했다.

조현아와 최민정을 코이에 비유하면 전자는 작은 어항에서 옹졸하게 자랐고, 후자는 강물에서 원대한 블루오션을 키웠다. 우리나라 반기업 정서는 세계 최고 수준이다. 갑질을 감시하는 블랙박스는 항시 작동한다. 야구로 치면 견제구이다. 도루를 탐해 베이스에서 너무 떨어지다가는 견제구에 걸려 횡사한다. 큰 그릇은 무겁고 소리가 없듯, 큰 인물의 그릇됨은 편협치 않다.(군자불기君子不器)

아모레 서경배의 K뷰티 성공 비결

중국 여성들이 가장 받고 싶어 하는 선물은? 중국 관광객들이 한국에서 가장 많이 구매하는 품목은? 바로 설화수와 라네즈로 대표되는 우리나라 화장품이다. K팝과 K푸드에 이어 K뷰티가 한류열풍을 이끌며 글로벌 성공 신화를 써 내려가고 있다.

우리나라 대표적 뷰티기업 아모레퍼시픽 서경배 회장이 2014년 11월 삼성 이건희 회장에 이어 세계 200대 부자에 이름을 올렸다. 미국 경제 전문지 블룸버그가 발표한 세계 부자 순위에서 60억 달러(7조 2000억 원)로 200위를 차지했다. 재산이 급격히 증가한 건 선풍적 인기를 누리는 K뷰티와 관련이 있다. 아모레퍼시픽 주가는 급등세를 이어갔다.

중국 여성들의 최애 화장품 떠오른 K뷰티

이건희 회장과 함께 세계 200대 부자 자리를 지켜온 현대자동차 정몽구 회장은 240위로 밀려났다. 세계 부자 1위는 마이크로소프트 창업자 빌 게이츠 94조 5,000억 원, 2위는 멕시코 통신재벌 카를로스 슬림 85조 4,000억 원, 3위는 워런 버핏 버크셔해서웨이 회장 76조 7,000억 원 등이다.

　서경배 회장은 고 서성환 창업주의 차남으로 1987년부터 경영 수업을 받았다. 1997년부터 대표이사를 맡아 그룹을 이끌고 있다. 1992년 중국 진출 당시 그룹은 심각한 경영난으로 풍전등화의 위기를 맞았다. 이런 가운데 증권과 건설, 패션 등 비화장품 사업을 과감하게 매각했고 화장품과 향수 등 주력 업종에만 전념했다.

　아모레퍼시픽은 해방 이후 만성적자이던 화장품 수출입을 흑자로 반전시켰다는 평가를 받는다. 중국 현지화 맞춤형 전략을 성공시켰다. 중국인 피부에 맞는 전용 제품을 개발해 중국인의 취향에 맞췄다. 서양 화장품과 달리 우리만의 재료와 기술로 중국인 피부에 맞는 가장 좋은 제품으로 승부했다. 중국 불패 전략으로 대륙의 여심을 사로잡았다는 평가다.

　아모레퍼시픽은 중국 등 13개국에 진출해 매장을 운영하고 있다. 중국 상하이에도 최신 시설을 갖춘 공장을 준공했다. 2020년까지 중국에서 매출 3조원 이상 올렸고 해외 매출 비중을 50% 넘게 늘렸다. 아모레퍼시픽그룹은 "아시아 최고의 뷰티 그룹으로 거듭날 청사진을 갖고 있다. 중국 진출은 글로벌 사업의 상징적 결실이다"고 말했다.

'중국 실패' 넘어 한 우물 판 개성상인 후예

서 회장에게는 부친 서성환 창업주의 개성상인 DNA가 흐른다. 아모레퍼시픽 전신은 서 회장의 할머니 윤득정 여사가 1930년부터 개성시 남문 앞에서 머릿기름을 팔기 시작한 창성 상점이다. 개성상인에게는 천년을 이어온 자린고비 경영철학이 담겨 있다. 그 핵심은 무차입과 신뢰, 한 우물 경영이다. 이탈리아 베니스, 일본 오사카 상인 정신과 견줄만하다.

서 회장은 중국 시장에 집중해 두 달에 한 번꼴로 120번이 넘게 중국 출장을 다녀왔다. 깜짝 실적을 경신한 이유가 있다. 원대한 기업으로 도약한 땀의 결실이다. 개성상인 후예의 한 우물, 외길 경영이 성공 비결이다. 글로벌 무한경쟁의 뷰티 시장에서 선진국과 어깨를 나란히 하는 건 장인의 숨결 덕분이다.

시장조사기관 데이터모니터에 따르면 2014년 세계 화장품 시장 규모 1위는 미국(14.34%)이고 다음이 일본, 중국 순이었다. 우리나라는 10위(2.8%)였다. 세계 3위 중국시장에서 입지를 굳힌 아모레퍼시픽의 도약이 놀랍다. 또 눈여겨볼 것은 우리나라가 남성 화장품 분야에서 세계 1위(21%)라는 사실이다. 화장품은 이제 무한경쟁을 헤치는 필수 품목이 됐다.

누구나 인정받고 싶은 건 단순하지만 영원한 진리이다. 남자는 자신을 알아주는 이를 위해 목숨을 바치고, 여자는 자신을 사랑해주는 이를 위해 화장을 한다.(사위지기자사士爲知己者死 여위지기자용女爲知己者容) 뷰티굴기崛起를 일군 서경배의 꿈은 진행형이다.

18 인천AG 휩쓴 대륙의 스포츠 브랜드 361°

아시아의 꿈이 인천에서 영글었다. '평화의 숨결, 아시아의 미래'를 슬로건으로 한 제17회 인천아시아경기대회(인천AG)는 우리에게 무엇을 남겼나? 2014년 우리나라에서 세 번째 열린 아시아인의 큰 잔치(1986년 서울, 2002년 부산)를 보면서 세 가지 사실에 놀랐다.

아시아 인구는 약 45억 명으로 세계 인구의 60% 이상을 차지한다. 아시아는 광활한 땅과 풍부한 천연자원 못지않게 인구에서도 세계를 압도하고 있다. 한국과 일본, 중국 등 3개국이 따는 메달이 전체의 65% 이상을 차지한다. 이 밖에 중국 스포츠 브랜드 361°의 약진에 놀랐다. 인천AG 운용 요원과 자원봉사자 티셔츠에는 361° 숫자 로고가 새겨져 있었다.

제17회 인천AG 보며 놀란 세 가지 사실

45개 회원국이 모두 참가한 인천AG를 보며 아시아적 가치(Asian values)라는 말이 떠올랐다. 미국과 유럽 학자들과 언론이 만든 용어이다. 1970~80년대 일본의 높은 경제성장과 아시아 네 마리 용(한국 대만 홍콩 싱가포르)의 괄목할 만한 고도성장 배경과 원인을 설명하기 위해 도입했다. 아시아의 경제 도약과 사회적 발전을 서구의 관점에서 바라본 것이다.

아시아는 세계 어느 대륙보다 넓고 민족과 종교, 문화도 다양하다. 인류 문명의 발원지가 두루 분포돼 있다. 아시아적 가치의 핵심은 가부장적이고 권위적인 유교적 전통에 바탕을 두고 있다. 가족중심주의와 근면성이 정부 주도의 개발 모델과 맞물려 고도성장을 이루었다. 아시아적 가치는 1990년대 중반까지 20세기를 이끄는 긍정적인 에너지로 평가받았다.

그러나 1997년 동아시아 금융시장에서 세계 금융자본이 철수하면서 아시아적 가치도 위기를 맞았다. 우리나라를 비롯한 일부 국가가 국제통화기금(IMF) 구제금융을 받게 되자 아시아적 가치와 기적은 폄하됐다. 경제성장의 원동력이었다가 족벌 자본주의를 키우는 토양이자 관료주의를 심화시키는 요인으로 작용했다는 비난도 받았다.

그러나 아시아는 다시 비약적으로 도약하고 있다. 무한한 잠재력을 지닌 최대의 대륙으로 자존심을 회복하고 있다. 세계 경제에 영향을 미치는 고도성장의 전방위 지역으로 부활하고 있다. 넉넉한 인구와 풍부한 천연자원, 높은 교육 수준의 인적 자산은 아시아만의 특혜와 특권이다. 2030년 무렵엔 전 세계 중상위 소득 가구 절반이 아시아에 거주할 것이라는 전망도 있다. 필자도 아시아인의 한 사람이라는 사실이 자랑스러울 때가 많다.

우리와 일본, 중국 등 동아시아 3국은 아시아적 가치를 가장 잘 실현하고 있다. 모두 경제와 스포츠 강국이다. 2010 광저우AG에서 한·일·중 3국이 딴 금메달은 모두 323개로 전체의 67%에 달했다. 인천AG에서도 비슷한 양상을 이뤘다. 이제 스포츠는 국력과 비례하고 국가의 품격을 상징한다. 과거 사회주의 국가에서 주도했던 엘리트 위주의 스포츠와는 판이하다.

세계 시장에 우뚝 설 글로벌 스포츠 브랜드 키워야

인천AG 운용 요원과 자원봉사자는 2만 명에 달했다. 이들의 하늘색 티셔츠에는 361°란 숫자 로고가 새겨져 있었고 선수단 유니폼에도 이 로고가 선명했다. 361°는 대회 공식 후원사인 중국의 스포츠 브랜드이다. 중국의 유니폼이 인천AG 안방을 점령한 셈이었다. 361°는 기하학에서 원을 뜻하는 360°에 1°를 더해 최고 만족을 주겠다는 의미가 담겼다.

361°는 삼성전자, 신한은행, 대한항공, SK텔레콤, 현대기아차 등 공식 후원사 중 유일한 해외 브랜드이다. 연 매출은 8조 4,000억 원 규모로 중국 내 7,800개 매장을 갖고 있다. 29만 점 선수단 유니폼을 지원하는 데만 124억 원을 썼다. 제일모직(에잇세컨즈)은 30억원 규모로 조직위 임원과 심판 정장 4만 5,000점을 후원했다. 개최국 스포츠 파워와 브랜드를 알릴 기회를 놓쳐 아쉬움이 컸다.

우리는 세계 3대 스포츠 이벤트인 올림픽과 월드컵, F1 그랑프리를 개최한 세계에서 몇 안 되는 나라이다. 일본의 미즈노·아식스, 독일의 아디다스·푸마, 미국의 나이키도 자국에서 열렸던 스포츠 이벤트에서 싹텄다. 우리도 세계에 내놓을 만한 국산 스포츠 브랜드를 만날 때가 됐다.(불견불산不見不散)

야신野神 김성근, 닭장사 김홍국의 리더십

프로야구 구단 사령탑 중 야신野神 김성근이 유독 스포트라이트를 받았던 때가 있었다. '야구의 신'을 뜻하는 야신은 야구에 모든 걸 거는 야구인 입장에서는 최고의 영예이다. 2015년의 일이다. 김 감독이 재야인사(야인野人)라는 멍에를 떨치고 한화맨으로 화려하게 부활했다.

김성근의 좌우명은 일구이무一球二無이다. 공 하나에 승부를 걸 뿐, 다음은 없다는 말이다. 기회는 두 번 다시 오지 않는다. 매사에 최선을 다해야 살아남는 승부사적 결단이 들어있다. 국내 최초 독립구단 고양 원더스를 이끌면서 무명의 신인 22명을 프로무대에 진출시켰다.

재일교포 2세(42년생)로 일본에서 고교 졸업 후 사회인 야구팀에서 뛰다 1960년 우리나라에 정착했다. 기업은행 창단 주역이자 좌완 투수로 명성을 날렸고, 1961년 대만 아시아야구선수권대회 준우승의 주인공이다. 당시 노히트노런 기록은 아직도 깨지지 않고 있다. 28살 이른 나이에 지도자 길에 접어들었고, 43살에 프로무대 감독을 맡아 1,000승을 넘겼다.

한화 김성근의 좌우명, 일구이무一球二無

OB와 태평양, 삼성, 쌍방울, LG, SK 등 프로 6개 팀과 신일고와 충암고, 마산상고 등 고교 3개 팀을 지도했다. 김성근의 야구 인생을 기록한 책 『리더는 사람을 버리지 않는다』를 보면 감동적인 리더십을 엿볼 수 있다. 구단에서 방출되는 선수들을 보호하기 위해 직접 각서까지 제출하는 장면은 압권이다. 야신의 지옥 훈련을 받은 제자들이 곳곳에서 주목받는 이유이다.

김성근은 2014년 프로야구 팬 설문조사에서 영입 감독 선호도 1위를 차지했다. 한화의 김 감독 전격 영입은 설문조사 영향이 컸다는 게 야구계 정설이다. 국내 최초로 데이터 야구를 도입했다. 게임은 이기기 위해 존재한다는 게 지론이다. 때론 뱀같이 차가운 결단을 내린다. 클린업 트리오에게도 과감하게 희생번트를 지시한다.

그의 승부사 기질은 국내 최대 닭 가공기업 하림의 김홍국 회장(57년생)과 많이 닮았다. '자칭 불가능에 도전하는 나폴레옹 도전정신을 닮고 싶은 닭장수'이다. 2014년 말 프랑스 오세나 경매소에서 보나파르트 나폴레옹 1세가 썼던 검은색 펠트 2각 모자를 26억 원에 사들였다. 그후 글로벌 벌크선사인 팬오션을 전격 인수했다.

사료 부문 국내 1위 하림 김홍국의 원대한 꿈

STX그룹이 운영했던 팬오션은 곡물 수송 분야 강자이다. 김홍국은 팬오션 지분 58%를 1조 80억 원에 사들였다. 세계 1위 곡물메이저 카길에 이어 곡물 시장에 본격 진출한 것이다. 곡물 사업에서 해운이 차지하는 비중은 크다. 경기가 좋을 때는 곡물 가격 절반이 운임이다. 국내 기업 중 가장 많은 곡물을 사용하는 하림에게는 통 큰 결단이었다.

우리나라 곡물자급률은 25%도 채 안 된다. 사료곡물 대부분(97.3%)을 수입하는 세계 6~7위권 곡물 수입국이다. 하림은 농협을 따돌리고 국내 사료 부문 1위이다. 그만큼 사료가 그룹 매출에서 차지하는 비중이 크다. 2014년 기준 그룹 매출 4조 8000억 원중 사료는 1조 4000억, 닭고기는 1조 1,000억 원이다. 하림은 2021년 기준으로 하림지주와 하림, 팬오션, 선진, 팜스코, NS홈쇼핑 등6개 상장사로 시가 총액은 6조 3,000억 원 규모이다.

전북 익산 출신의 김홍국은 초등학생 때 외할머니에게 받은 병아리 10마리를 밑천으로 사업에 눈을 떴다. 이리농고 재학 중 자본금 4,000만 원으로 양계장을 차렸고, 29살에 하림식품을 세웠다. 86아시안게임과 88올림픽 치킨 특수에 힘입었고, 자수성가로 성공신화를 썼다.

스포츠나 기업이나 타이밍이 승패를 가른다. 기회는 두 번 다시오지 않는 골든타임이다. 야구인 김성근과 기업인 김홍국의 리더십에서 배울 게 한두 가지가 아니다. 그 가운데 핵심은 일절 허튼생각 말고, 매사 공경하고 진중하라는 것이다.(사무사思無邪 무불경毋不敬)

제3부

일본-중국 '샌드위치' 넘어설
국부창출 전략 세우자

반도체 세계 1위, 웃을 수만 없는 이유

반도체는 '산업의 쌀'이다. 산업을 먹여 살린다. 쌀이 생명이자 하늘이듯, 반도체는 경제의 대동맥이자 심장이다. 반도체는 국가 경제를 살찌운다. 우리나라는 반도체 강국이다. 세계 시장 점유율 1위이다. 2013년 기준 무역수지 흑자 442억 달러의 절반 정도가 반도체에서 나왔다.

반도체는 메모리와 비메모리(시스템)로 나뉜다. 메모리는 어원 그대로 데이터를 저장한다. 비메모리는 연산과 제어, 처리기능이 있다. 때로는 하드웨어와 소프트웨어로 구분한다. 인체로 보면 위장과 두뇌인 셈이다. 육체와 영혼으로도 불린다. 메모리반도체 세계 1, 2위는 삼성전자와 SK하이닉스이다. 세계 시장의 52.7%를 차지한다. 대단한 쾌거이다.

반도체 발전 '주역'은 삼성 출신 KT 황창규와 SK 임형규

우리나라 반도체산업의 시초는 1965년 고미전자산업이다. 미국 코미사와 합작해 트랜지스터를 조립, 생산하기 시작했다. 초기 반도체의 씨앗은 그렇게 잉태됐다. 그로부터 20여 년 후 1983년 삼성이

63K D램을 자체 개발하면서 수출 효자산업으로 성장했다. 불모지나 다름이 없던 척박한 환경에서 '반도체 신화'를 일군 두 주역들이 주목을 받았다.

KT 황창규 회장과 SK 임형규 부회장이다. 메모리반도체에 버금가는 통신 분야 신화창조가 두 사람의 어깨에 달려 있다고 해도 과언이 아니다. 그들은 동갑(53년)에다 동향(부산), 동창(서울대)에 직장(삼성)까지 같은 깊은 인연을 갖고 있다.

황 회장은 '황의 법칙'의 주인공이다. 1년에 메모리 용량을 2배씩 성장시켰다. 최태원 SK 회장이 직접 나서 영입한 임 부회장은 삼성의 지역연수(미국 박사) 첫 수혜자이다. 국내 이동통신사의 롱텀에볼루션어드벤스드(LTE-A)서비스를 지원하는 통신 칩은 모두 수입산이다. 세계에서 유일하게 퀄컴에서 만든다. 두 명의 역할에 주목했던 이유이다.

우리나라 반도체 생산액은 2013년 기준 500억 6,700만 달러(53조 2,600억 원)로 일본을 제쳤다. 비메모리 포함 세계 시장 순위는 미국에 이어 2위이다. 이는 일본과 대만 기업이 우리와 경쟁에 밀려 시장에서 철수한 이유가 컸다. 일종의 어부지리라는 분석도 있다. 메모리반도체는 대규모 시설투자가 전제조건이다. 비메모리에 비해 300~400배 공정과 비용이 들어간다.

시장규모 4배 큰 비메모리, 우리나라의 점유율은 고작 5%
그러나 반도체 세계 2위 이면에는 '불편한 진실'이 숨어 있다. 마냥 웃을 수만은 없는 이유이기도 하다. 시장 규모가 4배나 큰 비메모리 분야에서 우리의 점유율은 고작 5%이다. 편식이 심각한 수준임을 알 수 있다. 부가가치가 높은 분야인데도 불구하고 해외 의존도가 너무 높다.

세계 스마트폰 시장 40%를 점유하고 있지만, 핵심 반도체는 대부분 수입에 의존한다. 비메모리 분야의 취약성 때문이다. 갤럭시 노트 S4의 뒷면을 뜯어보면 초록색 기판 위에 18개의 크고 작은 검은색 반도체가 꽂혀 있다. 이 가운데 사진이나 전화번호 등 데이터를 저장하는 메모리반도체는 3개에 불과하다. 나머지는 비메모리(시스템반도체)이다. 스마트폰 두뇌에 해당하는 모바일 어플리케이션 프로세서(AP)와 터치스크린 통제칩 등 핵심 기능은 비메모리이다.

자동차용 비메모리 반도체도 외국산 일색이다. 미국의 프리스케일, 독일 인피리언, 일본 르네사스 등이 시장을 독식하고 있다. 자

동차는 가솔린이 아닌 소프트웨어로 달린다는 말이 실감이 난다. 소프트웨어는 비메모리 반도체가 주도한다.

우리나라 반도체가 넘어야 할 산은 한두 개가 아니다. 반도체 장비와 소재 등 후방산업도 취약하다. 반도체 회로를 그리는 노광기 등 핵심 장비는 전량 수입에 의존한다. 실리콘웨이퍼와 감광재 등 반도체 소재의 일본 의존도가 크다.

편식은 건강에 해롭다. 지나치거나 치우치면 탈이 난다. 반도체도 마찬가지이다. 박근혜 정부의 창조경제 육성에서 비메모리의 중요성은 이루 말할 수 없었다. 프레임을 바꿔야 이긴다. 차별화가 생사를 가르는 경쟁력이다.(동즉사同卽死 이즉생異卽生)

삼성 스마트폰 빛낸 주역은 '뿌리산업'

영등포구 문래동 지명은 고려 말 문익점이 원나라에서 들여온 목화에서 유래했다. 문래근린공원에는 박정희 대통령 흉상이 있었다. 5·16혁명 당시 6관구 사령부가 있던 곳이다. 김재규 씨가 후임 사령관을 맡은 당시 세웠는데, 지금은 철거돼 영등포구청에서 보관하고 있다.

문래동 일대 예술촌은 산업과 예술이 동거하고 있다. 공장이 이전한 빈 건물엔 예술가들이 입주해 창작의 꽃을 피우고 있다. 녹물로 벌겋게 물든 을씨년스런 골목마다 각종 조형물과 총천연색 벽화가 가득하다. 녹과 땀이 서린 자리를 열정의 예술작품들이 채우고 있다. 이곳도 도시환경정비구역으로 지정돼 있어 머잖아 헐릴 것으로 보인다.

삼성 갤럭시 카메라 모듈 토대는 초정밀 금형기술

문래동은 한때 우리나라 철강 판매 1번지였다. 철강 관련 모든 제품이 이 일대를 통해 유통됐다 해도 과언이 아니다. 1960년대만 해도 1,000여 개의 업체가 있었다. 아직 드문드문 남아 있는 철공소

불빛에는 땀에 밴 장인정신의 흔적이 담겨 있다. 자동차와 전자, 조선, 화학 등 주력산업이 자리를 잡는 데 뿌리산업의 역할이 컸다. 뿌리산업은 제조업의 근간이다.

뿌리산업은 제품 형상을 만드는 기초공정이다. 소재나 부품을 완제품으로 만드는 기초산업이다. 제조과정에서 공정기술로 활용되고 있어 주력산업의 시장변화에 큰 영향을 끼친다. 이른바 금형과 주조, 용접, 소성가공, 표면처리, 열처리 등 6개 분야를 일컫는다.

자동차와 항공기의 핵심 부품 80%가 뿌리산업에서 만들어진다. 2014년 기준 국내 시장규모가 87조 원에 이른다. 대략 26만개 기업이 있지만 대부분 10명 미만으로 영세하다. 제품의 공정상 3D산업으로 인식돼 제대로 된 정책지원을 받지 못하는 사각지대에 놓여 있는 경우가 많다.

그러나 글로벌 초일류 제품의 이면을 들여다보면 거기엔 우리나라 뿌리산업의 최고기술이 들어있다. 삼성전자 스마트폰 갤럭시 S4에 있는 1,300만 화소 카메라 모듈, 이 카메라 렌즈를 대량 생산

하려면 눈곱만한 렌즈가 균일한 반달 모양으로 만들어지도록 금속을 정밀하게 깎아야 한다. 나노몰텍이라는 금형업체 제품이다. 이 회사가 세계 최고 수준의 초정밀 금형기술을 개발하지 않았다면 갤럭시 S4 카메라는 지금의 화질과 무게, 크기를 갖추지 못했을 것이다.

부품·소재산업 무역흑자 100조 원, 원천은 '뿌리산업'

세계적 명차 포르쉐 카이엔에도 우리나라 뿌리기술이 담겨 있다. 국내 가격이 1억 원을 웃도는 이 차의 계기판을 견우정공이라는 금형업체가 공급했다. 속도계와 유량계 등 계기판을 대량 생산으로 만드는 것도 열처리, 가공, 냉각 등 수백 가지 기술을 총집결한 기술 덕택이다.

박근혜 정부 2년 우리나라 부품·소재산업 무역흑자가 100조 원을 돌파했다는 낭보가 들려왔다. 이제 수출 주력 품목으로 자리 잡았다. 부품산업 분야는 원자재에 1차 가공을 거친 반도체, 인쇄회로기판, 모터, 베어링 등이다. 소재산업 분야는 금속과 화학, 세라믹, 섬유로 나뉜다. 이 분야에서 우리는 미국과 중국, 독일, 일본에 이어 세계 5위로 우뚝 섰다. 2020년에는 일본과 대등한 경쟁을 펼쳤다.

부품·소재산업의 선전도 따지고 보면 뿌리산업 덕택이다. 뿌리산업은 부품·소재를 완제품으로 만드는 기초가 되기 때문이다. 과거에는 기반이 취약하다는 평가를 받았지만, 이제는 대규모 무역적자를 메우는 일등 공신이 됐다. 아울러 자동차, 휴대폰 등 수출효자 품목이 부품·소재의 성장을 견인했다. 해외 생산기지를 세우면서 자동으로 이 분야 성장을 도왔다.

국가 경제의 미래는 뿌리산업에 달렸다. 뿌리산업에 대한 지원 방안을 확대해야 옳다. 독일의 마이스터와 같이 뿌리산업 종사자에게 인센티브를 주는 것도 고려해볼 만하다. 구인란에 허덕이는 상황을 그대로 둬선 곤란하다. 개미구멍을 무시하단 천길 둑도 무너진다. 사람은 산에 걸려 넘어지는 법이 없다. 흙덩이에 걸려 넘어진다.(질우산跌于山 질우질跌于垤) 국가도 마찬가지이다.

삼성·현대자동차 생산공장 해외 이전

월드컵은 국경을 초월하고 이념과 세대를 아우른다. 운동장과 광장엔 월드컵 애국심이 깃든다. 2014년 여름 브라질월드컵 러시아와 첫 경기가 열린 날, 시내 곳곳은 단체응원으로 활기찼다. 세월호 참사로 실의에 빠진 대한민국이 들썩였고, 기업 마케팅도 활기차게 펼쳐졌다.

월드컵 열풍은 보수와 진보, 당리당략과 지역갈등도 아우른다. 월드컵 응원에서 뿜어져 나오는 에너지는 사회통합과 활력의 원천이다. 꿈이 이뤄지는 소통의 용광로이다. 행복지수가 상승하고 성취감도 증대된다. 현대경제연구원과 한국스포츠산업경영학회가 월드컵 단체응원의 사회경제적 파급효과를 내놨다. 자세히 보면 귀중한 함의含意가 있다.

세계화에 성공한 월드컵, '렉서스와 올리브나무'의 양면성 지녀
월드컵 단체응원을 통한 국가와 기업의 브랜드 홍보 효과는 1조 3,500억 원에 달했다. 2010년 남아공월드컵 16강 진출로 국민의 84%가 생활이 즐거워졌다고 답했다. 민간 소비 확대와 생산 유발

효과도 컸다. 월드컵이 열린 지난 2002년, 2006년, 2010년은 국내 가계소비가 전년에 비해 크게 늘었다. 월드컵 공식 후원사 현대·기아자동차 주가는 각각 43%, 152%로 급등했다.

국제축구연맹(FIFA)은 브라질월드컵에서 방송중계료 등 4조 원 규모의 수익을 올렸다. 경기장 건설과 인프라 확충에 12조 원을 투자한 브라질이 얻은 경제적 효과는 예상외로 크지 않았다. 세상만사 재주 부리는 곰과 돈 버는 사람이 따로 있다. 우리나라는 2013년 기준 FIFA 랭킹 57위이다. 본선 진출 32개국에 들어간 것만 해도 따지고 보면 절반의 성공이었다.

'지구촌 축구 전쟁'의 무대 월드컵은 양면성을 지닌다. 세계화에 가장 성공한 이벤트이지만 폐쇄적 민족 정체성이 극적으로 드러난다. 일부에선 세계화가 오히려 민족의 정체성을 사라지게 한다는 우려도 있다. 그러나 월드컵을 통해 민족주의는 가장 강력하게 발현되고 있다. 세계 제1의 이벤트인 월드컵의 역설이 아닐 수 없다.

퓰리처상을 받은 칼럼니스트 토머스 프리드먼은 저서 『렉서스와 올리브나무』를 통해 글로벌과 로컬의 균형발전을 역설하고 있다. 최첨단 자동차 렉서스는 글로벌의 상징이다. 올리브나무는 민족과 전통의 로컬이다. 시대적 흐름인 글로벌을 받아들이지 않으면 렉서스로 대표되는 문명의 혜택에서 멀어진다. 뒷산에서 올리브나무를 재배하는 데 만족해야 한다.

브라질월드컵 열풍을 보면서 글로벌과 로컬, 렉서스와 올리브나무를 떠올린 건 다름이 아니다. 세계화 추세에서 오히려 우리나라 산업경쟁력이 날로 추락했기 때문이다. 대기업 공장은 해외로 이전하고, 벤처·IT산업은 두뇌유출이 심각하다. 우리나라는 중국의 물량과 일본의 품질 사이에 낀 샌드위치 형국이다. 이젠 일자리마저 해외에 뺏기고 있다. 심각한 국부유출이다.

경직된 노사관계와 비싼 땅값, 해외로 간 일자리

삼성전자가 생산설비나 공장을 증설한다는 뉴스를 접한 지 오래됐다. 2012년 6월 화성반도체 12라인이 마지막 국내 증설이었다. 같은 해 중국 낸드플래시공장, 2013년 베트남 휴대폰 공장이 줄을 이었다. 몇 만 개 이상의 일자리가 해외로 간 셈이다. 현대자동차도 1990년대 말 아산공장이 마지막이다. 중국의 베이징에 이어 충칭에 네 번째 공장을 지었다.

LG전자는 2000년대 초반부터 해외 고용인원이 국내를 앞질렀다. 2013년 말 기준 전체 고용의 44%만 국내에서 이뤄지고 있다. 경직된 노사관계와 비싼 땅값이 결국 대기업을 해외로 밀어낸 셈이다. 최근에는 유럽 국가들이 파격적인 지원과 혜택을 내세워 국내 벤처와 IT기업을 유치하고 있다. 일자리를 확보하기 위해서이다. 게임업체 모야소프트는 본사를 룩셈부르크로 옮겼다.

한국무역협회 조사 결과 게임업체 80.5%가 해외 이전에 찬성하는 걸로 나왔다. 각종 규제에 성장이 막힌 벤처와 IT산업의 현주소다. 광장에서 분출됐던 월드컵 열풍을 국부창출로 승화시키자. 자식에게 땔나무 해오는 법을 가르치듯, 글로벌과 로컬을 아우르는 장기적인 안목과 전략을 키우자.(교자체신教子採薪)

53. 브라질월드컵 파트너 현대자동차의 고민

박근혜 정부 2년차, 2014년 6·4지방선거는 예정대로 치러졌다. 브라질월드컵이 본격 시작됐을 때 선거판 당락의 희비가 엇갈렸다. 세상만사는 변화무쌍한 희로애락과 흥망성쇠의 연속이다. 오르막이 있으면 내리막이 있고, 걸림돌이 있으면 디딤돌이 있는 법, 빛과 그림자는 늘 상존한다.

브라질월드컵은 60억 지구촌의 축제이자 기업들의 총성 없는 전쟁터였다. 현대·기아차는 국내 기업 가운데 유일하게 국제축구연맹(FIFA) 공식 파트너에 이름을 올렸다. 현대자동차 외 소니와 아디다스, 코카콜라, 에미레이트항공, 비자카드 등 글로벌 6개 기업만 선정됐다. 이들 기업이 FIFA에 지불한 마케팅 비용은 3억 7,000만 달러(3,879억 원)에 달했다.

스마트폰 다음의 차세대 미래 성장동력은 스마트카
미국의 월스트리트저널은 '선수에게는 올림픽이 최고의 이벤트지만, 후원 기업과 국가에게는 월드컵이 더 큰 대회'라고 평가했다. 현대·기아차가 월드컵을 통해 거둬들인 것으로 추산되는 유무형의 경제적 효과는 엄청났다. 2002년 한일월드컵 6조 원, 2006년 독일월드컵 10조 원, 2010년 남아공월드컵 20조 원 등이다. 브라질 월드컵은 역대급이었다.

현대·기아차는 FIFA 공식 후원사로서 월드컵 기간 모든 차량을 독점 지원했다. 모두 1,700대가 투입됐다. 귀빈용 최고급 세단과 본선 진출 32개국 선수단용 버스 및 승합차, 자원봉사자용 차량 등이다. 플래그십 세단 에쿠스부터 제네시스, K9, 전략 차종인 HB20 등이 총동원됐다. 전 세계 48개국에서 시승 행사도 가졌다. 특히 중남미 시장 공략에 속도를 냈다.

브라질월드컵이 지구촌 축제의 블랙홀이었다면, 글로벌 비즈니스의 블랙홀은 미래형 스마트카 시장이다. 자동차는 이제 운송 수단에서 소프트웨어기술이 축약된 전자기기로 탈바꿈했다. 스마트폰 다음의 미래성장 동력은 스마트카이다. 글로벌 시장조사업체 스트래티지애널리틱스에 따르면 2014년 시장 규모는 225조 원이었다.

현대자동차 브라질 공장

세계는 지금 미래 스마트카 시장을 선점하기 위한 주도권 다툼이 치열하다. 최첨단 정보기술과 완성차업계의 합종연횡이 활발하게 전개되고 있다. 그러나 우리는 아직도 국내업체 간 연합전선 구축이 미미하다. 선진국 업체와의 소프트웨어기술 격차가 크기 때문이다. 현대·기아차가 삼성·LG 등 국산 소프트웨어를 장착하지 못하고 있다. 현대·기아차의 고민이다.

현대자동차에 장착한 소프트웨어는 구글·애플 일색

글로벌 5위 현대차는 2014년 6월 1일부터 미국 시장에 진출하는 신형 LF쏘나타에 '애플 카플레이'를 장착했다. 차량용 소프트웨어 카플레이는 아이폰을 통해 전화나 문자 송수신, 지도검색, 음악감상은 물론 음성인식 서비스까지 할 수 있다. 멀티미디어시스템은 주행하면서 사용이 가능한 신개념 기술이다. 제네시스 2015년 모델에는 구글 운영체제를 탑재했다.

소프트웨어기술에서 앞서 있는 애플과 구글은 글로벌 자동차업체들과 경쟁적으로 기술제휴를 맺고 있다. 구글이 도요타를 영입하자 이에 질세라 애플은 BMW와 메르세데스-벤츠를 자기 진영으로 끌어들였다. 완성차업체들도 스마트카 원천기술 확보를 위해 글로벌 IT업체와 기술제휴를 공격적으로 하고 있다. 이 분야에서 우리만 한참 뒤처져 있다.

한국자동차산업연구소 미래연구실은 "소비자들은 스마트폰이나 갤럭시노트처럼 자동차 밖에서 경험했던 IT 기반 기술을 자동차 안에서도 활용하길 바란다"고 밝혔다. 인공지능 분야의 대가 레이 커

즈와일은 『특이점이 온다』는 책을 통해 2030년 이전에 뇌 성능과 다름없는 인공지능 시대가 온다고 예견했다. 스마트카는 인공지능과도 결합해 나날이 진화하고 있다.

스마트카 시장은 글로벌 미래산업의 각축장이다. 현대차가 삼성·LG와 연합전선을 구축해야 시너지가 발생하고 국익창출이 배가된다. 벤처 붐이 일어난 지 세월이 꽤 지났다. 인체와 마찬가지로 소프트웨어 생태계 복원이 시급하다. 허하면 보해서 튼실하게 해야 한다.(허실보사虛實補瀉)

54. 수입차 선호하는 청년층 급증

수입차에 대한 흥미로운 조사 결과가 나왔다. 동아일보가 전국 남녀 1,000명을 대상으로 한 설문조사에서, 20대 청년층 5명 중 1명은 수입차를 구매하겠다고 밝혔다. 수입차 선호 이유는 성능 우수(57.3%), 안전(43.7%), 국산차에 실망(25.3%) 순이었다. 2013년 일이다.

남에게 잘 보이려(20.3%), 사회적 지위를 대변하려(18.6%)는 이유로 수입차를 선호한다는 응답이 뒤를 이었다. 수입자동차협회 자료를 보면 우리나라 수입차 비중은 2013년 5월 기준 12.0%다. 2009년 4.9%, 2012년 10.0%로 차차 증가한 추세였다. 특히 프리미엄 승용차의 수입차 비중은 40%를 넘었다.

박근혜 대통령 취임식서 선보인 방탄차 에쿠스의 위상
대림대 자동차학과 김필수 교수는 이러한 현상을 현대자동차의 독점지위 하락으로 진단했다. 현대차그룹은 그 해 내수시장 75%를 차지했다. 수입차 약진은 곧 현대차의 하락이다. 현대차는 삼성전자와 함께 우리나라 상장사를 대표하는 전차(삼성전자, 현대차)군단이다. 이들은 코스피 시장에서 영업이익의 39.2%, 전체 순익의 절반이 넘는 50.6%를 기록했다.

박근혜 대통령 취임식 때 최초로 선보인 국산 방탄차 에쿠스는 현대차의 위상을 한껏 높였다. 현대차의 해외 생산 비중은 2013년 5월 기준 71.8%이다. 2002년 해외 생산이 본격화된 후 최고 수치였다. 글로벌 톱5 자동차회사로 안주하기에는 아직 이르다.

현대차 내부를 들여다보면 불편한 면이 있다. 우선 차 한 대 생산하는 데 드는 시간은 울산공장이 31.3시간, 미국 앨라배마공장 14.6시간, 중국 베이징공장 19.5시간이다. 중국, 브라질 등 해외 거점공장이 3교대, 24시간 가동 중이지만 우리나라만 2교대에 머물고 있어 생산성에서 한참 뒤진다.

자동차산업의 경쟁력은 '오더 투 딜리버리'(주문에서 출고까지의 시간)이 좌우한다. 그 시간을 어떻게 단축하느냐가 관건이다. 생산성 저하로 시장점유율이 떨어지면 글로벌 경쟁력 하락은 불 보듯 뻔하다. 최중혁 신한금융투자 애널리스트는 "해외시장에서 운반하는 데 한 달 반이 걸린다면, 판매에 차질을 빚는 것은 당연하다"고 경쟁력 하락을 경고했다.

선명성 경쟁 7개 파 난립한 현대차 노조 지부장 선출

현대차 하청 노조는 전원 정규직화를 요구하고 있다. 노노간 갈등 양상도 빚고 있다. 현대차의 잇단 시장점유율 하락은 엔저에 힘입은 일본 차의 공세 탓도 있지만, 강성 노조 때문이라는 지적도 많다. 집단이기주의로 무장한 귀족노조의 폐해는 어제오늘의 일이 아니다. 그들은 회사 순익의 30%를 성과급으로 요구하기도 한다. 2019년 기준 현대차 직원 1인당 평균 급여는 9,600만 원이다.

현대차 노조 지부장 선출을 앞두고 정치세력 뺨치는 7개 파가 난립했다. 2013년의 강성노조 활동은 계파별 선명성 경쟁이란 분석도 있었다. 노조는 시대적 산물이다. 노조도 이제 변할 때가 됐다. 회사가 있어야 노조도 있는 법이다. 서로 손목을 잡고 가도 모자랄 판에 발목을 붙들면 되는 일이 없다.

멀리 가려면 같이 가고, 빨리 가려면 혼자 가야 한다. 더불어 가야 가치가 있다. 세상에 독불장군은 없다. 글로벌 경기침체의 난관을 함께 뚫어야 옳다. 나 몰라라, 나만 옳다는 식의 편견과 고집은 재앙을 부른다. 일방적 대립과 반목은 공동의 영혼을 짓밟는다.

노조의 집단적 이기주의는 집단적 사치奢侈를 낳는다. 집단적 사치는 결국 나라를 멍들게 한다. 남을 이롭게 하는 것이 결국 자기에게 좋다.(자리이타自利利他) 탐욕과 어리석음을 내려놓고 마음과 믿음을 쌓는(심신지려心信之旅) 노사관계를 보고 싶다.

55. 삼성의 어닝쇼크, 중국 IT 군단의 역습

비즈니스 성공은 성실만 가지고는 이룰 수 없다. 가장 유망한 시장을 찾아 흐름을 잘 타야 한다. 태풍의 길목에 서면 돼지도 날 수 있다. 21세기 비즈니스의 태풍은 바로 모바일과 인터넷이다. 삼성전자의 2014년 2분기 실적하락과 중국의 IT기업 샤오미의 눈부신 약진을 보며 이런 생각이 들었다.

삼성전자의 매출과 영업익은 지난해 같은 기간에 비해 각각 9.5%, 24.5% 급감했다. 특히 영업익(7조 2000억 원)이 8조 원 이하로 떨어졌다. 증권가 예상치보다 무려 1조 원이나 적었다. 삼성의 어닝쇼크는 샤오미와 레노버, 화웨이 등 중국 IT 군단의 대공습 때문이었다. 이들 가운데 샤오미(Xiaomi Tech, 小米科技)가 먼저 눈에 들어왔다.

거대한 좁쌀 샤오미(小米), 스마트폰 판매 삼성 앞서
이름도 생소한 좁쌀, 샤오미가 세계 최대 스마트폰 시장 중국에서 일대 지각변동을 일으켰다. 2014년 1분기에 애플을 제쳤다. 삼성과 레노버에 이어 3위를 차지했다. 4월에는 삼성보다 스마트폰을 더 많이 팔았다. 2010년 설립한 후 거품을 뺀 초저가와 고사양 전략이 먹혀들었다. 거대한 좁쌀의 팔목상대 무한변신이었다.

샤오미 창업자 겸 최고경영자 레이쥔은 창업 동지들과 좁쌀죽을 함께 먹으며 사업 의지를 다졌다. 애플의 성공사례를 벤치마킹했고 모든 과정을 외부에 주문해 제작했다. 일 년에 한 가지 제품만 출시했다. 마케팅 비용은 매출액의 1% 수준이었다. 애플과 유사한 디자인과 제품명으로 후광효과를 톡톡히 봤다. 스마트폰 가격도 갤럭시의 절반(1,999위안, 33만원)이다.

샤오미는 스마트폰만 만드는 게 아니라 플랫폼에 기반한 콘텐츠를 생산한다. 아마존의 킨들처럼 기기는 저렴하게 팔되 콘텐츠를 지속적으로 늘린다. 자체 생태계를 구축해 수익을 증대시키는 전략이다. 첫 제품은 스마트폰 단말기가 아닌 운영체계(OS)였다. 디자인과 성능을 사용자 입맛에 맞게 뜯어고치는 소비자 친화형 콘텐츠로 주목받고 있다.

샤오미의 자체적인 운영체계는 일석 삼조의 효과를 보고 있다. 구글 안드로이드마켓이 아닌 자체 앱 스토어를 갖추고 있다. 삼성도 못한 일을 단기간에 해냈다. 기술 선도회사로서의 위상을 갖춰 부품공급에 난색을 하던 퀄컴과도 손잡았다. 이밖에 이 회사 스마트폰은 수시로 업데이트가 가능해 마치 게임에서 다마고치를 키우는 것 같은 재미가 있다.

한국 제조업은 '차이나 패닉', 굼뜨면 사라진다
중국 IT 기업들이 세계 중저가 휴대폰 시장을 석권하는 현상은 어제오늘의 일이 아니다. 프리미엄급에서도 한국을 맹추격하고 있다. '세계의 공장'이라던 중국은 이제 제조업의 슈퍼 파워로 군림하고 있다. 추격자(fast follower)에서 선도자(first mover)로 급부상하고 있다. 우리 입장에서 보면 '차이나 패닉(china-panic)'임에 틀림없다.

2000년대 초반 중국 전자시장은 한국과 일본이 지배했다. 그러나 지금 주도권은 중국으로 넘어가고 있다. 한국의 제조업은 스마트폰 부진뿐 아니라 겹겹이 위기이다. 부동의 세계 1위였던 조선은 수주 실적에서 중국에 뒤졌다. 철강과 자동차도 비교우위가 사라진 지 오래이다. 항공우주와 슈퍼컴퓨터, 전기차 등 미래산업도 중국이 압도하고 있다.

중국 가전업체 하이얼은 2008년부터 5년 연속 세계에서 가장 많이 냉장고를 팔았다. 통신장비업체 화웨이는 에릭슨에 이어 세계 2

위를 굳혔다. PC시장에서 레노버는 절대 강자이다. 제조업뿐 아니다. 공상은행 약진도 무섭다. 신종균 삼성전자 사장 말대로 중국기업보다 굼뜨면 죽게 생겼다.

중국은 삼성 버금가는 회사를 8개나 만든다는 야심 찬 프로그램을 수립했다. 우리는 삼성 의존도가 높다.(GDP 30%) 삼성그룹 수익 80%가 삼성전자에서 나온다. 삼성전자 주력이 스마트폰이니, 스마트폰 위기는 곧 그룹의 위기이다. 중국 IT 군단의 역습이 거세졌다. 잘못하다간 경제 성장판이 닫히게 생겼다. 한배를 타고 함께 폭풍우를 헤쳐 나가자.(풍우동주風雨同舟)

56. 취업 시즌 '삼성 쇼크'가 불러온 나비효과

대기업 취업 문이 좁아졌다. 삼성의 실적 악화가 부른 일자리 감소가 산업계 전반으로 퍼졌기 때문이다. 하반기 대졸 공채 시장이 사상 최악으로 치달았다. 삼성이 채용 규모를 줄인 건 2008년 금융위기 이후 처음이다. 전년 대비 500~1,000명 감소됐다. 2014년 일이다.

스마트폰 시장에서 고전하는 삼성의 입장에서 대규모 채용의 여력이 없어졌다. 현대자동차도 하반기 채용 규모를 300명 정도, LG그룹도 지난해 대비 1,000명을 줄였다. 취업에 실패해 대학을 5~6년씩 다닌 취업 재수생이 쏟아졌지만, 형편이 어려워진 기업은 채용을 줄였다. 취업 재수생은 무려 50만 명에 육박했다.

스마트폰 위기 취업시장 불똥, 삼성 채용 줄여

가뜩이나 일자리가 부족한데 엎친 데 덮쳤다. 대졸 공채 구직난은 어쩌면 스마트폰에서 비롯된 '삼성 쇼크' 나비효과였다. 브라질 나비의 날갯짓이 미국 텍사스에 토네이도를 발생시키듯, 사소한 사건이 큰 변화를 부른다. 우리 경제에서 삼성이 차지하는 비중은 만만찮다. 삼성에서 스마트폰은 그룹의 미래이다. 스마트폰 위기가 결국 취업시장까지 불똥을 튕겼다.

'삼성 쇼크'는 기억하기 싫은 사건이다. 증권가의 삼성전자 실적 전망은 충격 그 자체였다. 2분기 영업익은 전년 대비 24.6% 떨어진 7조 1,900억 원이었다. 하지만 3분기에는 4조 원대로 추락했다. 전년 같은 기간 10조와 비교하면 반토막도 안 된다. 취업 시즌 9월이 지나니 중국의 반값 스마트폰 한국 공습이 본격적으로 시작됐다.

세계 3위 스마트폰 업체인 중국의 화웨이가 한국 시장에 진출했다. 알뜰폰 업체 미디어로그와 손잡고 제품 X3를 출시했다. 미디어로그는 LG유플러스 계열사이다. X3의 가격은 갤럭시노트4의 반값 정도이다. 해외 직구를 통해 중국 휴대폰이 들어오기는 했으나, 정식 출시는 이번이 처음이다. 외국산 스마트폰도 국내에서 무한 경쟁 시대를 시작했다.

중국 스마트폰 판매시장에서 삼성을 밀어낸 샤오미도 한국에 진출했다. 샤오미는 CJ헬로모바일과 협의를 마쳤고 제품명도 홍미와 미(MI)3로 결정했다. 한동안 우리의 휴대폰 시장은 외국산의 무덤이었다. 애플의 아이폰은 세계시장 점유율이 11.9%였지만 우리나라에서는 5%밖에 안 됐다. 그러나 앞으로가 문제이다.

구글 캠퍼스 찾은 수석 부사장 피차이 "버거운 업무에 도전하라"
삼성은 스마트폰 시장에서 부동의 세계 1위, 시장점유율 25.2%의 모바일 강자이다. 일련의 시행착오를 거울삼아 위기를 극복하고 한 단계 도약할 충분한 에너지를 갖고 있다. 비즈니스위크는 모바일 영향력 1위 인물로 구글 수석 부사장 선다 피차이를 선정했다.

피차이가 2014년 '구글 캠퍼스'를 소개하기 위해 한국을 찾았다. 이 캠퍼스는 구글이 창업가를 위해 마련하는 교육과 네트워킹 전용공간이다. 스타트업을 위해 인큐베이팅을 진행하는 곳이다. 영국 런던과 이스라엘 텔아비브에 이어 세계에서 세 번째, 아시아에서는 최초로 서울에 세워졌다. 피차이의 평가에 의하면 한국은 기업가정신과 창업환경이 수준급이다.

인도 남부 타밀의 평범한 가정에서 태어난 피차이는 명문 인도 공대를 졸업하고 미국에서 학위를 받은 후 2004년 구글에 들어갔다. 안드로이드 운영체계와 인터넷 브라우저 크롬, G메일 등 구글의 핵심 업무를 총괄했다. 미국 유학길에 오를 때 비행기 값이 없어 고생했다. 개천에서 난 용이지만 과거의 아픔을 승화시킨 것이다.

피차이는 자신의 성공비결을 말했다. 온실 속에서 자란 삼성이 귀담아 들을 게 있다. "능력이 버거운 업무에 도전해야 성공한다. 항상 나를 불편하게 할 만큼 똑똑하고 정열적인 사람들과 일해야 한다." 재복은 함께 오지 않지만, 재앙은 겹쳐온다.(복무쌍지福無雙至 화불단행禍不單行)

57. 현대중공업 통상임금 대법의 판결

2013년 추석 명절, 삼성그룹이 전통시장 상품권인 온누리상품권 300억 원어치를 구입했다. 협력사 임직원 및 비정규직 직원들에 풀어 내수경기 활성화를 꾀하기로 했다. 일 년 전 구입한 1,500억 원에 비하면 딱 20% 선이다. 공식적으로 추석 보너스가 없는 삼성은 이번에도 정규직 임직원들에게는 100%를 지급했다.

글로벌 위기에도 삼성의 경영 성적표는 손색이 없다. 이런 가운데 온누리상품권 구입을 대폭 줄인 이유는 일부 부작용을 우려한 것으로 보였다. 자칫 그들만의 잔치로 비추어지는 게 부담스러웠고, 인터넷을 통해 온누리상품권을 거래하는 사례가 빈번했기 때문이었는데, 전통시장 활성화라는 취지가 무색할 만큼 부작용이 컸다.

삼성이 명절 온누리상품권 구입 대폭 줄인 이유
삼성의 온누리상품권 구입 축소는 '뜨거운 감자'로 부상했던 통상임금 범위 논란과 관련이 있다. 통상임금은 경제계와 노동계의 가장 큰 화두로 연장·야간·휴일근무 수당을 산정하는 기준이다. 상여금의 통상임금 포함 여부를 놓고 이직도 논란은 꺼지지 않고 있다.

이와 관련해 대법원이 통상임금 소송에서 노동자들의 손을 들어 줬다. 소송 제기 9년 만이다. 대법원 3부(주심 김재형 대법관)는 2021년 12월 16일 현대중공업 노동자가 회사를 상대로 낸 임금청구 소송에서 원고 패소 판결한 원심을 일부 깨고 사건을 부산고법으로 되돌려 보냈다.

현대중공업 노동자 10명은 정기상여금과 설 명절 상여금을 통상임금에 포함해 재산정한 법정수당과 퇴직금을 지급하라며 소송을 제기했다. 산정액은 노조 추산 4,000억 원, 회사 추산 6,000억 원 수준이다.

1심에서는 노동자들이 승소했다. 상여금을 통상임금에 포함을 시켜야 하며 노동자들의 청구가 신의 성실의 원칙(신의칙)에 위배되지 않는다고 판단했다. 2심은 1심과 달리 상여금 중 명절상여는 통상임금이라고 볼 수 없고 청구가 신의칙에 어긋난다고 봤다.

대법원은 소정 근로와 상관없이 특정 시점에 재직 중인 노동자에게만 지급했다면 통상임금으로 볼 수 없다고 규정했다. 하지만 현대중공업 급여세칙은 명절 상여를 포함해 상여금을 지급일 이전 퇴직자에게도 근무 일수에 비례해 지급하도록 명시했다. 명절 상여를 통상임금으로 본 근거이다.

1,2심 모두 쟁점이 된 신의칙 판단에서도 원고의 손을 들어줬다. 신의칙은 민법 2조에 규정된 내용으로 권리 의무행사 쌍방이 상대방의 이익을 존중하고 신뢰를 지켜야 한다는 원칙이다. 현대중공

업이 경영상 어려움을 겪고 있는데 추가 법정수당과 퇴직금을 요구하는 것은 신의칙에 위배가 된다는 게 회사 측 주장이었다.

1988년 근로기준법 의거한 통상임금, 큰 지혜 모아야

1988년 만들어진 근로기준법에 의거한 통상임금은 2012년 3월 대법원에서 첫 판결이 났다. 경북 시외버스회사인 금아리무진 근로자들이 제기한 소송 판결에서 분기별로 지급되는 상여금도 통상임금으로 인정하면서 논란에 불을 지폈다.

통상임금 논란의 뿌리를 거슬러 올라가면 사회적 불평등과 맞닿아 있다. 불평등은 시장경제의 가장 어두운 그림자이다. 그러나 빈곤 문제는 막막한 동굴이 아니라 출구가 나오는 터널이다. 해결의 실마리가 있다는 말이다. 이런 관점에서 모두 한발씩 양보해 접점을 찾는 지혜를 찾았으면 좋겠다. 새가 한쪽 날개로 날 수 없듯, 시장경제의 양 날개는 노사 모두이다.

통상임금은 큰 틀에서 큰 지혜로 양보와 타협을 도출하는 게 옳다. 큰 지혜는 여유롭고 깊이가 있지만, 작은 지식은 각박하고 소란스럽다.(대지한한大知閑閑 소지간간小知間間)

58. 세계 100대 혁신기업에 한국은 없었다

글로벌 경제위기 파고가 인도 금융시장을 덮쳤다. 주가 급락에 이어 인도 루피화와 채권까지 폭락하는 일이 벌어졌다. 실물경기와 금융시장이 최악 상황으로 치달으면서 IMF에 손을 벌리게 될 것이라는 비관론이 흘러나왔다. 1980년대 이후 세계에서 평균 두 배가 넘는 경제성장을 이뤄온 인도로서는 여간 곤혹스런 일이 아니었다. 2013년 하반기의 일이다.

인도 전문가에게 들은 얘기 한 토막. '인도를 일주일 여행한 사람은 시를 쓰고, 한 달 여행한 사람은 소설을 쓴다. 그러나 인도를 일 년 넘게 갔다 온 사람은 아무것도 하지 못한다.' 인도는 알면 알수록 어려운 나라이다. 평정심을 잃고 허풍을 떨다간 망신당하기 일쑤라는 가르침이다. 겸손은 더함을 부르고, 교만은 손실을 낳는다.(겸수익謙受益 만초손滿招損)

일본 11개 · 중국은 5개 기업, 한국은 3년째 제로

세계 9위권 경제 규모를 자랑하는 우리가 도저히 믿기지 않는 망신을 당했다. 세계 100대 혁신기업에 우리 기업이 하나도 없었기 때문이다. 이명박 정부 후반~박근혜 정부 초반, 2013년까지 3년간 제로였다. 평균 학력 세계 1위, 평균 IQ 세계 2위, 10만 명 당 박사 최다 보유국 대한민국이 왜 이 지경에 처해 졌을까? 오만이 앞장서면 치욕이 뒤따르는 법, 한번 뒤를 돌이켜보자.

미국 경제 전문지 포브스가 세계 100대 혁신기업 순위를 발표했다. 일본이 11개, 중국 5개, 인도 3개, 대만은 1개 기업이 들어 있지만 우리는 없다. 일본은 전자상거래 라쿠텐(9위), 생활용품 유니창(14위), 산업설비 화낙(26위), 전자기업 키엔스(36위) 등이다. 중국은 검색포털 바이두(6위), 투자개발기업 허난슈앙후이(18위) 등이 이름을 올렸다. 2013년 여름의 일이다.

혁신기업 선정 기준은 세 가지였다. 1년간 매출성장률을 비롯해 5년간 연간 투자총수익, 자체적인 혁신 프리미엄 등을 종합적으로 평가했다. 삼성과 현대자동차, LG, SK, 포스코 등은 눈을 씻고 봐도 없었다. 혁신의 아이콘이라는 애플은 76위로 추락했고 구글은 47위이다. 전체 1위는 미국의 세일즈포스닷컴이었다. 고객 관계 관리 솔루션(CRM)을 중심으로 컴퓨팅서비스를 제공하는 기업이다.

혁신기업 선정 기준 가운데 하나인 연간 투자총수익은 우리에게 시사점을 보인다. 투자 없이 수익을 기대하는 건 불가능하기 때문이다. 투자야말로 선순환의 전제 조건이다. 그러나 우리 기업은 투자처를 찾지 못해 은행에 묻어둔 예금이 너무 많았다. 기준금리 인하와 추경예산 편성으로 돈이 많이 풀렸지만 '돈맥경화'가 심각했다.

투자심리 위축, 스마트폰·자동차 외 성장동력 불확실

예금회전율은 2013년 2분기 3.7회로 6년 만에 최저치이다. 돈의 유통속도인 예금회전율은 투자를 위해 예금을 인출하는 횟수이다. 예금회전율 저하는 곧 투자위축이다. 설비투자는 연속 마이너스이다. 투자는 그렇다 치고 스마트폰과 자동차 말고 차세대 성장동력은 아직 뚜렷한 게 없다는 게 문제였다.

한때 세상을 떠들썩하게 만든 페이퍼컴퍼니와 관련해 우리의 조세 피난처 은닉 자산규모는 세계 3위이다. 1~2위는 중국과 러시아. 부가세 체납과 탈루액은 연간 11조 원 규모이고, 세수도 한 해 9조 원 넘게 덜 걷혔다. 기업투자는 줄고 곳간은 비고, 우물쭈물하다간 큰일 나게 생겼다.

창조경제는 지우개이다. 잘못됐으면 고치고 지워야 한다. 투자처를 못 찾아 헤매는 기업에 길을 안내해야 맞다. 누구에게나 천賤이 있다. 천을 감출 줄 아는 사람과 어느 정도 참을 줄 아는 사람은 격(格)이 있다. 나라도 기업도 마찬가지이다.

놓치기 아까운 인도 속담이 있다. '위대함은 다른 사람보다 앞서가는 데 있지 않다. 참된 위대함은 자신의 과거보다 한 걸음 앞서나가는 데 있다.' 팀보다 위대한 선수는 없다. 불굴의 의지로 다시힘을 모으자.

^{59.} 이케아 국내 진출은 리빙산업 업그레이드 기회

이케아는 1934년 설립된 스웨덴의 대표 기업이다. 우리로 치면 삼성전자나 현대자동차쯤 된다. 북유럽풍의 독특한 디자인과 실용성으로 세계 가구시장을 장악하고 있다. 2014년 기준 연 매출 43조 원대 가구공룡이다. 경기도 광명시에 처음으로 둥지를 틀었다.

이케아 1호점 광명점은 축구장 10배 크기이다. 백화점에서 쇼핑하듯 가구를 산다. 급변하는 소비패턴을 겨냥했다. 다양한 상품과 가격경쟁력으로 국내시장을 넘보고 있다. 이케아 가구는 대부분 이동이 쉽도록 분리돼 있다. 소위 플랫팩 방식의 중저가 조립식(DIY)이다. 독자적인 생산과 유통망을 갖추고 있어 기존 가구보다 최대 50% 저렴하다.

1만 개 국내 가구업체 초긴장, 위기는 기회

이케아 매장은 어른들의 궁전으로 불린다. 핵심적인 기업 철학은 민주적 디자인이다. 가격이 비싸 구매가 어려운 사람들을 최소화한다는 것이다. 친환경 경영의 롤 모델이다. 소비 에너지의 37%를 신재생에너지로 충당한다. 통 큰 사회공헌으로도 유명하다. 팀장급

직원 중 여성이 47%이다. 2003년 이후 한 번도 매출이 꺾여본 적이 없다. 42개국에 345개 매장을 운영하고 있다.

이케아의 국내 진출 이후 한샘과 리바트, 에넥스로 대표되는 국내 가구시장이 긴장의 끈을 놓지 못하고 있다. 일부에서는 빅뱅까지 거론된다. 부동산경기 침체기를 맞아 영세 가구업체의 위기의식은 높아졌다. 1만 개 가구업체 가운데 5인 미만의 영세업체가 80%를 차지하는 기이한 산업구조 때문이다. 2014년 기준 우리나라 가구시장 규모는 8조 2,000억 원이 조금 넘었다.

국내 1위 가구 인테리어업체 한샘의 분발이 눈에 띈다. 한샘은 이 분야 최초로 매출 1조 원을 넘겨 '1조 클럽'에 가입했다. 창업 44년 만이다. 최양하 회장은 1994년부터 20년간 대표직을 맡았다. 서울대를 나와 대우에 근무하다 1989년 한샘에 합류했다. 당시 한샘은 매출 36억 원의 부엌가구 업체였다. 그동안 매출이 300배 정도 커진 셈이다.

오너 조창걸 명예회장과 CEO 최양하 회장의 투트랙 경영은 재계에 정평이 나 있다. 상호신뢰가 두텁다. 서울특별시 부시장과 디자인총괄 본부장을 지낸 권영걸 서울대 교수를 영입해 최고 디자인 책임자(CDO)를 맡기기도 했다.

1인 가구 증가, 라이프스타일 변화에 주목

한샘은 이케아의 국내 진출을 앞두고 목동에 대형 직매장을 열었다. 이케아 1호 진출지 광명에서 불과 13km 떨어져 있다. 대형 플래그숍을 통해 이케아 공세에 맞서고 있다. 매장구성을 상품 위주에서 인테리어 중심으로 바꿨다. 한샘은 건설경기 불황에도 불구하고 아파트특판(B2B) 틈새시장을 성공적으로 공략했다. 리테일(B2C) 시장과 온라인시장에서도 선전했다.

한샘 김동성 홍보실장은 필자와의 통화에서 "이케아 진출을 예상해 왔지만 두려움은 없다"며 "한샘과 이케아는 주 고객층(한샘-중고가, 이케아-저가)이 다르다. 가구와 생활용품 비중(가구 비중-한샘 80%, 이케아 50%)도 다르다. 핵심 상품에 주력하고 원가 경쟁력을 높이고 있다. 우리는 침대를 팔지 않고 침실을 팔듯 공간을 판다"고 말했다.

이케아 국내 진출은 '이케아 효과'를 낳고 있다. 이른바 리빙산업의 업그레이드이다. 기성복 중심의 양복 시장처럼 브랜드 가구가 득세하고, 프리미엄과 저가 시장으로 차별화된다. 직매장과 온라인 등 유통망이 재편된다. 위축된 가구시장의 페이스메이커 전환이다. 우리 기업 체질이 더 강해지는 계기가 되고, 해외 강자의 진입은 새로운 수요를 만들고 있다.

위기는 기회이다. 유통 공룡 월마트는 이마트에 백기를 들었고 폴로는 빈폴에 밀렸다. 맥도날드는 롯데리아에 뒤졌다. 한때 우리나라는 글로벌 기업의 무덤이었다. 이케아 진출에 따른 해법을 다른 데서 찾자. 가구업계 공적은 이케아가 아니다. 가구가 불편해진 라이프스타이다. 1인 가구 증가와 집을 안 사는 풍조에 맞는 맞춤형 경영전략과 지혜를 모아야 할 때이다. 산을 만나면 길을 내고, 물을 만나면 다리를 놓자.(봉산개도逢山開道 우수가교遇水架橋)

60. 하나·외환은행 '조기 통합' 불거진 이유

KEB 외환은행 노조위원장을 지낸 김지성 씨는 필자와 30여 년 지기知己이다. 이 은행 노조 사상 최초로 연임한 후 일선 지점 장을 거쳤다. 조사역으로 근무하며 야간에는 MBA 과정을 밟았다. 2002~2008년 노조위원장으로 일할 때 대주주 론스타 반대 단식투 쟁을 벌이다 병원에 실려 가기도 했다.

사모펀드 론스타의 외환은행 전격 인수는 2003년 DJ정부에서 극비리에 벌어졌다. 20여년이 지났지만, 론스타의 적격성 여부와 국부유출 논란은 아직도 끝나지 않았다. 헌법소원이 진행 중이다. 외환은행은 IMF 당시 공적자금 없이 경영 정상화를 이룬 몇 안 되 는 우량은행이었다. 일사불란했던 노조의 투쟁 동력도 변화를 맞 고 있다. 론스타라는 실체적 공적公敵이 사라졌기 때문이다.

국부유출 논란, 기자 출신 김준환 씨 론스타 전횡 해부
외환은행에서 20년을 근무한 후 금융 전문기자로 활약한 김준환 씨는 투기자본 전문 분석가이다. 국내 최초로 론스타펀드 투자자 (검은 머리 외국인)들의 투자 전모를 조사했다. 투기성 해외 사모펀드와 국내 관료들의 유착관계를 밝혔다. 국회 문서 수천 페이지와 국정감사·감사원 자료, 대검 수사자료와 법원 판결문 등을 통해 론스타의 등장과 전횡을 해부했다.

김준환 씨는 『은행은 군대보다 무서운 무기이다』를 펴냈다. 책 제목은 미국 7대 대통령 앤드류 잭슨의 말이다. 잭슨은 미국 국책은행인 미합중국은행이 외국인에게 넘어갈 위기에 몰리자 외국의 지분 허가를 취소했다. 군대는 외국서 수입할 수 있지만 은행은 다르기 때문이다. 금융은 경제의 심장이다. 심장이 튼튼해야 피가 잘 돈다. 피가 잘 돌아야 경제에 활력이 돈다.

이명박 정부 말 하나금융지주가 론스타펀드로부터 외환은행을 인수했다. 독립경영을 5년간 보장하고 논의를 거쳐 두 은행을 통합한다는 것이었다. 김정태 하나금융 회장은 왜 하나은행·외환은행 조기 통합론을 꺼냈을까? 한마디로 경영지표에 적신호가 커졌다는 이유이다. 저성장·저금리 시대를 맞아 뼈를 깎는 자구노력을 해야 한다는 것이었다. 노조는 조기 통합을 반대했다.

하나은행 당기 순이익은 2011년 1조 2,070억 원에서 2013년 6,550억 원으로 급락했다. 같은 기간 외환은행은 1조 6,220억 원에서 3,600억 원으로 추락했다. 이러다간 둘 다 수렁에 빠질 수 있었

다. 통합의 시너지가 절실했다. 자산 기준 일본 2위인 미즈호파이낸셜그룹의 경우, 2013년 자회사인 미즈호은행과 미즈호코퍼레이티드은행의 통합으로 비용 절감과 수익 향상을 이뤘다.

금융권 천수답 관행, 수익 악화·감원 칼바람

외환은행 노조가 하나은행 통합 반대 소송에서 잇따라 패소했다. 2013년 4월 외환은행 노조와 우리사주, 소액주주 등 357명이 제기한 하나금융과 외환은행의 포괄적 주식교환 무효소송에서 진 것이다. 외환카드 분사 절차를 중단해달라는 가처분 신청도 기각됐다. 노조 입장에서 보면 파업의 명분을 잃었다. 그렇지만 이번 일을 상생의 전환점으로 삼았으면 좋겠다.

박근혜 정부 2년 은행권에는 칼바람이 불었다. 수익 악화와 감원에 금융산업 전체가 흔들렸다. 국내은행 당기 순이익은 2011년 11조 8,000억 원에서 2013년 3조 9,000억 원으로 하락했다. 구조조정으로 5,000명이 직장을 잃는 사태가 일어났다. 씨티은행은 650명을 희망퇴직시켰다. 시중은행들은 IMF 이후 최대 규모로 명예퇴직에 나섰다.

은행권 참사는 천수답天水畓 관행에 의존한 업보이다. 주택담보대출에 집중하다 집값 오름세가 꺾이고 저금리가 장기화에 접어들자 속수무책이 됐다. 해외시장 공략은 꿈도 못 꾸었다. 순환보직과 단일호봉제에 묶여 고급인력 확보가 물 건너갔다. 이자 단맛에 빠져 소매금융과 예대마진에 안이하게 기댔다. 보험과 증권 등 금융권 전반의 수익 기반이 무너진 지 오래됐다.

금융연구원장을 지낸 윤창현 의원의 말대로, 금융권은 매일 여름인 줄 알고 두꺼운 옷을 준비하지 않다가 갑자기 겨울을 맞아 덜덜 떨고 있었다. 공존 공생보다 더 큰 가치는 없다. 물 마실 때 우물 판 사람을 생각하자.(음수사원飮水思源) 김지성 씨의 말이다. "국가가 없으면 은행도 없듯, 은행이 없으면 노조도 없다."

문 닫은 한국GM 군산공장 '불편한 진실'

깨우침이란 주로 산을 오를 때보다, 마루턱을 내려올 때 얻는다. 올라갈 때 보지 못한 꽃을 내려올 때 보는 것과 같다. 탐욕과 성냄, 어리석음을 내려놓기는 쉬운 일이 아니다. 하심下心과 방하착放下着을 평생 화두로 삼았어도 한순간 방심하면 결국 오도가도 못하는 지경에 빠진다. 박근혜 정부의 첫해가 저물고 있다.

한 해를 마무리하는 길목에서 가끔 이런저런 상상을 해봤다. '이 세상에 꿀벌이 사라진다면…' '동물들 희생 없이 겨울을 날 수 있을까…' '르노삼성과 한국GM이 한국을 떠난다면…' 생각조차 하기 싫은 상상이 때로는 우려를 낳지만, 때로는 그 우려가 현실이 되기도 한다.

꿀벌의 멸종위기와 패딩 캐나다구스의 교훈

꿀벌이 괴질과 한파로 사라지고 있다. 미국에선 꿀벌이 50% 이상 멸종했다는 보고서가 나왔다. 우리나라 과수와 채소 작물에서 꿀벌이 차지하는 가치는 6조 원이 넘는다. 세계 100대 작물 가운데 무려 71개가 꿀벌의 꽃가루받이에 의존해 생장한다. 인류의 식량에 막대한 영향을 끼치지만 그 존재와 가치를 잘 모른다. 숨 쉬는 공기의 소중함을 모르는 것과 같다. 아인슈타인은 지구에서 꿀벌이 사라지면 4년 이내에 인간이 멸종한다고 경고했다.

캐나다에서 수입하는 캐나다구스라는 패딩은 우리나라에서 없어서 못 판다. 수입(한국회사 코넥스솔루션) 족족 매진이다. 영하 30도 극지방에 맞는 세계에서 가장 따뜻한 방한복이다. 근교 산을 오를 때 종종 에베레스트에서나 어울릴 법한 등산복을 만난다. 캐나다구스는 캐나다에 잘 어울린다. 캐나다구스 한 벌 만드는 데 거위 수백 마리가 희생된다. 품질 좋은 가슴 털을 얻기 위해선 살아 있는 상태에서 털을 벗긴다. 모피코트도 물론이다.

꿀벌의 멸종위기와 패딩·모피코트의 '불편한 진실', 그리고 글로벌 완성차업계의 '탈脫 한국 러시'는 이제 상상이 아닌 현실이다. 이런 상상을 다시 불러온 건 2013년 12월 18일 '정기 상여금이 통상임금에 포함된다'는 대법원의 판결 때문이었다. 상여금이 통상임금에 포함되느냐 마느냐는 재계와 노동계의 최대 화두였다. 통상임금 문제는 이젠 피할 수 없는 현실이 됐다.

르노삼성 부산공장과 한국GM 군산공장이 생산물량 축소에 나선 지 오래됐다. 중국의 생산공장 확대와 한국시장의 투자 매력이 급감했기 때문이다. 프랑스 르노그룹은 중국 우한시에 첫 공장을 가동했다. 2016년부터 연간 15만 대를 생산하고 있기에 르노삼성 부산공장의 물량축소가 본격 시작된 것이다. 급기야 2018년 5월 한국GM 군산공장이 문을 닫았다. 이 지역 경제가 침체에 빠졌고, 군산시는 고용위기 지역으로 지정됐다.

완성차업계 한국 이탈 조짐, 통상임금 논란 후폭풍

글로벌 완성차업계의 한국 이탈 현상은 많은 걸 알려줬다. 겉으로는 우리나라의 잦은 파업과 높은 인건비, 늘어나는 각종 규제가 원인이다. 다른 면으로는 다국적기업의 중국 생산기지 확대 전략과 맞물린 것으로 보인다. 그러나 내막을 들여다보면 통상임금 확산과도 연관이 있는 것으로 보인다.

취임 후 미국을 처음 방문한 박근혜 대통령에게 댄 애커슨 GM 회장은 이렇게 말했다. "통상임금 문제가 해결돼야만 한국에 대한 투자를 지속할 수 있다" 근로자 1만 6,000명이 일하는 한국GM은 상여금이 통상임금에 포함될 경우 부담해야 할 3년 소급분을 1조 2,000억 원으로 보고 있다. 현대자동차는 같은 경우 5조 원을 넘을 것으로 추정하고 있다.

통상임금이 수면 위에 떠오른 이상 피할 수 없다. 근로기준법 개정 등 발빠른 대처로 파고를 헤쳐야 옳다. 노사정이 삿대질하고 소송에 휘둘려서는 아무런 도움이 안 된다. 상생의 중지衆智를 모아야 한다.

한 가지 짚고 넘어갈 게 있다. 현대자동차 8개 글로벌 생산라인 중 차 1대 생산에 드는 투입시간과 편성 효율(적정 인원 대비 실제 투입 인원비)면에서 우리나라가 제일 낮다. 종이로 불을 쌀 수는 없다. 진실은 드러난다.(지리포불주화紙里包不住火)

62. 해외명품 왜 우리나라에서 비쌀까?

10조 원과 1조 원… 우리나라 경제 현상의 한 단면을 보여준다. 10조 원은 우리 국민이 해외에서 쓴 카드 사용액이다. 1조 원은 온라인 쇼핑몰을 통해 해외에서 직접 구매(해외 직구)한 금액이다. 해외직구 화물은 1,000만 건을 넘었다. 2014년 통계 수치이다.

해외 씀씀이가 커진 건 출국자가 늘었기 때문이기도 하지만 정작 중요한 이유는 딴 데 있었다. 쓸데없는 규제로 국내에서 돈 쓰기가 더 어렵기 때문이었다. 아직도 골프에 특별소비세를 매기고 공무원에 골프 금지령을 내린다. 해외명품은 우리나라가 외국에 비해 훨씬 비싸다. 아이스크림부터 명품시계까지 미국·일본에 비해 두세 배나 된다. 그러니 해외로 나가 돈 쓰기 바쁘다.

해외 카드사용 10조 원, '해외 직구' 1조 원 돌파
집권 2년차 박근혜 정부의 '경제혁신 3개년 계획'의 핵심은 내수 살리기와 규제 완화였다. 시들어가는 경제에 활기를 불어넣기에는 내수 살리기만한 게 없다. 그것을 실현하는 방법이 규제 완화이다. 그러나 이 두 가지가 따로 놀다 보면 이도저도 안 된다. 이제 내수

시장에 대한 인식과 발상을 바꿀 때이다. 눈을 조금만 밖으로 돌리면 내수시장은 상상 그 이상이다.

아등바등 국민에게 내수 살리기를 호소하는 시대는 지났다. 분명 한계가 있다. 남북한 인구 해봐야 7,500만 명이다. 중국 동북 3성 재중동포 185만 명을 합쳐도 한민족경제권은 8,000만 명이 채 안 된다. 국산품 애용 식으로 애국심을 고취하는 건 글로벌시대를 역행한다.

한류열풍에서 그 해답을 찾자. 세계가 케이 팝(K-POP), 케이 푸드(K-FOOD)에 주목하듯, 우리는 케이 존(K-ZONE)을 주목하자. 인천국제공항은 서비스나 인프라에서 부동의 세계 1위이다. 케이 존은 거기서 비행기로 3시간 거리인 반경 2,000km를 일컫는다. 일본과 중국, 몽골을 포함해 인구 100만 명 이상 대도시가 147개나 있다. 핵심 소비자만 4억 명이 산다.

우리의 내수시장은 8,000만 명이 아니라 4억 명이다. 이들을 주타깃으로 하는 제도적 법적 장치가 뒷받침돼야 한다. 그들의 국내 소비를 획기적으로 늘려야 옳다. 중국 관광객은 큰 내수 자원이다. 그러나 그들 중 8%만 호텔에 투숙하고 나머지는 모텔이나 찜질방을 이용한다. 과도한 숙박업소 규제 때문이다. 케이 존 거주자의 국내 온라인쇼핑몰 구매도 늘려야 한다.

내수 살리기는 규제 완화를 통해 실현된다. 규제 완화라는 말은 1993년 김영삼 대통령 시절 처음 등장했다. 30여 년이 됐지만 아직도 진행 중이다. 규제는 내수를 짓누르는 암적 존재이다. 해외 직구족의 증가는 소비시장의 개방 확대를 의미하는 글로벌의 한 단면이다.

케이 팝, 케이 푸드 넘어 케이 존(K-ZONE) 주목

해외 직구 역시 국내에서 쓸 돈을 외국에 쓰는 거다. 시장 규모가 기하급수적으로 커지고 있다. 품목도 의류나 건강식품에서 유아용품과 식품, 가전까지 확대되고 있다. 독점 수입업체의 횡포부터 막아야 한다. 그들의 가격 부풀리기는 도를 넘었다. 금감원 전자공시를 보면 루이비통코리아 등 독점 수입업체의 '먹튀'가 낱낱이 드러난다. 기부금을 한 푼도 안 내는 곳도 많다.

아울러 병행수입을 활성화해야 한다. 공급자끼리 경쟁을 유도해야 옳다. 국내 독점 판매권을 가진 수입업자가 아니어도 같은 물품을 들여와 팔 수 있게 해야 한다. 박근혜 정부 들어 '통관인증제'를 통해 병행수입을 가로막는 규제를 풀어주기로 했지만, 아직 풀어야 할 과제가 많다. 공인인증제나 AS, 환불규정 정비 등 수두룩하다. 1995년 병행수입이 허용됐으니 30여 년이 돼간다.

병행수입협회 관계자는 필자에게 "정부의 지원책이 수출업체 위주로 돼 있어 안타깝다. 특히 금융 세제지원에 있어 수입업체는 상대적인 불이익을 당하고 있다. 병행수입 활성화는 국익에 도움이 된다"고 전했다. 이 협회는 2013년 10월 발족했다.

선거철 반짝하는 내수는 일종의 착시현상이다. 발상을 전환한 내수 살리기와 규제 완화 등 실질적 행보가 절실하다. 실사구시實事求是 경제가 미래이다.

63. 저비용항공사의 눈부신 경영실적

싼 게 비지떡은 아니다. 싸구려는 좋은 게 없고, 좋은 건 싸지 않다는 말도 맞지 않는다. 쓸데없이 비싼 게 너무 많다. 싸면서도 좋은 게 얼마든지 있다. '고공비행'을 하는 저비용항공사(LCC, Low Cost Carrier)의 빛나는 경영실적을 보고 든 생각이다. 2014년의 일이다.

저가항공사로 불리는 저비용항공사의 시장점유율이 부쩍 높아졌다. 국내선과 국제선을 통틀어 전체 항공시장의 21%를 차지했다. 2005년 첫선을 보인 후 화려한 도약이다. 5명 중 1명꼴로 이용한다는 말이다. 일부 노선은 대형항공사를 앞질렀다. 김포~제주 노선은 무려 60%였다. 외국계 저비용항공사의 국내 취항도 날로 늘고 있다. 글로벌 항공시장은 춘추전국시대를 맞았다.

이스타항공은 승무원이 직접 기내 청소 전담

국내 저비용항공사는 2014년 5개에서 2021년 기준 9개로 늘었다. 기존 제주항공과 진에어, 에어부산, 이스터항공, 티웨이항공에서 에어서울과 플라이강원, 에어로케이, 에어프레미아 등이 새로 들어

와 국내외 운항 노선을 확장하고 있다. 2013년 기준 전체 승객 가운데 국내선의 48%, 국제선의 9.6%가 저비용항공을 이용했다. 시초는 2005년 우여곡절 끝에 제주~청주 노선에 취항한 한성항공(티웨이항공의 전신)이다.

저비용항공사는 비용 절감을 통한 효율성을 중시한다. 항공료를 보면 국내선은 대형항공사의 80%, 국제선은 70% 선이다. 항공료를 낮추는 대신 기내식 등 무료서비스를 줄인다. 수하물 규정도 엄격하게 제한한다. 기내에 싣는 물의 양을 조절해 연료를 절감한다. 서비스 질이 낮은 게 아니라 불필요한 서비스를 줄여 저렴하다.

저비용항공사의 눈부신 경영실적은 허리띠를 졸라매는 작은 실천이 모인 결과이다. 비용을 줄이기 위해 탑승권도 작다. 탑승권을 발급할 때 자리 번호 대신 자리 구역만 배정하기도 한다. 고객 응대 시간을 줄이고 탑승 시간이 빨라져 항공편 지연 횟수를 줄인다. 심지어 이스타항공은 승무원이 직접 기내 청소를 맡는다. 겉멋 부리고 행세하는 데 익숙한 타성을 과감히 벗어 던졌다.

진에어는 딱딱한 기내 방송도 재미있게 바꾼다. 유머가 담긴 경영과 재미있는 마케팅이 직원 행복과 경영성과로 이어진다. 저비용항공사의 유머 경영은 미국 사우스웨스트항공을 벤치마킹했다. 1967년 허브 켈러허 회장이 설립한 이 항공사는 동종 회사보다 이직률이 낮았다. 직원과 고객을 가족처럼 대했다. 신바람 나는 회사를 통해 직원과 고객을 감동시킨 결과이다.

결국 프레임을 바꿔야 이긴다. 사우스웨스트항공의 재미있는 기내 금연 방송 내용은 경영학 교과서에 실려 있다. "꼭 담배를 피워야 한다면, 날개 위의 흡연구역을 이용하세요. 거기 계시는 동안 비행기 내부에서 상영하는 영화 '바람과 함께 사라지다'를 감상하셔도 좋습니다"라는 위트는 실소를 자아낸다.

대한항공과 아시아나항공은 각각 176억 원과 112억 원의 영업손실을 냈다. 두 회사가 밝힌 실적 부진의 이유는 경기불황과 환율변동, 경쟁심화, 항공화물 시장침체, 글로벌 경기회복 지연 등이다. 모두 외부요인이다. 그러나 답은 내부에도 있다. 혁신은 무언가를 크게 만드는 게 아니다. 기존 패러다임을 바꿔 작은 변화를 실천하는 거다.

파산한 일본항공 2년 만에 부활시킨 '아메바경영"

일본 교세라그룹의 이나모리 가즈오 회장(1932년생)은 80세에 일본항공 회장을 맡아 2년여 만에 살려냈다. 그가 펴낸 책 『이나모리 가즈오 1155일 동안의 기록』을 보면 눈물겨운 투쟁기가 나온다. 조종사와 승무원, 탑승권 판매원, 정비사 등이 현장에서 매일 각 조직의 채산성과 기여도를 기록하고 확인한다. 조종사는 종이컵 대신 개인 컵을 들고 비행기에 오르고, 승무원은 친절하게 기내면세상품을 판다. 이른바 '아메바경영'(부문별 채산제도)이 이룩한 놀라운 변신이다.

저비용항공사의 눈물겨운 효율경영, 일본항공의 부활은 많은 걸 시사한다. 10원은 100원의 3년 치 이자다. 주인의식이 살길이다. 공기업의 방만 경영은 국가 경제를 좀먹는다. 절간(절실하고 간절한)의 마음이 절실하다. 하나를 얻으려면, 하나를 버려야 한다.(염일방일拈一放一)

^{04.} DB그룹 기업영농 빛과 그림자

4,850원 vs 6만 7,270원… 박근혜 정부 초 근로자 최저임금과 의원 세비를 각각 시간당 계산한 금액이다. 무려 14배 차이가 난다. 근로자 256만 명과 의원 300명의 절대적 비교는 애매하지만 사회적 책임에서 보면 무척 불평등하다. 2014년에는 최저임금이 시간당 5,210원으로 7.2%가 올랐다.

대학생 입사 선호 기준 변화, "지역발전에 이바지하는가?"
시간당 최저임금 5,210원(환율 1140원 기준, 4.57달러)은 일본의 60%(8.16달러), 프랑스의 40%(10.86달러) 수준에 불과하지만, 추가 인건비는 1조 6,000억 원 더 든다. 외국인 근로자와 비용지출이 많은 중소기업 부담은 만만찮다. 한국노총은 박근혜 대통령이 후보 시절 최저임금 현실화를 공약한 후 소득분배를 고려해서 나온 결과라고 분석했다.

최저임금 인상안이 공개된 그날, 일하고 싶은 기업 순위가 발표됐다. 대학생들을 대상으로 조사했다. 그다지 크게 관련이 없어 보이는 두 뉴스이지만 묘하게 오버 랩 된다. 단군 이래 최대 경기 불황에서 '취업 절벽'에 맞닥뜨린 대학생들의 직업가치는 무엇인지 궁금했기 때문이다. 직장은 삶의 일부이고, 기업은 사회의 가치를 대변하는 가늠자이다.

대학생들이 뽑은, 일하고 싶은 기업 1위는 삼성전자로 조사됐다. 2013년 취업포털 인쿠르트가 13개 업종별 130개 기업을 대상으로 한 결과이다. 삼성전자가 2009년부터 5년 연속 1위이다. 다음은 아모레퍼시픽, 대한항공, NHN, 한진, CJ제일제당, 넥슨, 현대자동차, 기아자동차, 아시아나항공, KB국민은행 순이었다.

이 조사를 보면 직장 선호 기준이 변화의 조짐을 보이고 있다. 연봉과 기업규모 등 객관적 지표에서 자부심과 즐거움 등 정서적 요인으로 바뀌었다. 화이트칼라와 블루칼라 구분도 모호해졌다. 하고 싶은 일을 찾는 브라운칼라가 대세이다. 지역에서 땀 흘리는 컨트리보이도 급증하고 있다. 즐겁게 일하고 지역발전을 선도하며 자부심을 갖는다는 것이다.

도요타 대규모 농장 운영, DB는 유리온실 사업 접어

DB그룹(옛 동부그룹)은 우여곡절 끝에 경기도 화성시 유리온실 사업을 매각했다. 유리온실 사업은 박근혜 정부 초기 골목상권 침해 논란과 불매운동, 농민들의 반발로 설립 취지와 다르게 그동안 혼선을 거듭해왔다.

동부는 2013년 3월 정부지원금 87억 원을 포함 467억 원을 투입해 경기도 화성시에 동양 최대 유리온실을 세웠다. 15만㎡(4만 5,000평) 규모로 연간 5,000톤씩 토마토를 생산해 전량 수출하기로 했다. 주변에 산지유통센터와 육묘장을 겸비한 농식품 수출 전문 단지를 조성했다. 지역과 기업이 상생해 농산물 수출 전진기지를 만든 것이다.

토마토가 붉게 익으면 의사 얼굴은 파랗게 변한다고 한다. 품종 만 300종이 넘는 토마토는 건강에 최고이다. 우리나라 대일 수출 량은 연간 2,000톤 정도지만 일본 시장 규모는 무려 80만톤에 달한 다. 기업영농은 지역과 상생하는 기업의 신선한 사회적 책임이다.

일본의 경우를 보자. 도요타는 쌀의 고장 미야기현에 연간 파프 리카 1000톤을 재배하는 대규모 농장을 운영한다. 일본은 파프리 카 수요의 95%를 수입하는데 그 가운데 절반 이상이 한국산이다. 이밖에 아오모리현에 유리온실, 이바라키현에는 어린싹 채소를 재 배하고 있다. JFC 제철소와 미쓰이·미쓰비스 등 종합상사도 기업 영농을 시작한 지 오래됐다.

박근혜 정부 초, 제2의 세종시 갈등이라는 대전 과학 비즈니스 수정안 논란으로 정치권이 뜨거웠다. 지역발전의 핵심은 정치가 아닌 경제이다. 지방경제 활성화 주역은 기업이다. 지방이 바로 서 야 나라가 강해진다.(군현치즉천하안郡縣治則天下安) 동부의 유리온실 사업중단이 왠지 모르게 씁쓸하다. 지역 상생 비즈니스가 더 나왔 으면 좋겠다.

65. 공기업, '그들만의 잔치'

세상에서 제일 비싼 커피, 루왁(luwak)은 인도네시아 자바섬에 서식하는 긴 꼬리 사향고양이 배설물에서 얻어진다. 커피 열매를 주식으로 하는 사향고양이는 딱딱한 씨를 그대로 배설하는데, 열매를 소화시키면서 아미노산의 쓴맛이 첨가돼 독특한 맛과 향을 낸다. 루왁의 연간 생산량은 500kg 정도이며 kg당 1백만 원을 호가한다. 루왁 커피 한 잔은 보통 10만 원쯤 한다.

사향고양이는 야생이어서 배설물 수거가 쉽지 않다. 이에 커피 재배 농민들이 야생 사향고양이를 포획해 사육하기 시작했다. 더 손쉽게, 더 많이 돈 벌기 위해서이다. 그러나 좁은 우리 안에서 스트레스를 받은 사향고양이는 자기 몸에 상처를 내거나 백내장을 앓기 일쑤였다. 급기야 커피 수확량이 떨어지고 사향고양이 개체 수도 줄어들었다. 사람들의 욕심이 빚어낸 재앙이다.

최고가 커피 루왁, 끝없는 욕심이 부른 재앙
커피 루왁에 얽힌 재앙은 많은 걸 시사한다. 그 가운데서도 금도禁度를 넘은 공기업의 방만 경영은 많은 것을 시사한다. 환부를 도려

내는 대수술이 시급하다. '그들만의 잔치'는 이제 끝내야 한다. 공기업은 전액 국민 세금으로 운영된다. 그러기에 공기업의 마구잡이 부실운영의 피해자는 다름 아닌 국민이다.

공기업은 심각한 부채를 안고 있으면서도 복지와 임금이 넘친다. '그들만의 리그'가 위험수위에 다다랐다. 부채 32조인 가스공사는 새 사옥 건설에 2,900억 원을 들여 2014년 9월 대구혁신도시로 이전했다. 새 사옥에는 수영장과 축구장, 테니스장, 농구장이 딸려 있다. 지역난방공사는 9차례나 이사회를 특급호텔에서 열어 물의를 빚었다.

공기업은 캐면 캘수록 나오는 고구마 줄기 같은 비리의 온상이 된 지 오래됐다. 공기업 간판으로 누릴 권리는 다 누리고, 책임은 지지 않는다. 국민 세금에 기대어 기생한다. 매년 경제 전망은 녹록찮다, 안팎에 갖가지 도전과 위협이 도사리고 있다. 국민 세금이 허튼 데 낭비되면 될수록 그만큼 국가 경쟁력은 떨어질 수밖에 없다.

정보기술과 자동차, 철강, 석유화학 등 주력산업의 기상도는 맑지 않다. 우리나라 산업 대부분이 세 가지 '얼음(ICE) 장벽'에 갇혔다는 보고서가 나왔다. 2013년 11월 현대경제연구원이 펴냈다. 보고서의 위험 요소를 크게 보면 IT 성장둔화와 차이나 리스크, 이머징 마켓의 침체 등이다.

공기업은 방만 경영, 주력산업은 '얼음장벽' 갇혀

우리나라 IT 성장을 견인해온 스마트폰 시장이 위축될 것으로 보인다. 박근혜 정부 초 중국의 화웨이와 레노버가 세계 3, 4위에 오르면서 각축이 치열해지고 있다. 글로벌 시장조사기관 스트래티지애널리스틱스(SA) 조사를 보면 40% 이상 성장세를 보였던 스마트폰 판매량이 2014년 15% 느는 데 그칠 것으로 전망했다. 반도체산업도 일정 부분 영향을 받을 것으로 보인다.

차이나 리스크와 공습은 진행 중이다. 2008년 조선산업 글로벌 1위 자리를 중국에 내준 후 석유화학 분야도 위태롭다. 우리나라 석유화학 수출 1, 2위인 롯데케미칼과 LG화학의 중국 비중은 무려 40%에 달한다. 중국이 대규모 생산설비에 나서 긴장감이 흘러나오고 있다. 중국 시장이 송두리째 실종될 위기이다.

브라질과 러시아, 인도 등 이머징 마켓의 경제성장 둔화도 큰 위협이다. 현대·기아차의 미국시장 점유율도 매년 하락하고 있다. 2011년 8.9%에서 2012년 8.7%(2012년), 2013년(1월~9월) 8.2%로 떨어졌다. 대외적 요인을 능동적으로 극복하려면 사업 포트폴리오 다변화와 신시장 개척이 절실하다.

커피 루왁에 얽힌 재앙과 세금 축내는 공기업의 부실 경영, 얼음 장벽에 갇힌 주력산업… 언덕 없이 마냥 평평한 땅은 없듯, 세상사 반드시 대가를 치르게 돼 있다.(무평불파無平不陂 무왕불복無往不復)

66. 박근혜 대통령의 누비지갑과 타조가방

강경식 국가경영전략연구원 이사장은 IMF 환란 때 경제부총리를 지냈다. 재무부 장관과 대통령비서실장, 3선 의원 등을 거쳤고 동부그룹 금융보험 부문 회장을 역임했다. 그가 잘한 일 중 하나는 책을 낸 것이다. 김영삼 정부 시절『국산품 애용 식으론 나라 망한다』는 책을 펴냈다.

다시 읽는 강경식 저서『국산품 애용식으론 나라 망한다』
미얀마에서 순직한 김재익 청와대 경제수석과 함께 성장주도의 경제정책을 입안한 그의 이력을 보면 이 책은 다소 생뚱맞다. 그러나 무역장벽이 무너진 글로벌 환경을 한발 앞서 진단했다는 평가를 받는다. 당시 쌀시장 개방을 앞두고 나라가 뒤숭숭했다. 외제품은 무조건 나쁜 것이고, 배격의 대상이었다.

　취임 첫해, 박근혜 대통령의 누비 지갑과 타조가죽 가방이 가격과 명품논란에 휩싸였던 장면을 보고 안타까운 마음이 들었다. 아직도 국산품을 쓰면 애국이고, 외제품 사용은 나쁜 것이다 라는 인식이 팽배했기 때문이다.

　박 대통령이 양재동 하나로마트를 방문해 물건값을 계산하면서
꺼낸 누비지갑은 당시 없어서 못 팔았다. 일부 언론에서 4,000만
원이라 보도했다가 급히 정정하는 소동을 빚기도 했다. 소규모 공
예업체 '소산당'에서 수작업으로 만든 제품이다.

　이 회사 창업주 김소애 할머니가 들려준 노老 장인의 애환은 심
금을 울린다. 당당한 대한민국 제품이지만 중국 업체들이 죄다 따
라 해서 값을 100원도 못 올린다는 것이었다. 저가 물량 공세를 퍼
붓는 중국산 짝퉁이 범람하는 가운데 선전하는 국산 수공예품의
버거운 현실이었다. 이제 대접받는 국산 명품이 나올 때가 됐다.

　박 대통령이 당선인 시절 들었다는 회색 타조가죽 가방도 언론
에 노출돼 화제를 모았다. 중소기업 휘권양행이 제작한 '호미가'라
는 브랜드로 전량 미국과 일본으로 수출하고 있다. 당시 100만 원
대 가격을 놓고 논란이 일었다. 급기야 조윤선 대변인도 비싸지 않

은 중소기업 제품이라 말했다. 여기서 중요한 건 국산품에 대한 사회적 잣대와 분위기이다. 국산 명품이 비싸면 이상하다는 풍토 말이다. 외국 제품 사용을 죄인처럼 다루는 분위기도 바뀌어야 한다.

10여 년 지난 한·미 FTA 긍정 효과, 괴담 일축

글로벌 무역장벽이 무너진 지 오래됐다. 중요한 건 무엇이 국익에 도움이 되고, 무엇이 국가 경쟁력을 강화하는가이다. 한·미 자유무역협정(FTA)이 발효된 지 10여 년이 지났다. 아직 효과를 논하기는 뭐하지만, 긍정적 성과가 여기저기 나온다.

반드시 짚고 넘어가야 할 건 대기업만 배 불리고 중소기업은 줄도산 할 것이란 억측이 빗나갔다는 것이다. 중소기업의 대미 수출은 3.1% 늘어 전체 대미 수출 증가율(2.7%)을 앞섰다.

한·미 FTA는 외국 투자증가와 고급 일자리 창출에도 기여하고 있다. 외국인 직접투자는 계속 늘고 있고 투자하기 좋은 나라라는 효과를 톡톡히 보고 있다. 외국기업 R&D 센터 국내 유치가 진전되고 결국 일자리 창출로 이어지고 있다.

미국산 농산물이 밀려들어 우리 농업이 붕괴될 것이라는 괴담과 소문도 허무맹랑한 것으로 밝혀졌다. 농산물 수출은 7% 늘었지만 수입은 16.8% 줄어들었다. 한·미 FTA의 긍정 효과이다.

국산품 애용과 외제품 배격은 시대 상황과도 맞지 않는다. 박 대통령의 누비 지갑과 가죽 가방 논란에서 여실히 드러났다. 대통합은 새 정부 국정 플랜 가운데 하나이다. 과유불급過猶不及은 어디에나 적용된다.

대통합으로 천하를 얻은 조조의 부인 변卞씨는 전리품 가운데 중간 것만 취했다는 일화가 있다. 너무 좋은 것을 취하면 탐욕스럽다는 비난에 휩싸이지만, 그렇다고 너무 형편없는 것을 취하면 위선적이라고 손가락질을 당하기 때문이었다.

돈이면 귀신도 부린다.(유전능사추마有錢能使鬼推磨) 그러나 균형감각과 절제로 지나치지 않고, 부족하지도 않은 글로벌 마인드가 중요하다. 국산품 애용과 외제품 배격이 애국인 시대는 지났다. 강경식 전 경제부총리의 진단과 혜안이 의미 있는 이유이다.

67. 이스라엘의 후츠파 정신

기름 한 방울 나지 않고, 항상 안보 위협에 시달리는 나라는 우리 뿐만이 아니다. 우리보다 열악한 나라도 많다. 그렇지만 우리만큼 안보 불감증이 큰 나라는 드물다. 북한이 판문점 남북연락사무소 직통전화를 끊었다. 연일 정전협정 백지화와 불가침 합의 폐기 등 '불벼락'을 위협했다. 이런 와중에도 골프장은 고급 장교 관용차로 넘쳐났다. 박근혜 정부 출범 초기, 안보 불감증의 기억이 씁쓸하다.

'좌 율사, 우 장성, 중 관료', 박근혜 새 정부 인사패턴을 축약한 말이다. 실제로 법조계와 군인, 공무원이 약진하고 있었다. 위기 상황에서도 골프장 드나드는 고급 장교들 실상이 이 지경이라면 인사의 첫 단추가 잘못 끼워진 거다. 언제부터인가 군이 신뢰를 잃었다. 분단 대치 상황에 안주하는 기득권 세력이 돼버렸다. 전투화에 흙 안 묻히고 입신영달을 꿈꾼다. 정치군인들이 득세했던 쓰린 아픔이 되살아난다.

아이러니하게도 북한이 직통전화를 끊었던 날, 청와대에서는 수석 비서관들이 모인 가운데 '창조경제' 특강이 있었다. 창조경제는 국민행복과 함께 박근혜 대통령의 핵심 국정 의제이다. 21세기형

창조와 융합의 패러다임으로 일자리를 창출하는 게 목표이다. 잘 사는 나라, 행복한 국민을 만드는 기초 원동력이다. 과거부터 우리에게는 창조경제의 유전인자가 있었다. 새벽종이 울리는 새마을운동, 싸우면서 건설하는 예비군도 따지고 보면 융합과 창조의 자산이다.

이스라엘 벤처기업 수 유럽 국가 능가

청와대 창조경제 강사는 윤종록 연세대 글로벌융합공학부 교수. 새누리당 대선 공약팀을 거쳐 인수위 전문위원으로 활동했다. 김종훈 미래창조과학부 장관 후보자를 박 대통령에게 추천했던 주인공이다. 미국 뉴저지에 있는 벨연구소 특임연구원을 지냈다. 새 정부에 창조경제 개념을 도입한 윤 교수는 이스라엘을 모델로 한 창업 국가론 주창자이다. 벤처기업의 중요성과 이스라엘 군의 과학적 시스템을 강조한다. 창조와 융합의 사고가 군에서 잉태되고 결국 경제에 접목된다는 것이다.

박 대통령 창조경제의 모델은 이스라엘이다. 자원 빈국, 안보 불안 면에서 우리와 닮았다. 그러나 우리같이 안보 불안증은 찾아볼 수 없다. 네 차례의 아랍전쟁에서 승리했기 때문이다. 이스라엘은 우리나라 충청도 크기로 인구는 고작 878만 명(2021년 기준)이지만 유대인은 노벨상 수상자의 21%를 배출했다. 미국 재벌의 25%를 차지한다. 세계 100대 하이테크 기업의 75%가 연구소나 생산기지를 두고 있다. 벤처기업 숫자는 유럽 전체를 능가한다.

안보 불안국 이스라엘은 창의성 교육을 중시한다. 혁신적인 벤처열기, 과학기술에 대한 끊임없는 도전, 과학적인 군 시스템이 뒷받침되고 있다. 남녀 구분 없이 고졸 이상이면 모두 군 복무를 해야 한다. 군 복무 시 익힌 기술을 전역 후 기술개발과 창업으로 연결할 수 있도록 보완 시스템을 갖추고 있다. 우수 인재의 경우 고교 때 미리 스카우트 된다. 인재강국, 창업의 메카라는 찬사가 어울린다. USB 저장장치도 이 나라가 최초로 개발했다.

실패 두려워 않는 '후츠파 정신'이 국익의 원천

이스라엘 창조경제의 원천은 '후츠파 정신'이다. 후츠파는 대담함과 뻔뻔함, 놀라운 용기란 뜻의 히브리어이다. 실패를 두려워하지 않고 형식을 깨는 창업정신이다. 당당하게 자기 의견을 밝히고 토론을 통해 결론을 도출한다. 도전과 혁신으로 창업을 북돋는 문화의 바탕이다.

창조는 거창한 데서 오는 게 아니라 인식과 발상의 대전환에서 온다. 새봄 만물이 소생하려면 먼저 씨앗을 심어야 한다. 창조의 씨앗을 심어야 과실이 열린다. 그 열매는 무궁무진하다.

'뻐꾸기 둥지 위로 날아간 새'를 발표한 미국의 작가 켄 키지가 다음과 같이 말했다. "사과 속에 든 씨앗은 셀 수 있지만, 씨앗 속 사과는 셀 수 없는 것과 같다."

68. 기업·기업인이 닦은 '팔레스타인의 눈물'

"**두**려움은 천근千斤이고, 용기는 만근萬斤이다." 임진왜란 당시 백척간두에 섰던 나라를 구한 이순신 장군의 말이다. 죽을 각오로 싸우면 이기는 법이다. 이순신(최민식 역)의 리더십이 재조명되는 영화 '명량'은 2014년 여름 관객동원 신기록을 이어갔다.

최민식은 '명량'에 이어 '루시'에서 평범한 인간의 한계에 도전했다. 두뇌와 육체를 완벽하게 제어하는 주인공 루시를 이용하고 끝없이 추격하는 악역을 맡았다. 인간은 보통 두뇌의 10%정도밖에 사용하지 못하는 걸로 조사됐다. 이 영화는 두뇌 평균 사용량 10%를 넘어 무려 100%를 사용하는 초능력 인간의 대담한 활약상이 돋보였다. 최민식의 상대역은 할리우드 인기 여배우 스칼렛 요한슨이다.

분쟁에 휘말린 요한슨, 휴전 앞당긴 소로스와 빌 게이츠

인기 여배우 요한슨이 이스라엘-팔레스타인 분쟁에 휘말려 논란을 빚었다. 탄산수 제조업체 소다스트림의 TV 광고에 출연한 후 이스라엘 보이콧운동의 표적이 됐다가 결국 낙마했다. 소다스트림은 국제법상 불법 점령지로 규정된 팔레스타인 서안지구 정착촌에 있는 이스라엘 기업이다.

이번 논란으로 요한슨은 8년간 맡았던 국제구호단체 옥스팜 홍보대사도 내려놨다. 이스라엘 보이콧운동(BDS)의 결과였다. 이스라엘에 협력한 기업을 압박하는 BDS는 불매(Boycott)와 투자회수(Divestment), 경제제재(Sanction)의 영문 첫 글자에서 따온 용어이다. 보이콧운동에 동참한 기업과 기업인의 힘이 중동의 화약고에 평화를 안겼다.

2005년 팔레스타인 170개 인권단체가 이 운동을 국제사회에 호소한 게 주효했다. 분쟁이 격화될 때마다 반전反戰시위는 수위를 높였고, 이스라엘에 협력한 기업을 전쟁범죄자로 규정했다. 미국 휴렛팩커드 불매운동이 대표적이다. 이 회사는 이스라엘 방위군에 정보처리 프로그램을 수출했는데, 이스라엘은 이 프로그램을 기반으로 팔레스타인 가자지구를 폭격했다.

조지 소로스도 이스라엘 보이콧운동에 합류했다. 글로벌 헤지펀드 소로스펀드를 통해 소다스크림 보유주식 280억 원어치 전량을 매각했다. 빌 게이츠도 이스라엘 감옥에 보안시스템을 제공한 영국 보안업체 G4S 주식 모두를 팔았다. 네덜란드 최대 물 산업 기업인 비텐스는 이스라엘의 수자원공사가 팔레스타인 지역에서 드릴링 작업을 한다는 이유로 협력관계를 중단했다.

불매와 투자회수 등 이스라엘 보이콧운동 전개

이스라엘과 팔레스타인 분쟁은 골리앗과 다윗의 싸움이다. 분쟁의 희생자 대부분은 무고한 팔레스타인 사람들이다. 기업과 기업인의 힘이 결국 팔레스타인의 눈물을 닦은 셈이다. 팔레스타인의 눈물이, 이스라엘을 돕는 기업들도 울게 했다. 기업은 이제 국부창출의 주역을 넘어 세계평화의 전도사까지 그 위상을 높이고 있다.

유럽 최대 네덜란드 연금펀드는 이스라엘 은행권에 2,000억 달러 규모의 자산을 운용하고 있다. 이 펀드는 서안지구 정착촌 건설공사에 자금을 지원한 이스라엘 5개 은행에서 투자금을 회수했다. 이스라엘에 비교적 우호적인 독일조차 이스라엘과 거리를 두고 있다. 이스라엘 보이콧운동에 동참해 연구비 지원을 중단하고 교류를 거부하는 기업과 단체가 늘고 있다.

이스라엘과 팔레스타인 분쟁은 무딘 창(하마스 로켓)과 최첨단 방패(이스라엘 아이언돔)의 대결이다. 팔레스타인 무장단체 하마스 로켓은 한 발에 1,000달러이다. 이스라엘 미사일방어체제 아이언 돔은 10억 달러가 들었다. 국민소득은 물론 군사력으로 봐도 도저히 상대가 안 된다.

이스라엘은 부정적 국가이미지로 골머리를 앓고 있다. 분쟁 여파로 관광산업이 직격탄을 맞았다. 농산물 최대 수출시장 유럽이 수입량을 줄였다. 이순신은 명량대첩을 하루 앞두고 난중일기에 이렇게 적었다. "한 명이 길목을 지키면 일천 명도 두렵지 않다."(일부당경一夫當逕 족구천부足懼千夫) 팔레스타인의 눈물을 닦은 기업과 기업인의 힘을 생각하게 하는 대목이다.

^{69.} 한국형 원전 수출의 위대함

포스코 계열사 대우인터내셔널(현 포스코인터내셔널)이 2013년 미
얀마 가스전에서 가스 상용화에 성공해 생산을 시작했다. 2000년
미얀마 광구 탐사권을 확보한 지 13년 만이다. 워크아웃 등 우여곡
절을 겪었던지라 대박을 터뜨린 건 기적이었다. 미얀마 군부와 끈
끈한 인맥 쌓기도 한몫했다. 매장량은 우리나라 천연가스 소비량 3
년 치에 해당한다. 30년 동안 전량 중국에 판매하기로 했다. 가스
전 가치는 4~5조 원, 연 이익은 3,000~4,000억 원으로 추정된다.

민간기업 중 다양한 해외자원개발 포트폴리오를 구축하고 있는
LG종합상사는 세계 각국에 33개 광구권을 확보하고 있다. 2006년
오만 웨스트부카 유전과 2007년 인도네시아 MPP유연 탄광에서 각
각 상용화 생산에 성공했다. 회사 이익의 70% 이상이 자원개발사
업 부문에서 나온다.

잇단 해외자원개발 뉴스를 떠올린 건 다름이 아니다. 공기업과
민간기업 간 확연히 대비되는 실적이 짙게 드리워졌기 때문이다.
아울러 실추된 자원외교의 위상을 되찾고 글로벌 에너지 리더십을
확고히 다지기 위해서이다. 에너지 98%를 수입에 의존하는 우리

에게 이보다 더 중요한 일은 없다. 에너지 자급은 절체절명의 지속 가능한 과제이다.

미얀마 가스전 가스 상용화, 30년간 중국 수출

해외자원개발 사업은 이명박 정부에서 적극적으로 추진했다. 석유공사와 가스공사, 광물공사 등 공기업을 포함해 진행된 사업은 모두 75건, 27조 원에 달했지만, 이 가운데 상당수가 누적 부실로 고전했다. 석유공사는 캐나다 하베스트사를 인수한 후 운영적자 등으로 8,202억 원 손실을 봤지만 2007년 이전에는 7,000억 원 이상 수익을 올렸다.

이명박 정부의 자원외교가 뭇매를 맞았다. 일부에서는 박근혜 정부 들어 괄목할 만한 자원정책이 없는 걸 빗대 자원외교의 실종을 들먹이기도 했다. 일본은 총리가 직접 나서 자원외교 현장을 누비지만 우리는 그렇지 않다는 얘기이다. 통상 자원개발의 경제성을 확인하려면 시간이 필요하다. 특정 기간을 규정해 성과를 들먹이는 건 위험한 발상이다.

아랍에미레이트(UAE) 원전을 수주한 이명박 정부 이후 한국형 원전 수출에 비상이 걸렸다. 밀양 송전탑 갈등 때문이었다. UAE 수출모델은 신고리 3호기이다. 송전탑 문제 해결이 급선무였다. 그렇지 않으면 원전 가동에 문제가 생겨 심각한 위기를 맞는다. 지연된 기간만큼 지체보상금 지불 조건이 계약서에 명기돼 있다. 그렇게 되면 차후 한국형 원전 수출이 어려워진다. 차세대 블루오션 원전은 아직도 진행형이다. 정권을 초월해 에너지 중지를 모아야 옳다.

역대 정부 간 에너지 중지 모아야

박근혜 정부 초 새누리당 김한표 의원이 'LNG 직수입 규제 완화 법안'을 발의했다. 공기업과 민간기업의 경영실적과 좌표가 나와 있다. OECD 국가 중 유일하게 우리나라만 공기업의 가스독점을 보장하고 있다. 시장의 97%를 독점하는 가스공사의 천연가스 1톤 수입단가는 민간기업 SK E&S에 비해 새 배가량 된다. 미국 천연가스 가격이 5년 새 48% 떨어졌지만 되레 가정용 도매가격은 47%나 올랐다. 독점과 규제에서 비롯되는 엄청난 모순이다.

에너지올림픽이라 불리는 세계에너지총회가 2013년 10월 13일 ~17일 아시아에서 세 번째로 대구에서 열렸다. 140개국 세계 유력 인사들이 한자리에 모인 이번 총회가 추락한 우리나라 에너지 리더십을 고취하고 자원외교를 활성화시킨 계기가 된 것으로 보인다. 아시아의 에너지 수요는 급증추세이다. 한중일 3국은 세계 무역량의 18%를 차지하지만 에너지는 30%를 소비한다.

과거에서 배우되 과거를 현재의 시각으로 재단裁斷해서는 안 된다. 지난 정부의 해외자원개발을 무조건 폄하하면 지속가능의 차원에서 위험하다. 에너지 불변의 법칙이 있다. 욕하는 데 에너지를 허비하면 똑같이 당한다. 가고 가다 보면 알게 되고 하고 하다 보면 깨닫게 된다.(거거거중지去去去中知 행행행리각行行行裏覺)

70. 부산 영도대교, 한진중공업 '희망버스'

부산의 관광명소 영도대교의 인기가 하늘을 찌를 듯하다. 주말이면 관광객들이 인산인해를 이룬다. 선박이 통과할 수 있도록 다리 상판이 열리는 도개跳開 장면을 보기 위해서이다. 이곳은 부산 중구와 영도구를 잇는 국내 최초의 연육교이고 도개교이다. 2013년 11월 27일 47년 만에 개통됐다.

길이 214미터의 영도대교는 애환과 영욕이 서린 곳이다. 6·25 동란 당시 임시 수도 부산에 몰린 피난민들의 애절한 사연이 넘쳤다. 영도 출신 가수 현인이 부른 '굳세어라 금순아'는 아직도 부산 시민의 심금을 울리고 있다. 가을 영도대교 축제에서는 6·25 때 헤어진 가족을 다시 만나는 '이산가족 이벤트'가 열렸다. 역사의 숨결이 넘치는 영도에는 한진중공업이 있다.

부산시민 울린 영도대교, 희망과 절망이 교차

이명박 정부 말 2011년, 이곳 영도대교는 발 디딜 틈이 없었다. 관광버스가 아닌 시위버스로 가득 찼다. 조선소가 있는 영도구 일대는 '희망버스'로 아수라장이 됐다. 한진중공업 노조의 파업을 지지하기 위해 사람들이 몰렸기 때문이다. 부산 영도는 희망과 절망이 교차했다. 당시 한진중공업 영도조선소는 해외 수주실적이 전무했다. 극심한 경영난으로 근로자 400명에게 정리해고를 통보했다

그로부터 3년 후, 한진중공업 노조에 59억 원을 배상하라는 법원 판결이 나왔다. 노조는 당시 김진숙 민노총 지도위원의 고공농성과 함께 10개월간 장기 파업을 벌였다. 부산지법은 불법 파업으로 회사 측의 손해가 인정된다고 밝혔다. 아울러 정리해고나 조직의 통폐합 등 구조조정은 회사의 고유 권한이며 단체교섭의 대상이 될 수 없다고 덧붙였다.

법원은 노조의 파업 수단도 점거와 파괴행위를 일삼는 등 법의 한계를 벗어났다고 봤다. 아울러 파업의 원인에는 회사의 잘못도 인정돼 노조의 책임을 손실액의 80%로 했다. 울산지법도 비슷한

시기에 공장을 무단 점거한 현대자동차 비정규직 노조원에게 90억 원을 배상하라는 판결을 내렸다. 텅 빈 조선소 도크와 흩어져 있는 시설, 정리해고와 장기 파업이 남긴 건 무엇이었는지 씁쓸했다.

기업이 없으면 근로자도 없다. 나보다 우리가 먼저이다. 안보가 흔들리면 국가도 없는 것과 같다. 군을 신뢰하지 않는 일련의 사태가 국가의 위상을 좀먹었다. 군이 경기 군포시 LH 미분양아파트 91채를 관사로 계약하자 입주예정자들이 철회를 요구하는 시위를 벌였다. 집값이 떨어질 수 있다는 이유였다. 군 사택을 혐오시설로 보는 비뚤어진 시선이 섬뜩했다.

노조에 배상 판결, "기업이 없으면 근로자도 없어"

전북 임실군에서는 지역주민들이 군부대 이전을 반대하는 초유의 (?) 일이 벌어졌다. 35사단 사령부 앞에 컨테이너 철탑을 설치해 확성기로 장송곡과 투쟁가를 밤새 틀었다. 이 부대는 적절한 보상과 적법한 수용 절차를 거쳐 이전했다. 지나친 님비현상이 위험수위에 다다랐다. 국가를 지키는 군의 자부심에 대못을 박는 상식 이하의 일들이 벌어진 것이다.

2014년 한진중공업은 2500억 원 규모의 회사채 상환에 성공해 한숨을 돌렸고 경영에 탄력을 받았다. 컨테이너선 26척과 LPG선 8척 등 20억 달러를 수주했다. 2년 치 일감을 확보한 셈이다. 주력 생산기지인 필리핀 수빅과 영도조선소의 투트랙 전략이 먹혀들었나. 공간이 좁은 영도조선소는 고부가가치선에, 수빅조선소는 초대형 컨테이너선과 LNG선에 주력했다.

한진중공업 기업문화실은 필자에게 "3년 전 희망버스 사태는 돌이키기 싫은 기억이다. 선박 수주가 전무한 극심한 경영난 아래서 내 편, 네 편 가르는 게 무슨 의미가 있나? 이제라도 상생과 배려의 큰 틀에서 기업을 바라보는 시각이 정상화돼야 한다"고 말했다.

하물며 겨울 철새도 수십 마리씩 창공을 날 때 상생의 지혜를 발휘한다. V자형 대형을 이루는 이유가 과학적으로 규명됐다. 에너지 소모를 최소화하기 위한 공기역학 원리이다. 영국 왕립수의대 스티븐 박사팀이 붉은볼따오기를 이용한 생체의 비밀을 저명 국제학술지 네이처에 발표됐다.

나보다 우리가 먼저이다, 남에게 좋은 게 자기에 이롭다.(역지사지易地思之 자리이타自利利他) 새해를 맞아 새길 게 있다. 새해는 새로운 1년을 얻는 게 아니다. 절박한 경험을 통해 새로운 영혼을 얻어야 한다.

사회지도층의 '집단적 사치'

'**가**난은 나라도 못 구한다'는 옛말은 이제 바뀌어야 한다. 가난한 남의 살림 도와주기는 끝이 없다는 말, 개인은 물론 나라의 힘으로도 구제하기 어렵다는 그 말이다. 가난은 죄가 아니다. 하물며 죄인도 용서해주는데, 이제 가난을 구제해줘야 옳지 않을까? 이 순간 행복하게 웃고 있는 것은, 이 세상 어딘가에서 까닭 없이 울고 있는 사람들이 있기 때문이다. 가난의 눈물과 행복의 웃음… 헌정사상 초유의 정부조직법 개편안 표류를 보며 든 생각이었다.

국회에서 표류한 정부조직법 여파로 20여 개 주요 민생 처리 법안이 뒷전으로 밀렸다. 부동산취득세 감면 연장이 무산됐고, 무상보육 국가보조금 지원도 오리무중이다. 하도급 차별 방지, 저소득층 의료비 지원도 어렵게 됐다. 가뜩이나 어려운 서민 생활이 직격탄을 맞았다.

헌정사상 초유의 정부조직법 표류, 민생에 불똥
결국 불똥이 서민에게 튄 셈이다. 박근혜 정부가 출범한 후 한 달도 안 돼 여야 힘겨루기의 결과이다. 피해자가 서민이라면 가해자는 누구인가. 다름 아닌 국회의원으로 대변되는 정치권 사회지도층이다. 200개가 넘는다는 갖가지 특권을 가진 사람들이다. 하지만 서로 상대방을 탓하고 책임을 미룬다. 한마디로 '집단적 사치奢侈'에 빠진 사람들이다.

항상 희비는 엇갈리기 마련이고, 불똥은 누군가에 고스란히 떠넘겨진다. 정부조직법 확정이 지연된 그날, 은행 창구는 유독 한산했다. 18년 만에 재산형성(재형)저축이 부활한 날치고는 의외였다. 근로소득자와 사업자들이 외면했다. 더욱이 14% 세금 감면 혜택이 있었지만 반응은 의외로 뜨뜻미지근했다. 경기 악화의 불편한 진실이다.

서민의 저편에 있는 사람들, 그들의 치졸한 행태가 낱낱이 공개됐다. 박근혜 정부 출범에 따른 인사청문회 덕택(?)이다. 태어날 때부터 금수저를 물고 나는 재벌 2~3세는 둘째로 치자. 소위 사회지도층들은 공통으로 '4+2'에 젖어 있다. 기존의 병역특혜에다 탈세, 부동산투기, 위장전입 등 네 가지는 기본이다. 추가로 논문표절, 전관예우 등 두 가지가 있다. 부의 대물림, 욕망의 끝은 어디인지 도무지 알 수 없다. 나라가 '그들만의 리그'를 위해 존재하는지 묻고 싶다.

서민은 가난에 분노하기보다, 불균형에 분노

사회지도층의 핵심 덕목은 사회적 책임이다. 불법과 탈법을 밥 먹듯 하는 행태는 서민들에게 상대적 박탈감을 준다. 노블레스 오블리주가 정립된 선진국의 사회지도층은 우리와 다르다. 허접하게 꼼수를 부려 개인의 영달을 원하지 않는다. 약자를 두둔하고 강자에 대응한다. 불의와 불법에 대처하고 떳떳하게 자기주장을 한다. 테이블 위에 정기적으로 받아보는 비평지가 있다. 이런 조건이 갖춰져야 존중을 받는다.

중산층과 서민은 어떤가? 중산층이 무너지고 가난에 허덕이는 서민들이 늘고 있다. 빚에 갇혀 오가지도 못하는 서민들이 많다. 나라의 도움을 받는 사회안전망이 허술하다. 가계부채는 2021년 상반기 기준 무려 188조 원에 이르렀다. 이 가운데 하우스푸어 등 중산층 부채가 대부분이지만 나머지는 서민들의 생계형 부채이다. 생존을 위한 빚이다. 생활비, 전월세 보증금, 빚 갚기 위해 또 빌린 빚이다. 4인 가족 최저 생계비에도 못 미치는 기초생활수급자도 부지기수이다. 가난의 대물림을 탈피할 엄두를 못 내고 있다.

가난의 구제에 나라가 나서야 한다. 이것이 국민 대통합이다. 빈부의 대물림은 나라의 죄악이다. 서민을 위한 사회안전망을 촘촘히 짜야 한다. 사회지도층의 탈세와 부동산투기 등 불로소득을 환수할 제도적 장치를 만드는 게 급선무이다. 서민은 가난에 분노하지 않는다. 불균형에 분노한다.(불환빈不患貧 환불균患不均)

꽃샘추위 전기요금 부담에 떤 교실

한 나라의 과거를 보려면 박물관으로 가면 된다. 그 나라의 현재는 시장에, 미래는 도서관에 고스란히 투영돼 있다. 도서관 불빛은 미래를 밝히는 등불이자 경쟁력을 키우는 가늠자이다. 그러나 우리나라의 도서관 현황은 절망적이다. 숫자는 OECD 국가 중 꼴찌이다. 항상 예산 부족에 허덕인다. 도서관과 일선 학교의 운영비용 중 전기요금도 큰 짐이다.

꽃샘추위로 잠시 주춤했던 꽃봉오리들이 만개하고 있다. 꽃샘추위에 흔들리는 건 꽃만이 아니다. 일선 학교와 도서관도 꽃샘추위에 떨었다. 전기요금 부담에 허리가 휘어 난방을 제대로 가동하지 못했기 때문이다. 교육용 전기요금도 인상되고 있다.

전력 수급 한전은 적자, 발전사업 대기업은 흑자

초중고 전 과목 교과서를 디지털로 바꾸는 스마트교육이 본격 시행되고 있다. 전기 수요량은 더욱 늘어날 것으로 보인다. 교육용 전기요금 산정기준을 산업용의 70% 이내로 하는 방안이 추진됐다. 2013년 새봄을 맞아 생뚱맞게 전기요금 문제를 꺼낸 건 대기업들이 전기로 떼돈을 벌고 있기 때문이다. 발전사업으로 수천 억대 수익을 올린다. 영업이익률이 무려 65%를 넘는 곳도 있다.

돈 버는 거야 자유지만 불편한 구석이 한두 가지가 아니다. 전력을 수급하는 한전은 적자투성이다. 대기업에서 전기를 비싸게 사제값을 받지 못하고 공급하기 때문이다. 이런 와중에 학교는 학교대로, 가정은 가정대로 전기요금에 허리가 휜다. 전기는 일종의 공공재公共財이다. 공공재를 놓고 한 쪽은 떼돈을, 다른 쪽은 고통 분담에 시달리는 현상은 분명 정상이 아니다. 박근혜 정부의 경제민주화나 사회적 책임과도 어울리지 않는다.

이명박 정부 말 2012년 한전은 841억 영업 손실을 냈다. 해외발전소 건설 입찰에서도 번번이 고배를 마셨다. 이유는 간단하다. 적자투성이 재무제표 때문이다. 수익을 내지 못하는 회사에 공사를 맡기기 만무하다. 공기업 무늬를 벗었다지만 아직도 제자리를 못 찾는 주식회사 한전의 쓸쓸한 자화상이다.

금융감독원 전자공시를 보면 발전사업 대기업들의 경영성적표가 낱낱이 나와 있다. SK E&S는 영업이익률이 무려 65.2%였다. 도시가스사업을 하다 전력회사 케이파워를 인수 합병하면서 이익이 급증했다. 포스코에너지는 영업이익률과 수익이 9.5%에 3,400억 원, GS파워와 GS EPS는 영업이익률이 각각 10.6%와 12.6%로 나타났다. 이처럼 발전사업이 눈먼 고수익이다 보니 대기업 각축장이 된 지 오래됐다.

일선 학교는 전기요금 부담에 차디찬 봄 맞아

대기업 발전사업은 2001년 전력산업 경쟁체제에서 시작됐다. 전력 소매 판매는 한전이 전담하되 생산은 경쟁체제로 개편했다. 결과적으로 대기업 배만 불리고 있다는 지적이 나온다. 발전 용량 가운데 민간 비중은 22%까지 치솟을 전망이다. 우리나라 전기의 품질은 세계 최고 수준이다. 반도체 강국도 결국 양질의 전기에서 나왔다.

꽃샘추위가 스쳐 지나가니 어김없이 새봄이 돌아왔다. 꽃은 반쯤 피었을 때 가장 보기 좋고, 술은 적당히 취해야 좋다.(화개반주미취花開半酒微醉) 피고 지고, 들고 나고, 주고받을 때는 품격이 분명히 있다. 남의 눈물이 자기 웃음이 되면 곤란하다. 일부 대기업이 발전사업으로 떼돈을 버는 것은 그래서 보기가 좀 그렇다.

꽃샘추위는 개화를 늦추기도 하지만, 삼투압을 높여주는 순기능도 있다. 가지를 흔들어 곳곳으로 수분을 잘 흡수시킨다. 이윤추구 기업의 순기능은 사회적 책임이다. 사회공헌에 앞장설 때 깨끗한 부자(청부淸富)로 대접을 받는다. 전기요금 부담에 차디찬 봄을 맞았던 일선 학교와 도서관을 뒤돌아보며, 여름 한증막 교육 현장을 떠올리는 건 지나친 기우杞憂일까?

73. 최장 장마가 남긴 집단갈등

노자의 『도덕경』에 나오는 신외무물身外無物은 몸이 성치 못하면 아무것도 이룰 수 없다는 가르침이다. 제아무리 잘난 척해도 한계가 있다는 말도 된다. 하늘 아래 정말 새로운 건 없고, 새로운 조합만 있다는 뜻도 있다. 장마가 지난 후, 신외무물을 떠올린 건 생뚱맞게 기후변화의 경고와 관련이 있다. 지구온난화의 함의含意가 절절하기 때문이다.

지구온난화의 복수, 기온 2도 오르면 집단갈등 50% 증가

북극해 얼음이 녹아내리고 기온이 매년 상승하는 건 인간들이 저지른 환경파괴가 낳은 업보이다. 지구온난화의 복수는 예삿일이 아니다. 세계적 과학전문지 『네이처』 2013년 8월호에 기후변화와 갈등에 관한 논문이 실렸다. 미국 버클리대 연구 결과 기온이 2도 오르면 집단갈등은 50% 넘게 증가한다. 공동 저자 마셜 버크는 "기후변화가 사람들의 공격성을 높인다"고 주장했다.

박근혜 정부 들어 처음 맞은 여름, 사상 최장의 장마는 물러갔지만, 해묵은 남북·집단갈등은 수그러들지 않고 있다. 급기야 국익을 훼손하는 어처구니없는 일들이 곳곳에서 빚어지고 있다. 내 탓과 남 탓을 넘어 우리 탓이란 공동책임을 생각할 때이다. 모든 걸 기후 변화 탓으로 돌리기엔 뭔가 부족하고 무책임한 부분이 도처에 숨어 있다.

존폐기로에 놓였던 개성공단 정상화 갈등이 새 국면을 맞았다. 2013년 8월 7일 개성공단 입주기업 109개 사가 신청한 2,809억 원 규모의 경협보험금 지급 결정이 발표되자마자 1시간 만에 북측이 대화를 제의했다. 경협보험금 지급은 단전 조치의 예고편이었다. 전기를 끊으면 단수로 이어지고 개성공단 폐쇄로 가는 수순이다.

2013년 4월 이후 개성에 보내는 전기는 기존의 10만kW에서 3,000kW로 줄었지만 여전히 개성시 하루 생활용수 1만 5,000t을 공급하는 필수 수단이었다. 이 생명줄마저 끊어진다면 최소한의 생활에도 지장을 받는다. 개성공단 갈등이 잘 마무리가 됐으면 좋겠다.

이런 가운데 개성공단 입주기업 제품 전용 매장이 개설됐다. 부도 위기에서 최소한의 자금을 확보할 수 있는 마중물이다. 123개 사 중 59%(72개)가 섬유와 의류 등 하청업체이다. 제일모직과 코오롱, 노스페이스 등 원청업체와 판매 협의가 선결 건인데 원칙적인 합의는 끝낸 것으로 전해졌다. 롯데백화점과 롯데마트는 전용 매장을 열어주기도 했다. 대기업과 중소기업의 아름다운 동행이다.

일본 투자유치 물거품, SK·GS 화학공장 신설 위기

한편, 반反대기업 정서가 급기야 국익을 훼손시키는 사태를 낳았다. 경제민주화를 둘러싸고 벌어진 집단갈등이다. 정치가 경제의 발목을 잡은 셈이다. 국회의 입법 지연으로 대규모 신규투자가 물거품 위기에 처해 졌기 때문이다. 외국인추자촉진법 개정안이 국회 산업통상자원위원회 법안소위 문턱을 넘지 못했다. 대기업 특혜라는 반론이 깔려 있다.

SK와 GS는 각각 일본기업 투자를 받아 모두 2조 3,000억 원 규모의 화학공장을 설립하기로 했으나 오리무중이다. 지주회사의 손자회사가 증손회사를 설립할 경우 100% 지분을 보유하도록 한 공정거래법 규정이 걸림돌이었다. SK종합화학과 GS칼텍스는 일본과 합작, 섬유·페트병 재료인 피라크실렌 공장을 가동할 예정이었다.

일본의 투자와 우리의 첨단기술이 만나 화학제품 수출을 연 4조 원 늘릴 수 있는 절호의 기회였다. 공장건설이 늦어지면 중국 등으로 넘어갈 공산이 커진다. 경제 현안의 입법 개정 없는 경제 살리기는 공허한 메아리이다.

원래 창조는 혼란과 갈등 속에서 자란다. 스마트폰이 전화기와 컴퓨터의 조합이듯 창조는 기존 요소들의 새로운 연결이다. 하늘 아래 새로운 건 없다. 헤매본 사람이 길을 안다. 경제를 살리는 돌파구는 기업투자이다. 투자를 차버리는 건 죄악이다. 바람에 흔들리지 않고 자라는 나무는 없다.(수욕정이풍부지樹慾靜而風不止)

74. 잿빛 미세먼지와 상장사 수익 악화

'새벽 5시에 집으로 오시오.' 현대그룹 고 정주영 회장이 기자들의 잇따른 인터뷰 요청에 했던 말이다. 그러나 그 시간에 그를 만난 기자는 아무도 없었다. 정 회장은 늘 아침을 서둘러 기다렸다. 일하기 위해서였다. 오늘 뜨는 해는 어제와 다르다고 믿었다.

빌 게이츠에 버금가는 스마트 리더인 재일교포 3세 손정의 소프트뱅크 회장도 새벽형 인간이다. 19살에 인생 50년 계획을 세워 마침내 일본 제1의 부자가 됐다. 정주영, 손정의 같은 기업인을 생각할 때마다 '카르페 디엠(Carpe Diem)'이 생각난다. 영화 '죽은 시인의 사회'에 나오는 말이다. 오늘에 충실하고 내일을 특별하게 만들려면 아침을 활기차게 시작해야 한다.

550억짜리 슈퍼컴퓨터, 미세먼지 예보시스템 '먹통'

고농도 미세먼지가 한반도 아침을 잿빛으로 뒤덮는 일이 잦아졌다. 대륙성 고기압의 정화작용 때문이다. 그러나 한 가지 짚고 넘어갈 건 기상 예보시스템의 치명적인 오류이다. 550억짜리 슈퍼컴퓨터를 보유하고도 미세먼지 오염 예보가 사흘 연속 빗나갔다. 기상

청과 환경과학원 시스템의 데이터 호환이 안 돼 빚어진 어처구니 없는 일이다.

미세먼지로 뒤덮인 잿빛 하늘은 박근혜 정부 첫해 상장사 수익성 악화와 오버랩 된다. 유가증권과 코스닥 상장사 1,566개사 실적이 갈수록 추락하고 있다. 삼성전자 1개 사 순익이 전체의 34%를 차지했다. 삼성전자와 현대자동차 2개 사가 전체의 47%를 차지하는 쏠림현상이 빚어졌다. 상위 20개 사가 전체의 85%를 넘는 건 어느 모로 보나 취약한 우리 경제의 단면이다.

우리나라는 세계에서 가장 왕성한 기업가정신을 가진 나라이다. 한마디로 기업하기 좋은 나라이자 기업가들의 천국이다. 남들이 미처 발견하지 못하는 사업 기회를 포착해 비즈니스로 창출하기에 좋다. 그러나 언제부터인가 '기업을 옥죄니, 내 숨이 막힌다'는 하소연이 여기저기서 들린다. 광풍처럼 불어 닥친 경제민주화의 실상과 허상을 차분히 돌아볼 때다.

어설픈 경제규제로 기업 옥죄지 말아야

경제민주화의 역설에 오히려 사회적 약자들이 유탄 맞는 기현상이 빚어지고 있다. 골목상권과 전통시장을 살리겠다며 대형마트 영업을 규제하자 납품 중소기업과 농가들의 매출이 감소하고 있다. 아직까지 골목상권과 전통시장이 좋아졌다는 얘기는 들리지 않는다. 하도급·일감 몰아주기 규제를 강화하자 대기업이 국내업체 비중을 줄이고 해외로 눈을 돌리고 있다.

시장상황을 고려하지 않은 입법이 기업의 심리를 위축시키고 있다. 중소기업적합업종 강화가 오히려 대기업과 거래하던 농가에 피해를 주고 있다. 대리점법(일명 남양유업 방지법)으로 인해 직영으로 전환하는 기업이 늘고 있다. 아울러 인터넷판매가 늘어 대리점이 피해를 보는 사례가 급증하고 있다. 기업을 옥죈 결과가 도리어 사회적 약자를 숨 막히게 하는 꼴이다.

우리나라는 무역 강국이다. 면적은 세계 159위임에도 무역 규모는 세계 5위이다. 대중국 수출은 18년 만에 일본을 추월했다. 최근엔 '트리플 크라운'의 영예를 거머쥐었다. 3년 연속 무역흑자 1조 달러를 달성했다. 아울러 외환보유고는 3,000억 달러를 확보했다. 트리플 크라운 국가는 우리나라와 독일, 네덜란드, 중국 등 딱 4개국뿐이다.

무소유의 억만장자로 불리는 기업인 베르그루엔이 최근 남북한을 동시에 방문한 후 이런 말을 했다. "기업이 비판받는 건 잘 알고 있다. 그러나 지금도 잘 나가는 건 나름의 업그레이드 덕이다." 공칠과삼功七過三의 균형감각으로 기업을 바라보는 게 옳다는 얘기다.

2013년 정기국회 100일 동안 의원들은 1인당 세비 4,524만 6,000원을 받았다. 법안 34건이 통과됐으니 1건당 4억 원쯤 든 셈이다. 세금을 축내는 건 국민에 대한 배신이다. 무책임하게 기업을 옥죄는 정치권의 양봉음위陽奉陰違 행태가 부끄럽다. 겉으론 국민을 위한답시고 속으로 딴마음을 가져선 곤란하다. 기업인과 정치인은 다르다.

75. 전통시장 강소상인에게 배우는 지혜

삶이 힘들고 팍팍할 때 전통시장에 가면 좋다. 날것들의 활기찬 모습이 가득하다. 상인들의 순박한 열정이 느껴지고, 절실함과 성실함이 풍겨난다. 터무니없는 욕심 부리지 않고 더불어 살아가는 배려도 배운다. 세상의 지혜도 담겨 있다.

전통시장에 갈 때 송경동 시인의 '가두의 시'를 읊조리면 생생해진다. 사랑의 시이다. "고등어 있어요. 싼 고등어 있어요. 저녁녘 '떨이 떨이'를 외치는 재래시장 골목 간절한 외침 속에 내가 아직 질러보지 못한 절규의 시가 있다. 그 길바닥의 시들이 사랑이다."

글로벌 불황의 파고 어떻게 넘나?

그러나 아랫목 경제의 보루, 전통시장과 골목상권은 여전히 불황이다. 11년 전 전통시장 살리기 특별법이 제정됐으나 아직도 어렵다. 포스코에너지 '라면상무'로 촉발된 '갑을 갈등'은 급기야 프라임베이커리에서 롯데백화점, 남양유업, 배상면주가, CU까지 전선이 확산됐다. 글로벌 불황의 파고를 헤쳐가기도 버거운 지금, 걱정이다. 아랫목 경제가 살아야 나라가 커진다.

이런 가운데 삼성경제연구소 이갑수 수석연구원이 쓴 『전통시장 강소상인에게 배우는 지혜』가 눈길을 사로잡는다. 전국 전통시장을 돌며 두각을 나타내는 상인들을 만나 공통점을 찾았다. 이들에게는 절간의 마음(절실하고 간절함)과 참용기(참고 용서하고 기다림) 그리고 명확한 목표설정이 있다.

백화점과 대형마트, 슈퍼마켓과 편의점의 틈바구니에서 나름 특화전략으로 제자리를 굳건히 지키는 강소상인들은 생각보다 많다. 홍성의 광천토굴 새우젓, 논산의 골든슈, 목포의 태양수산, 부산의 아이하시, 서울 광장시장의 동양직물, 제주의 제주수산, 김해의 유성식육점… 흉내 낼 수 없는 아이템에 집중하고 트렌드를 읽으며 SNS로 무장한 고객 관리의 결과이다.

경제 생태계가 무너진다고 야단법석이다. 내부 일감 몰아주기부터 납품단가 후려치기, 밀어내기, 중소기업의 신기술 빼가기가 수법이다. 신뢰 프로세스에 금이 간다는 지적이 많다. 필자가 전통시장 강소상인에 주목하는 이유는 여기에 있다. 모든 게 마음먹기에 달렸고, 남 탓하지 않는 틈새시장의 지혜가 놀라웠기 때문이다.

위기의 전통시장, 골목상권 살리기에 대기업들도 동참한 건 고무적이다. 시장경영진흥원이 주도적으로 나선 결과이다. KT는 맞춤별 어플리케이션(앱)을 제공하고 SK텔레콤은 상인학교를 열어 IT와 마케팅을 교육한다. 백화점·대형마트에 안흥찐빵·남대문호떡 등 동네 소문난 맛집들이 진출하고 있다. 갑·을은 상하·대립이 아닌 상생·협조·보완관계이다.

남양유업 전국대리점협의회는 성명서를 냈다. 잇단 불매운동으로 매출이 반토막 나 대리점들의 피해가 급증한 만큼 보상지원책을 달라는 내용이다. 갑을 논란 와중에 남양유업 매출이 35%까지 급감했다. 이곳은 피해대리점협의회와 별개이다. 피해대리점협의회는 밀어내기 관행을 고발한 전직 대리점주로 구성돼 있다. 본사가 죽으면 대리점도 없다.

빛을 퍼뜨리는 방법은 두 가지, 주연과 조연

증권가 애널리스트들도 정체를 잘 모른다는 남양유업. 그들의 2세 경영 혼란은 우리나라 출생률 저하, 아이들 감소에 유탄을 맞은 면도 있다. 우유시장 급락으로 업종 다각화를 찾다가 사태가 꼬였다는 분석이다. 한 번도 직원을 자르지 않은 남양유업으로서는 이번 기회에 여러 가지 구상과 고민을 할 것으로 보인다.

위기의 전통시장과 골목상권… 강소상인의 담대한 지혜를 보며 촛불과 거울을 떠올린다. 세상에 빛을 퍼뜨리는 방법은 두 가지이다. 촛불처럼 빛나는 사람도 필요하지만, 거울처럼 빛을 모으는 사람도 있어야 한다. 빛나는 주연과 빛내는 조연, 둘 다 의미가 있다. 이것이 아름다운 공존이다.(화위귀和爲貴) 외올로는 실을 감지 못한다.(단사불성선單絲不成線)

70. 안보의 최첨병, 방산 명품 K-9 자주포

예년보다 일찍 벚꽃이 만개한 3월의 마지막 날, 서해 북방한계선 (NLL) 일대는 일촉즉발의 전운이 감돌았다. 북한이 4년 만에 해안 포와 장사포로 사격훈련을 했고, 일부가 NLL 이남에 떨어졌다. 우리 측은 즉각 K-9 자주포로 대응 사격했다. 최신예 전투기 F-15K도 긴급 발진했다. 북한 무인항공기도 레이더망을 뚫고 침범해 청와대 상공까지 머물렀다가 추락했다. 박근혜 정부 2년차 2014년의 일이다.

북한은 NLL 인근 장산곶과 옹진반도 등에 해안포 900여 문을 배치하고 있다. 백령도와 대청도, 소청도, 연평도, 우도 등 서해5도는 긴장의 연속이다. 2010년 연평도 포격 당시 제대로 가동하지 못했던 K-9 자주포가 불을 뿜었다. 국방은 최후의 보루이다.

삼성테크윈(한화에어로스페이스)이 만들어 터키에 수출 '명성'
K-9 자주포는 국산 명품 무기 1호이다. 최대발사속도는 분당 6발로 세계 최고 수준. 10년간 연구개발 끝에 1999년부터 실전에 900기가 배치됐다. 가격은 대당 40억 원이다. 독일의 P2H2000(100억

원)과 비교하면 성능에서는 세계 2위지만 가격 대비 성능은 세계 으뜸이다. 최대사거리는 52km로 한 발이 명중되면 축구장 두 배 면적이 초토화된다.

K-9 자주포는 삼성테크윈에서 만든다. 삼성테크윈은 세계 100 대 방위산업체(65위)이다. 1977년 설립된 삼성항공이 전신이다. 초기에는 항공기 부품과 필름 카메라를 주로 만들었다. 반도체 부품과 휴대폰 카메라 등으로 사업영역을 확대했다. 외환위기 때는 삼성그룹 내 퇴출 대상 1호였지만 국내 최대 방산업체로 거듭났다. K-9 자주포는 터키에 수출되고 있다. 2015년 삼성테크윈을 한화가 인수하면서 한화테크윈으로 사명이 변경됐다가 2018년 한화에어로스페이스로 다시 바꾸었다.

산업연구원에서 발행한 『2013년 방위산업 통계 및 경쟁력 백서』를 보면 우리나라 방산업체의 현황과 비전을 알 수 있다. 전체 매출액은 10조 8,936억 원이지만 수출액은 이 중 10%에 불과하다. 세계 100대 방산업체에 속한 상위 4개 사가 수출액의 30% 이상을 차

K-9 자주포

지하고 있다. 한국항공우주와 LIG넥스원, 한화 등 대기업 쏠림현상이 심하다.

　방위산업은 보안과 기술개발 특성상 독점계약이 주를 이룬다. 맞춤형 생산으로 국내시장에 의존하다 보니 글로벌 경쟁력이 취약하다. 1971년 율곡사업으로 자주국방의 첫걸음을 뗀 지 40년이 됐다. 방위산업은 첨단기술을 기반으로 하기 때문에 다른 분야에 파급효과가 크다. 아울러 섬세한 분야로 고용 창출 효과가 크다. 박근혜 정부 국정 과제인 창조경제와도 딱 어울린다.

방위산업 패키지 수출로 '방산 한류' 주목

방위산업에 대한 인식과 발상의 대전환이 필요하다. 국방의 근간이라는 안보적 측면에다 창조경제의 동력이라는 산업적 측면이 함께 접목돼야 옳다. 그래야 창조경제의 핵심 동력으로 자리 잡을 수 있다. 방산 분야 히든 챔피언을 육성하고 발굴하는 게 국익에 큰 도움이 된다. 지금까지 우리나라에서 '히든 챔피언'은 다른 말로 '힘든 챔피언'이었다.

　첨단 방산업체를 히든 챔피언으로 육성하자. 이는 잘 알려져 있지 않지만 세계 최고의 기술력을 가진 우량기업이다. 세계적으로 2,000여 개가 있다. 이 중 독일이 1,207개, 일본이 220개인데 반해 우리는 고작 23개에 불과하다. 산학연이 보조를 맞추면 국제경쟁력을 강화할 수 있다. 수출 비중을 현재의 10%대에서 몇 배 이상 늘릴 수 있다.

　'방산 한류'에 주목하자. 방산물자와 장비를 수출하는 건 우리 군의 이미지를 수출하는 거와 같다. 우리의 품질과 성능을 파는 거다. 물자나 장비의 운용법과 교육훈련, 정비요소까지 접목된 방산 패키지를 수출하면 좋다. 방산 수출로 거둘 수 있는 부가가치를 극대화하자. 케이 팝(K-POP)과 케이 푸드(K-FOOD), 케이 패션(K-FASHION) 등 한류열풍을 방산에서 이어가자.

우리는 세계 최초로 철갑선을 만들었다. 무기체계 핵심기술을 갖고 있다. 일본도 2014년 4월 1일 반세기 만에 무기수출금지 3원칙을 폐기했다. 신성장동력을 무기 수출에서 찾겠다는 의미이다. 방위산업은 창조경제의 핵심 엔진이다. 역발상이 경쟁력이다. 남이 버리는 걸 거두자.(인기아취人棄我取)

제4부

국격國格 높이는 대통령, '품격의 리더십' 보고 싶다

77. 국회의원 특권은 무려 200개

"산은 사람을 기른다." 백두대간을 몇 차례 종주한 윤제학 씨가 한 말이다. 현대불교신문 기자로 일했고, 백두대간의 생태 사진을 곁들여 산행 길잡이 책을 냈다. 그 책 제목이 바로 '산은 사람을 기른다'이다. 산에 대한 고마움에서 경외심으로 가득 차 있다. 산행 후 만난 사람들의 얼굴은 대부분 환하다. 짜증 섞인 표정은 찾기 어렵다. 이런 이유로 산에 간다는 사람도 많다. 입춘과 우수가 지나니 산하에 생명이 움트는 소리가 곳곳에서 들린다.

새 생명이 싹트는 봄, 2012년 이명박 정부 하반기 19대 총선이 치러졌다. 선출직 공무원의 로망, 개개인이 헌법기관이라는 국회의원 선거를 놓고 생뚱맞은 의문이 든다. "산은 사람을 기른다는데, 국회의원은 국민에 봉사하는가? 그들의 특권은 왜 그리 많은가?"

헌법상 보장된 특권, 웬만한 대기업 사장과 비교도 안 돼
흔히 국회의원의 특권이라면 헌법상 보장된 불체포 특권과 면책 특권을 떠올리지만 이건 기본이다. 2012년 기준 한 해 세비(봉급)만 1억 2,439만 원, 한 달에 1,036만 원이다. 각종 수당은 물론 입법 활동 경비와 사무실 지원금도 지원된다.

보좌관과 비서관, 비서 등 보좌진을 7명 둘 수 있는데 인건비 전액은 세비로 지급된다. 비행기와 철도, 선박 이용도 무료이다. 이런저런 비용을 합치면 의원 한 사람에 들어가는 돈이 연 32억 원을 넘는다. 금배지 특권은 대략 200여 개 이상, 웬만한 대기업 사장과는 비교도 안 된다.

이런 특권 때문일까? 선거가 '정치 비즈니스'가 된 지 꽤 됐다. '선거 로또'란 말까지 생겼다. 당선만 되면 신세가 바뀐다. 물론 개인에 따라 차이가 있지만, 선거를 입신영달立身榮達의 기회로 삼기도 한다.

그렇다 보니 당선 후 초심을 잃고 '엉뚱한' 일에 몰두하기 십상이다. 봉사를 망각하고 집단적 사치奢侈에 빠지는 경우가 많다. 정치인은 존경의 대상이 아니라 비판의 모델로 등장한다. 상상력의 예술이라던 정치가 날개 없는 추락을 거듭한 결과이다.

선거가 입신영달의 기회가 되면 곤란

"원숭이는 나무에서 떨어져도 그대로 원숭이지만, 사람이 선거에서 떨어지면 사람이 아니다." 선거철에 흔히 나오는 말이다. 승자독식의 냉혹한 선거에서 출마자들이 겪는 피 말리는 심경은 말로 표현할 수 없다.

그렇지만 몇 차례 격전 유세 현장을 관전하면서 늘 가졌던 생각은 이렇다. 각 당 공천 경쟁 현장을 취재하면서도 생각은 다르지 않다. 과연 자기 자신을 얼마나 수양했는지, 스스로를 다스린 후 세상

을 다스릴 노력은 했는지(수기치인修己治人), 혹 사심邪心이 곁들지는 않았는지 묻지 않을 수 없었다.

국회의원 특권과 관련해 일본 도쿄대학에서 일본 정치사를 연구한 국민대 김동명 교수는 "국회의원이 본연의 임무를 다한다면, 특권은 전혀 문제가 되지 않는다. 더 줘야 한다. 중요한 건 국민을 위해 봉사하는 그들의 마음가짐과 행동이다. 노블레스 오블리주 문화가 시급하다"고 말했다.

국회의원의 특권은 그들만의 특권이 아니다. 국민이 부여한 일종의 의무이다. 초심을 잃지 말고 처음 세웠던 순수한 뜻을 끝까지 지키기 바란다.(소지관철素志貫徹)

78. 의원회관 호화 신축 논란

재생 용지로 만든 책『야생초 편지』를 보면 우리가 잘 모르는 야생초野生草가 이렇게 많다는 데에 놀란다. 들풀 그림들이 마치 살아 움직이는 것 같다. 사진보다 정교한 묘사에 또 놀란다. 이 책은 감옥에서 야생초를 관찰한 생명 일기이자 수련일기, 사색일기이다. 동생에게 보낸 봉함엽서를 모은 것이다.

『야생초 편지』의 저자 황대권 씨는 감옥생활 중 만성기관지염을 고치려 풀을 뜯어 먹다가 야생초에 반해 전문가가 됐다. 모나미 볼펜으로 한 뼘도 안 되는 종이에 글과 그림을 그렸다. 감옥생활의 애환과 희망을 담았다. 세상과 단절된 13년 동안 야생초는 그의 친근한 옥중 동지이자 위대한 스승이었다.

'양심수' 황대권의 '야생초 편지', 교도소에서 들풀 관찰하며 기록
서울대 농대를 졸업하고 뉴욕의 사회과학대학원에서 제3세계 정치를 공부하던 황대권 씨는 지난 1985년 '구미 유학생 간첩단 사건'에 연루돼 무기징역을 선고받았다. 안기부 조작으로 밝혀져 13년 2개월 만에 풀려났지만 청춘은 이미 흘러간 뒤였다.

그랬던 그가 야생초를 접한 곳은 다름 아닌 한 뼘도 안 되는 교도소 담장 밑이었다. 거기서 소박하고 겸손한 야생초를 만나 관찰했다. 컵라면 용기, 마가린 통, 코카콜라 병에 야생초를 심고 가꿨다. 한 평도 안 되는 열악한 감방에서 몸을 굽혀 모나미 볼펜을 눌러가며 쓴 『야생초 편지』는 역작이다.

책꽂이에서 다시 그 책을 펴든 이유는 국회 제2 의원회관 신축 때문이었다. 호화 논란에 빠진 '민의의 전당'을 바라보다 넋을 잃었다. 겉만 화려하고 내용은 부실한 고질적인 형식주의가 새삼 떠올랐다.

책꽂이가 크다고 지식이 높아지지 않는다. 집을 넓힌다고 가정이 행복해지지 않는다. 의원회관 호화 신축을 보면서 이런 생각이 밀려온 건 왜일까? 무늬만 민의의 전당인 국회를 봐왔기 때문이다. 경외민의敬畏民意에 벗어난 그들의 과거를 익히 알기 때문이다.

19대 국회 개원을 앞두고 2012년 5월 23일 국회에 제2 의원회관이 들어섰다. 멀쩡하게 의원회관이 있는데 또 무슨 건물인가? 문제는 건물 신축과 개원 준비에 드는 혈세 낭비에 있다. 착공 당시부터 비난의 도마에 올랐지만, 건립비용에 2,212억 9,300만 원이 들었다.

국민 혈세 논란 잠재우려면 새롭게 태어나야

제2 의원회관에 든 비용도 비용이지만 새로 완공된 서울특별시 신청사와 극히 대비된다. 신청사는 2989억 원이 들어갔다. 상주 인원을 보면 신청사는 1만 452명, 의원회관은 최대 3,000명에 불과하다. 옛 의원회관 리모델링 작업에도 477억 6,000만 원이 들었다.

이밖에 19대 개원 비용에 48억 원을 쓰는 것으로 밝혀졌다. 멀쩡한 의원실 소파와 책상, 의자는 왜 교체하는지, 본청 레드카펫은 애바꾸는지, 2억 8,400만 원을 들여 본청과 의원사무실 도배를 꼭 해야 했는지 궁금하기 짝이 없다. 개원 비용은 18대 국회의 세 배이다. 이에 대해 시민단체인 '투명사회를 위한 정보공개센터'는 "대표적인 예산 낭비의 극치로 도덕적 해이의 전형"이라고 말했다.

국회의 주먹구구식 예산집행에 말이 많다. 어쨌든 19대 국회는 역대 최대의 비용이 들었으니, 역대 최고의 업적을 남겼어야 했다. 집단적 사치奢侈라는 비난을 스스로 떨쳤어야 했다. 당시 국회 사무처 신중돈 홍보기획관은 필자에게 "혈세 낭비 논란은 어떻게 보느냐에 따라 다르다. 예산 책정과 실제 집행은 차이가 날 수 있다"며 지나친 확대해석을 지양해줄 것을 당부했다.

한 뼘도 안 되는 교도소 담장 밑에도 야생초는 스스로 핀다. 극한의 공간을 극복한다. 누가 돌보지 않아도 아름다운 자태를 빚는다. 그래서 더 아름답다. 혈세 논란? 기업이 먹거리 갖고 장난치면 천벌 받듯, 정치인이 세금 갖고 장난치면 탈 난다. "만 냥의 황금도 다 투면 부족하지만, 서푼이라도 나누면 남는다.(쟁즉부족爭卽不足 양즉유여讓卽有餘)"

현대차 디자인 총괄 사장의 검은 양복

현대·기아자동차 디자인 총괄 사장 (CDO)을 지낸 독일인 피터 슈라이어의 드레스코드는 줄곧 검은 양복이다. 신차 발표 때도 검은 양복과 와이셔츠를 고집 한다. 이유는 자신을 돋보이지 않기 위해 서이다. 세계 3대 자동차 디자이너의 독 특한 철학이자 취향이다. 차는 두 번째

피터 슈라이어

집이며, 차가 주인이고 자신은 손님이라는 것이 평소 지론이다.

영국 왕립예술대를 나와 직선의 단순함을 디자인 철학으로 지향 했다. 기아차 'K 시리즈'를 탄생시켰다. 사장에서 물러나 어드바이 저로 일하고 있는데 2021년 자신의 책『디자인 너머』출판 기념회 를 가졌다. 정의선 회장이 참석한 축하의 자리에서 아우디와 폭스 바겐, 현대·기아차에서 디자이너로 일하며 남긴 기억을 정리했다.

'돋보임의 진정성' 몸소 실천한 현대차 슈라이어 사장
슈라이어 사장은 특별한 경우이다. 대다수는 수단과 방법을 가리

지 않고 격식을 차려 자신을 돋보이려 한다. 기업이나 단체도 홍보 차원에서 성패가 달리는 경우도 많다. 홍보(PR)는 피할 건 피하고 알릴 건 알리는 것과 다름없다. 여기서 요체는 돋보임의 진정성이다.

인터넷 시대에 댓글은 최상의 돋보이는 방법 가운데 하나이다. 자신의 견해를 노출시켜 정보와 참여의 가치를 주지만 자칫 극단적 견해를 부추긴다. 급기야 독자를 희롱하고 뉴스의 판단을 왜곡시킨다. 실명 댓글은 그렇다 치고 익명성 댓글의 폐해성은 더 심각하다.

1872년 창간돼 세계 45개국에서 발매되는 미국 과학 잡지 『파퓰러 사이언스』가 댓글에 대해 단호한 조치를 내렸다. 온라인상 댓글 기능을 폐쇄한 것이다. 댓글의 뉴스 왜곡 때문이다. 이 조치는 위스콘신대 도미니크 브로사드 교수의 여론조사를 참고한 결과이다. 개인의 이익(댓글)보다 공정성이 최우선이라는 의견이 압도적이었다. 박근혜 정부 취임 첫해 일이었다.

세계적 자동차 디자이너가 왜 스포트라이트를 받는 현장에서 검은 옷을 고집하는지, 150여 년 전통의 세계적 과학 잡지가 왜 댓글 기능을 갑자기 폐쇄했는지, 돋보임과 숨김의 가치는 무엇인지, 나설 때와 그칠 때의 진정성은 무엇인지… 자칫 연관성이 없어 보이는 가운데서도 이런 원초적인 의문이 든 것은 사실 '댓글 정국'에서 비롯됐다. 끊임없는 정쟁에 민생이 실종됐기 때문이다.

정홍원 국무총리도 취임 후 첫 대국민 담화를 통해 경제 살리기를 강조했다. 국정원 댓글과 NLL 의혹 등은 사법부 판단에 맡기고 경제 활성화를 위해 매진하자고 했다. 특히 민생경제 관련 법안이 빨리 처리되도록 국회의 협조를 당부했다.

　박근혜 정부 출범 8개월, 대치 정국의 접점이 보이지 않는다. 발목 잡지 말고 손목을 잡아도 부족한데 말이다. 정치인은 대부분 부고訃告의 당사자가 아니면 언제나 알려지기를 좋아한다. 진정성 없는 인기 영합은 숲은 못 보고 나무만 보는 것과 같다. 숲은 민생이고 나무는 각 당의 이익이다.

정쟁에 민생 실종, 법안계류는 국회의 도덕적 해이

세상에서 가장 어려운 것이 네 가지 있다고 한다. 첫째가 정치인 존경하기이다. 나머지는 소프트웨어 정품 구입, 리모컨 없이 TV 보기, 김치 없이 라면 먹기이다. 댓글 정국에서 나타난 그들의 무책임한 행태를 보면 안다. 댓글 의혹은 진상 규명과 책임자 처벌, 제도 개혁이 관건이자 절차이다.

　그동안 경제 도약의 밑바탕이었던 기업가정신이 과도한 규제 장벽과 정책 개입으로 추락했다. 우리나라 기업가정신 순위가 경제협력개발기구(OECD) 및 주요 20개국(G20)에 가입된 40개국 가운데 27위에 불과한 것으로 나타났다. 국제 기업가정신 연구협회(GERA)가 발표하는 글로벌 기업가정신 지수(GEDI)에서 드러난 것이다. 누구의 책임인지 따질 때가 됐다.

　박근혜 정부 첫해, 국회에서 잠자고 있는 경제 활성화 법안은 100여 개에 이르렀다. 입법은 전가傳家의 보도寶刀가 아니다. 국회가 나서 경제 살리기에 앞장서야 했다. 경제는 심리이다. 난국을 헤치는 분위기 전환이 필요하다. 30년 경기 불황을 겪어온 일본도 정부와 의회가 똘똘 뭉쳐 활기와 의욕을 불러일으키고 있다.

　다주택자 중과세 폐지 등 부동산 활성화 법안, 서비스산업 발전 기본법 등 일자리 창출 법안도 중요하다. 외국인투자 촉진법 개정안, 창업 활성화에 도움이 되는 조세특례제한법, 중소기업 창업 지원법 등은 국회 처리를 기다리고 있었다. 민생을 외면하는 법안계류는 국회의 도덕적 해이解弛이다.

80. 국감 증인 마구잡이 채택 요지경

국회의사당이 있는 여의도汝矣島는 원래 섬이 아니었다. 홍수 때 한강의 토사가 쌓여 때로는 섬이 되기도 했지만, 강기슭의 쓸모없는 땅이었다. 여의라는 지명에도 '너 여汝나 가져라' '아무나 의矣 가져라'는 의미가 들어 있다.

여의도에는 세 가지가 없다. 전봇대와 육교 그리고 연탄 가게이다. 정치와 금융의 중심지로 맞춤 개발이 되다 보니 전선이 지하로 매설돼 전봇대가 없다. 도시 계획상 처음부터 육교를 설치하지 않았다. 일반 주택이 없으니 연탄 가게가 없다.

'여의도의 3무無'에 한 가지를 추가하고 싶다. 부끄러움을 아는 염치廉恥이다. '아니면 말고'식 마구잡이 폭로에 국정감사 본연의 취지가 퇴색하고 있기 때문이다.

박근혜 정부 첫 국감, 기업인 출석 196명 사상 최대

박근혜 정부 첫 국감, 국감 대상 정부 부처와 공공기관은 682곳에 이르렀다. 토·일요일은 쉬고, 대략 2주 동안 16개 상임위별로 이곳들을 진행하자면 하루에 3~4곳이다. 눈코 뜰 새가 없는 일정에 의원들은 물론 증인이나 참고인들도 기진맥진해진다. 국감 무용론과 함께 부실과 한탄의 소리가 들렸다.

이번 국감에서 증인으로 채택된 기업인은 모두 196명이다. 국감 사상 최대이다. 경제민주화부터 산업재해 등 경제 현안이 쌓이다 보니 관심의 대상이 되는 건 맞다. 그러나 기업인은 물론 경제단체 관계자까지 마구잡이로 '일단 불러놓고 보자'식 국감은 어디인가 문제가 있다. 정치가 민간영역에 지나치게 침범하는 게 아니냐는 지적도 있다.

일부 기업인은 국감에 출석해 고작 1분 답변하려고 하루를 날린다. 정작 국감장에서는 정확한 내용도 모르면서 기업인을 윽박지르는 어처구니없는 일이 벌어진다. 엉뚱한 질의응답이 오가고 무더기 증인 출석에다 내용은 부실해 시간 낭비이다. 기업의 영업비밀 침해가 다반사다 보니 국정감사가 아니라 기업감사라는 비판이 나온다.

확인되지 않은 사실을 무책임하게 폭로하거나 정치적 시각에서 기업을 재단해 피해를 주는 행태가 빚어지고 있다. 당시 한정애 의원은 고용노동부 국감에서 "삼성전자가 의무 고용 비율을 지키지 않아 내는 부담금이 국내 기업 중 가장 많은 62억 원"이라고 했다. 일부 언론은 이를 근거로 삼성전자를 장애인 고용 기피 기업 1위로 지목했다.

'아니면 말고'식 폭로에 국가와 기업이 멍든다

그러나 필자가 삼성전자에 확인한 결과 이는 사실이 아니었다. 고용 의무비율이 59%로, 50% 안팎인 다른 기업보다 높은 편이었다. 임직원이 많다 보니 부담금도 많은 것인데 이를 근거로 부도덕한 기업으로 몰아세우는 건 억울하다는 얘기다. 전체를 보지 못하고 부분에 얽매인 일회성 '나 몰라라'식 폭로의 전형이다.

최민희 의원은 국감자료에서 "KT 이석채 회장 취임 이후 직원 수는 10% 정도인 약 3,000명이 준 반면 임원 수는 150% 증가했다. 낙하산 수십 자리를 만들기 위해 수천 명의 직원을 정리했다"고 지적했다. 이에 대해 KT 측은 "노동조합과 협의해 실시한 명예퇴직으로 직원 수가 줄었다. 임원 수 증가는 KTF 합병과 사업영역 확대에 따른 것"이라고 말했다.

무분별한 증인 출석을 자제하라는 목소리도 나왔다. 환노위 국감에 출석한 김규환 쌍용자동차 노조위원장은 정리해고자 복직 문제를 정치 쟁점화하려는 의원들에게 일침을 가했다. "저희 스스로 노력하고 일해서 그들(해고자)을 보듬을 수 있는 시간을 만들어 주는 것이 의원님들이 도와주는 것이라고 생각한다"고 말했다.

'염치없는 여의도'라는 오명은 빨리 벗는 게 국가나 기업을 위해 좋다. '너나 가져라'는 지명을 가진 여의도는 사이비似而非를 원치 않는다. 남에겐 봄바람처럼 관대하게, 자기에겐 가을서리처럼 엄격해야 선량 자질이 있다.(대인춘풍待人春風 지기추상持己秋霜)

81. 국무총리 잔혹사는 국력의 낭비

"**국**무총리가 청와대 비서실장이나 안기부장(국정원장) 또는 실세 청와대 수석 비서관보다 실권이 없었던 적이 많았다." "총리실은 춥고 배고픈 부처이다. 우리나라에서 국무총리라는 게 얼마나 별 볼 일 없는 자리인 줄 아는 사람은 다 안다."

지금은 고인이 된 정두언 의원이 펴낸 책 『최고의 총리, 최악의 총리』에 나와 있는 내용이다. 종종 국면 전환용 개각에 등장하는 대독총리나 의전총리를 많이 봐왔기에 총리의 위상과 실상을 잘 몰랐다. 하지만 총리는 헌법상 대통령을 보좌하고 행정부를 총괄 한다. 국무위원 제청권과 해임건의권 등 권한을 갖는다. 국가 공식 의전 서열은 대통령, 국회의장, 대법원장, 헌법재판소장에 이어 다 섯 번째이다.

안대희·문창극 총리 후보 낙마… 신상 털기 인사청문회

정 의원은 행시 합격 후 문화체육부와 총리 행정조정실·비서실에 서 19년을 근무했다. 총리 비서실에서만 15년을 지냈다. 이명박 서 울시장 때 정무부시장, 2007년 대선 당시 이명박 후보 전략기획팀장을 맡았다. 1987년 17대 진의종 총리부터 32대 박태준 총리까지 18명을 모셨다. 책에는 역대 총리들의 사적인 면모와 함께 총리실의 허상과 실상이 고스란히 담겨 있다.

2001년 나온 책을 다시 꺼내든 건 총리 후보들의 잇따른 낙마 때문이다. 국회 인사청문회가 열리기도 전에 이상한 현상이 빚어졌다. 기자 출신 문창극 후보가 자진해서 사퇴했다. 세월호 참사로 정홍원 총리가 사의를 표명한 뒤 안대희 전 대법관에 이은 두 번째 낙마이다. 정 총리 유임으로 인선이 잠잠해졌지만, 낙마를 놓고 짚고 넘어갈 게 여러 가지이다.

전관예우의 덫에 걸린 안 후보와 달리 문 후보는 인격살인에 가까운 생채기를 입었다. 친일파로 몰리는 등 신상 털기 여론몰이 검증에 시달렸다. KBS 교회 강연내용 보도가 결정적이었다. 동영상을 보면 내용을 거두절미해 왜곡 편집됐다는 걸 알 수 있다. 위장전

입과 병역비리, 논문표절 등 단골 낙마 사유도 없었다. 보수 언론인 이미지가 되레 이념논쟁과 진영논리에 휘둘렸다.

　문창극 후보의 낙마를 보며 공인에 대한 예우를 생각했다. 출퇴근 시 마이크를 갖다 대는 취재행태는 이제 바뀌어야 한다. 준비 안 된 언행이 고스란히 전파를 타면 어떤 모습일까. 승용차에 오르내리는 짧은 시간에 과연 무얼 취재할 수 있나. 공식브리핑 공간에서 정식으로 의견을 들어야 옳았다. 낙마와 관련해 총리실의 사전 준비 미흡이 영 개운치 않다.

총리 평균 재임 기간 1년 3개월… "진정한 개혁 시급"

총리 공백은 정상이 아니다. 국정 공백이자 국력 낭비이다. 총리 자리는 '잉여剩餘'가 아니다. 있어도 되고 없어도 그만이 아니다. 총리 지명을 받고 인사청문회를 준비하다 자진 사퇴하는 건 비정상의 극치이다. 여론 추이가 검증의 잣대가 되면 곤란하다. 엄청난 국가적 손실이 아닐 수 없다. 부민강국富民强國은 시대적 과제로 이견이 있을 수 없다.

　국민이 선출한 대통령의 총리 지명은 존중돼야 한다. 인사청문회법은 16대 국회에서 만장일치로 통과됐다. 이제 인사청문회는 바뀌어야 한다. 능력과 자질 등 정책문제는 공개하되, 신상 문제는 비공개로 하는 게 옳다.

　총리는 조선시대로 보면 일인지하만인지상一人之下萬人之上의 영의정 자리이다. 조선왕조 494년간 영의정은 162명, 평균 재임 기간은 2년 7개월이다. 정부 수립 후 초대 이범석 총리부터 41대 김황식 총리까지는 38명, 평균 재임 기간은 1년 3개월이다. 조선왕조의 절반에도 못 미친다.

정두언 의원이 책에서 강조한 건 '진정한 개혁'이다. 법과 원칙으로 돌아가는 것이다. 국가개조는 거창하고 담대한 게 아니다. 자기 발밑에서 시작해 본분을 지키면 된다. 남 탓보다 내 탓이 우선이다. 자기 발밑을 보는 격이다.(조고각하照顧脚下) 국무총리 잔혹사는 국력의 낭비이다. 아우슈비츠 박물관 정문에 이런 글귀가 새겨져 있다. '과거를 기억하지 못하는 국가는 그 과거를 반복할 수밖에 없다.'

^{82.} 참을 수 없는 '논평의 가벼움'

한나라당이 2012년 2월 2일 당명을 새누리당으로 바꿨다. 15년 만이다. 1997년 신한국당과 민주당이 합친 후 써 온 이름을 총선을 두 달여 남겨놓고 바꾼 것이다. 앞서 2011년 12월 민주당이 통합민주당으로 당명을 바꿨다. 2012년은 20년 만에 총선과 대선이 함께 치러진 뜻깊은 해였다.

당시 각 당의 당명 개정과 관련해 여론·정책 연구기관 한국사회여론연구소(KSOI)의 윤희웅 조사분석실장은 "정당도 상품이다. 급하게 바꾸면 제때 제대로 알려지지 못하는 면도 있지만, 부정적 이미지를 완화하는 긍정적 효과가 더 크다"고 말했다.

특히 신세대 유권자에게 새 이름은 참신하게 작용할 수도 있다고 한다. '당명의 정치학'은 차치하고 어쨌든 새 술은 새 부대에, 새롭게 시작한다는 건 나름대로 의미가 있다. 지켜볼 일이다.

여야 대변인의 엇비슷한 논평 레퍼토리

새삼 우리 정치사에 흔해 빠진 당명 개정을 논한 건 다름 아니라, 당명 개정을 놓고 불거진 여야 대변인들의 참을 수 없는 '논평의 가벼움' 때문이다. 아무리 정치 혐오증이 깊어 나락 일보 직전이라지만 그래도 "이건 아닌데"란 생각이 들었기 때문이다. 사건과 인물의 내막과 진실을 찾는 게 기자라는 직업이다 보니, 그들의 품격 잃은 말을 그냥 지나칠 수 없었다. 누가 더 잘못했는가도 따지고 싶었다.

차후에는 수준 높은 논평이 등장했으면 하는 바람이다. 어차피 선량善良인 그들은 국민의 심부름꾼 아닌가? 누가 함량 미달 심부름꾼에 심부름을 맡겼는지 잘잘못을 따지고 싶지 않다. 다만 이런 구태가 반복되면 우리 모두 집단적 사치奢侈에 빠지지 않을까 걱정이 앞서기 때문이다.

민주통합당 김유정 원내대변인은 한나라당 당명 개정과 관련해 논평을 냈다. 요지는 이렇다. "한나라당이 이름을 바꾼다고 해서 측근 비리가 없어지는지, 돈 봉투 의혹이 덮어지는지 알 수 없지만… 한 나라당이든 두 나라당이든…."

골프의 '스윙이론' 절제와 균형의 정치에도 적용해야

흔히 들어온 너무나 식상한 레퍼토리이다. 상생의 정치라고는 털 끝만치도 없는 후안무치厚顔無恥의 전형이다. 자신의 정당이 1997년 대선 때 급조된 새정치국민회의부터 시작해 돌고 돌아 민주통합당으로 당명 개정을 거듭했는지 히스토리나 알고 논평을 하는 건지?

이에 한나라당 황영철 대변인 논평도 선을 넘었다. "민주통합당은 공당인가? 범죄자 도피의 당인가. 1심에서 징역형을 선고받은 임종석 전 의원을 사무총장에, 허위사실 유포로 수감된 정봉주 전 의원을 위한 정봉주법 국회 처리 주장도 모자라…"

그래도 집권 여당의 대변인 아닌가? 야당이 심은 지뢰에 걸려든 게 아닌가. 솔직히 누구누구의 잘잘못을 가리고 싶지만 말이다. 어쨌든 가장 현명한 명예 회복의 길은 자기 교정이다.

정치에서도 골프 용어 '스윙이론'이 종종 적용된다. 골프도 정치도 다 절제와 균형이다. 한쪽에 너무 치우치면 반대도 살아나기 마련이다. 총성 없는 전쟁터, 선거 정국의 메신저인 대변인은 식상한 레퍼토리로 자가당착自家撞着에 빠지는 실수를 저질러선 안 된다.

여야 대변인들에게 꼭 해주고 싶은 말은 이거다. 혀는 몸을 베는 칼이요, 입은 재앙의 근원이다.(설시참신도舌是斬身刀 구사화지문口是禍之門) 품격 잃은 비난의 종말은 자기 파멸이다. 품격의 논평을 보고 싶다. 여야 대변인들과 막걸리 한잔하며 논평을 논하고 싶다.

83. 청와대 '정윤회 문건' 파동

청와대 '정윤회 문건' 유출, 그리고 대통령 비선秘線 실세의 국정 개입 의혹에 대한 검찰수사가 막바지를 치닫고 있다. 베일에 싸인 무성한 의혹이 명백히 밝혀지겠지만 후폭풍이 만만찮다. 국정 동력에 차질이 빚어지고 있다. 집권 2년을 맞은 박근혜 정부가 맞닥뜨린 연말 분위기였다.

정권 심장부에서 빚어진 사상 초유의 문건 유출은 박근혜 정부 난맥상을 그대로 드러냈다. 입에 담기조차 껄끄러운 저속어 찌라시나 십상시十常侍 등의 등장은 진위를 떠나 국가기강 해이이다. 책임자 처벌도 중요하지만 국정 시스템 점검이 우선이다. 박근혜 정부 초기부터 흘러나온 인사 적폐를 뼈저리게 돌아보고 바로 잡을 골든타임이기 때문이다.

권력의 심장부에서 벌어진 언론사 고소 사건, 국정에 도움 안 돼
청와대 문건은 국가기밀이다. 유출은 있어서도 안 되고 있을 수도 없는 수치이다. 김기춘 대통령 비서실장은 '정윤회 문건'을 최초 보도한 세계일보, 자신이 연관돼 있다고 보도한 동아일보 기자를 고소했다. 권력의 한복판에서 벌어지는 언론사 고소 사건은 최고 권력자에게 부담을 준다. 소송에 앞서 진상 규명을 통해 시시비비를 가렸어야 옳았다.

대통령을 보좌하는 자리에서는 국정운영에 도움이 되는 교훈을 찾아야 한다. 어리석은 사람은 같은 실수를 반복한다. 인사가 만사임에도 불구하고 인사 적폐 논란이 빚어진 지 오래됐다. 단순히 위기를 모면하고 책임을 전가하다 보면 화만 키운다. 기본으로 돌아가자. 검증되지 않은 사람 등용하지 말고, 등용한 사람 의심하지 말아야 옳다.(의인불용疑人不用 용인불의用人不疑)

정치는 타협을 원칙으로 하되, 원칙을 타협하지는 말아야 한다. 원칙이 존재하는 이유는 지키기 위해서이다. 국민들은 '정윤회 문건' 파동을 국가 품격의 문란으로 보았다. 권력은 국민에게 나오고 국민에게 위임받은 것이다. 읍참마속泣斬馬謖의 결단이 필요했다. 박근혜 대통령은 의혹의 중심에 선 비서실장·문고리 3인방 등 권력 주변을 과감히 정리했어야 옳았다.

박 대통령은 신임 장차관들에게 임명장을 준 뒤 이런 말을 했다. "새만금 방조제를 만들 당시 방조제 가운데의 이어지는 부분이 조금 남았을 때 물살이 굉장히 거세 막기가 힘들었다. 하지만 막는 순간 호수같이 물결이 잦아들었다. 우리가 선진국에 진입하는 이 순간이 방조제를 마지막으로 연결하는 순간처럼 물살이 센 시기다."

선진국으로 진입하는 문턱에서 헤매는 대한민국의 실상을 가장 잘 비유했다. 총체적 위기국면을 잘 대처하자는 의지로도 읽힌 대목이다. 2015년부터 경제혁신 5개년 계획이 시작됐다. 새 정부 초기는 각종 이해가 엇갈려 있기에 물살이 가장 센 시기와 같다. 동 트기 전이 가장 어둡다. 산 정상이 가까울수록 가파르다. 물살이 센 수역에서 고기가 많이 잡힌다.

정치는 민생에 도움을 줘야, 권력은 국민에게 위임받은 것

박근혜 대통령이 거론한 새만금 방조제는 1995년 첫 삽을 떴다. 환 경오염과 경제성시비 논란에 갇혀 공사가 두 차례 중지되는 등 우 여곡절을 빚었다. 그렇지만 세계 최장 거리 방조제로 기네스북에 도 등재됐다. 국토 균형발전과 식량 자급화에 일조하고 신재생에 너지의 메카로 자리 잡을 원대한 꿈을 키웠다. 세월이 약이 될 수도 있다는 반증이었다.

당시 새만금 간척지에 경사가 겹쳤다. 중국 태양광기업 CNPV가 2015년 5800억 원을 투자하고 거대 중국 시장을 목표로 한·중 경 협단지도 세우기로 했다. 중국의 TV 생산기업이 입주하고 한국기 업에서 부품을 공급받으면 서로에게 도움이 된다. 중국은 한국에 서 생산한 브랜드로 부가가치를 높일 수 있고, 이는 중국의 수출 비 중이 높은 한국기업에도 유리하다.

새만금 한·중 경협단지는 박근혜 대통령과 시진핑 주석의 정상 회담 이후 첫 번째 맺어진 결실이었다. 정치는 민생에 도움을 줄 때 존재의 이유와 가치가 있다. 규제개혁을 통한 경제 활성화와 공무 원연금개혁이란 절체절명의 국가적 과제를 안고 있다. 이제 다시 시작이다.

84. 대통령에 대한 예의는 절대 기본

장면 하나… 우여곡절 끝에 19대 국회가 개원한 2012년 7월 2일 여의도 국회의사당. 이명박 대통령이 개원 연설을 하기 위해 입장했다. 이 대통령이 국회를 찾은 건 2008년 18대 국회 개원 후 4년 만이다.

대통령의 국회 개원 연설 입장, 의원들 기립도 안 해

20분간 연설했지만 300명 국회의원들의 박수 한 번 받지 못했다. 4년 전엔 무려 28차례나 받았다. 박수는 그렇다 치고 국회 입장 후 단상에 오르기까지 일부 의원만 기립했을 뿐, 대부분 자리에 앉아 있었다. 임기 말 이상한 현상이다.

　장면 둘… 새누리당 경선 주자 TV 토론회가 열린 2012년 7월 24일 여의도 KBS 스튜디오. 시작부터 비박 주자 4명의 '박근혜 때리기'가 계속됐다. 박 후보의 올케 서향희 변호사가 과거 저축은행 고문을 맡은 것을 놓고 급기야 '만사올통'(모든 것은 올케로 통한다)이란 신조어까지 등장했다. 4년 전엔 '만사형통'(모든 것은 대통령 형으로 통한다)이란 말이 오르내렸다. 5·16혁명에 대한 역사 인식 차이도 첨예하게 갈렸다.

민주당 경선 주자 합동연설회가 열린 2012년 7월 25일 광주 김대중컨벤션센터에는 3,000여 명이 몰렸다. 민주당의 정치적 텃밭에서 열린 첫 경선 레이스에서 후보들은 노무현-김대중 정권의 계승자임을 자처하면서 4·11 총선 패배의 책임을 서로에게 돌렸다. 8명 주자들의 주 메뉴는 상대방 헐뜯기이다. 530만 표 차로 정권을 뺏긴 후유증에서 못 벗어난 듯, 승자독식의 전형적인 현상이다.

장면 셋… 그해 여름 광화문 교보문고 신간 부스. 많은 사람들이 새로 나올 책을 기다리고 있다. 안철수 서울대 융합과학기술대학원장의 『안철수의 생각-우리가 원하는 대한민국의 미래 지도』라는 책이다. 정작 본인이 직접 대선 출마를 언급하지 않았음에도 불구하고 지지율이 요동치고 있다.

책을 낸 후 박근혜 새누리당 전 비상대책위원장과의 양자 대결에서 처음으로 앞섰다. 소위 집권 공약 대담집 형식의 이 책은 6시간 만에 1만 부가 팔렸다. 5일 만에 15만 부가 매진돼 출판기록을 갈아치웠다. 보기 드문 현상이다.

위의 세 장면은 얼핏 연관성 없어 보이지만 공통점은 있다. 중간에 대통령이 있다. 현직 대통령의 위상과 차기 대통령 후보자의 면면이 절묘하게 겹쳐지기 때문이다. 여기서 세 가지를 말하고 싶다.

첫째, 아무리 임기 말 레임덕이라지만 현직 대통령에 대한 예의는 최대한 지켜야 한다. 대통령이 입장하고 퇴장할 때 기립은 기본 중 기본이다. 국정 최고지도자에 대한 최소한의 예의이다. 민의의 전당은 도덕성이 생명이다.

익을수록 고개 숙이는 벼를 배워야

둘째, 대권주자들은 토론과 연설 수준을 높여야 한다. 막행막식은 곤란하다. 정책 비판과 비난은 몰라도 음해성 비방은 퇴출 1순위다. 상대에게 쏜 모함의 화살은 결국 자기에게 돌아온다.

들은 귀는 천 년이요, 말한 입은 사흘이다. 듣기는 빨리, 말하기는 더디게 하는 것이 맞다.(쾌청만설快聽慢說) 누구에게나 천賤은 있다. 이 천을 감출 줄 아는 사람과 어느 정도 참을 줄 아는 사람만이 격格을 가질 수 있다.

셋째, 안철수 원장은 대선 출마 여부를 빨리 직접 언급하는 게 옳다. 그게 본인이 평소 강조하는 공인의 책무다. 비겁하게 신비주의 방식으로 포퓰리즘을 이용한다는 주변의 비판을 불식시켜야 한다.

새 대통령 선거일은 성큼 온다. 대선 후보자들에게 꼭 들려줄 게 있다. "비워라, 비우면 채워진다." 이는 농부의 발걸음 소리를 듣고 자라는 벼에 관한 얘기이다. 논에 항상 물이 차 있으면 벼가 부실해진다. 하찮은 바람에도 잘 넘어진다. 가끔 물을 빼고 논을 비워줘야 벼가 튼실해진다. 익을수록 고개 숙이는 벼에게 배우는 사람이 대권을 잡는다.

85. OECD 국가 중 최하위 투표율

새봄, 빨간 색깔로 옷을 갈아입은 새누리당이 2012년 4·11총선에서 예상과 달리 압승을 거뒀다. MB정권 심판론을 앞세운 민주당은 패배의 충격이 컸다. 12월 19일은 대통령선거이다. 12년 만에 총선과 대선이 함께 치러졌기에 대한민국의 정치 발전에 있어 중요한 시기였음에 틀림이 없다.

선량을 뽑는 축제, 총선이 끝났지만 정작 울긋불긋 산야를 수놓는 봄꽃축제는 미뤄지고 있었다. 쌀쌀한 날씨 탓에 개화 시기가 늦어졌기 때문이다. 자연의 생태조건은 정직하다. 한 치의 오차도 허용치 않는다.

때맞춰 햇볕이 들고 비도 내려야 봄꽃이 핀다.(급시광우急時光雨) 봄 선거를 치르고 때늦은 봄꽃을 그리워한 건 다름 아니라 낮은 투표율 때문이었다. 늦게 피는 꽃은 그렇다 치고 낮은 투표율로는 절대 우리 사회의 공동선共同善을 기약할 수 없다.

19대 총선 투표율 54.3%, 선진국은 평균 74%

19대 총선 투표율은 고작 54.3%였다. 그토록 정치 발전을 바라면서 투표율이 낮은 건 한마디로 어불성설이다. 유권자의 권리와 의무를 포기한 것이나 마찬가지이다. 아무리 정치 혐오증이 깊다지만 정치 시스템은 사람이 바꾸는 것이고, 그 사람을 제대로 뽑는 게 최우선이다. 그래야 정치 발전이 온다. 투표 안 하는 사람은, 남의 눈 티끌은 대들보처럼 보면서 제 눈의 대들보는 애써 보지 않는 사람과 무엇이 다른가?

투표용지는 총알보다 강하다. 민주주의 꽃은 투표이다. 정치는 투표를 먹고 자란다. 한 표가 모여 대한민국을 바꾼다. 그럼에도 불구하고 우리나라 투표율은 OECD 국가 중 최하위이다. 선진국 평균은 74%이다. 호주나 벨기에 같은 나라는 투표를 국민의 의무로 제도화했다. 투표를 하지 않으면 직장을 구하는 데도 감점을 준다. 정상적인 사회생활을 영위하는 데 빠뜨릴 수 없는 필수요건인 셈이다.

투표와 정치 발전은 정비례, 참과 거짓 가려야

19대 총선을 앞두고도 투표 인증샷 등 SNS를 통한 투표 독려가 많았다. 끼리끼리 이념과 사심을 드러낸 짜증나는 부류도 많았지만 오죽했으면 그랬을까 원론에는 공감이 갔다.

투표율이 70%를 넘으면 미니스커트 입고 춤을 추겠다며 총선투표를 독려했던 안철수 서울대 교수(현 국민의당 대표)는 "투표가 밥을 먹여 주느냐"는 질문에 "그렇다"고 했다. 투표를 어떻게 하느냐에 따라, 좋은 일자리도 늘어나고 삶의 질이 좋아지거나 나빠지는 게 결정되기 때문이란다. 어쨌든 투표는 해야 맞다.

투표와 정치발전은 정비례한다. 높은 투표율이 정치발전을 앞당긴다. 흔히 정치인은 주인이 되기 위해 하인의 자세를 취한다. 정치인이 모두 어진 게 아니듯, 그들을 뽑는 민초들이 모두 어리석은 게 아니다. 그런 가운데 참 인물과 거짓 인물을 가려내는 게 바로 투표이다. 우리 문제는 현장에 답이 있다.(우문현답愚問賢答) 즉 투표 참여이다.

누구에게나 한 표는 공평하다. 투표율은 거짓말을 하지 않고 정직하다. 후진국에서나 볼 수 있는 개표 조작이 아니라면 말이다. 투표 참여도 안 하면서 정치발전 운운하는 사람들, 지청구를 일삼고 허풍을 떠는 사람들에게 꼭 해주고 싶은 말이 있다. "평평한 곳을 흐르는 물은 소리를 내지 않듯, 사람도 공평함 앞에서는 뒷말이 없다."(수평불류水平不流 인평불어人平不語)

^{86.} 공천 불복 의원들에 묻는다

무릇 집착을 떨치고 번뇌를 내려놓기는(방하착放下着) 쉬운 일이 아니다. 기득권과 특혜, 혜택을 누리다가 포기하려면 큰 인내와 결단이 필요하다. 떨치고 내려놓다가 금단현상이 뒤따르기도 한다. 용기가 없으면 못 한다. 고위직 공무원과 교수, 국회의원을 두루 지낸 모 인사는 아직도 의정생활 4년에 대한 미련을 버리지 못한다. 국회의원이라는 직업은 수많은 직업군 중 가장 매력적이다.

공천 탈락한 후 상대 후보 축하한 배은희 의원
선거는 승자독식의 냉혹한 생존게임이다. 2등은 대접받지 못한다. 공천은 선거의 출발이다. 공천 경쟁에서 탈락한 공천 불복을 바라보는 국민들의 시선은 싸늘하다. 정치 혐오증은 그들의 업보이다. 세상에서 가장 어려운 일 중 하나가 '정치인 존경하기'란 말이 있다.

그럼에도 불구하고 2012년 19대 총선을 앞두고 흔치 않은 신선한 장면을 목격했다. 공천에서 탈락한 패자가 오히려 승자를 찾아 축하했다. 주인공은 배은희 의원(당시 한나라당 비례대표 의원, 2014년 별세)이다.

새누리당 서울 용산구 공천에서 탈락한 배 의원이 승리한 진영 의원을 찾아 축하하고 "지역민의 염원을 명심해 반드시 총선에서 승리해 달라"고 격려했다. 배 의원은 독특한 캐릭터의 소유자이다.

서울대 미생물학과를 나와 KIST 연구원을 거쳐 KIST 인증 1호 벤처기업 대표를 했다. 생명과학 분야에서 내공을 쌓은 후 국회에서 자연과학도의 대변인 역할을 톡톡히 했다. 원내부대표와 대변인을 지냈다. 공천에서 탈락했지만 경기 수원에서 전략공천을 받았다. 지는 것이 이기는 것임을 보여준 사례였다.

양보와 배려를 찾기 어려운 게 요즘 정치이다. 이럴 때일수록 '첫 펭귄'이 그립다. 극한의 남극에서 남다른 모성애를 발휘하는 펭귄들은 먹이를 찾아 바다로 뛰어들기 전 고민한다. "누가 먼저 바다로 뛰어들 것인가"를 두고 서로 눈치를 본다. 첫 주자로 나섰다간 바다표범의 희생양이 되기 쉽기 때문이다. 그러나 항상 첫 펭귄은 나온다.

정치는 종합예술, 정치인은 음수사원의 미덕을

그들만의 룰과 기강이 있다. 펭귄도 이러할진대 종합예술이라는 정치도 이제는 바뀔 때가 되지 않았나 싶다. 공천 승복 '첫 펭귄'은 배은희 의원이 시작했으니 이제 제2, 제3의 '배은희'가 계속 나와야 했다. 그래야 정치다운 정치, 존경받는 정치인이 등장한다.

공천 불복, 무소속 출마, 항의 농성, 백의종군, 당명 순종, 정권 창출…. 여의도 주변 각 당사는 내내 시끄럽다. 국회의원 선거 축제를 앞둔 기대와 설렘은 일 푼어치도 없다. 공천 불복 정치인(현역 의원)에게 꼭 해줄 말이 있다. "과일을 딸 때는 그 열매를 맺은 나무를, 물을 마실 때는 우물을 판 사람을 생각하라."(낙과사수落果思樹 음수사원飮水思源)

어려울 때일수록 그 사람의 진면이 나오는 법이다. 달면 삼키고 쓰면 뱉는 건 누구나 다 할 수 있다. 그러나 누구나 다 할 수 있지만 아무나 다 할 수 없는 게 정치이다. 아프니까 정치이다. 함부로 설치지 않고, 비워야 채워지는 게 정치이다.

성공한 사람과 실패한 사람을 구별하는 잣대 중 하나가 '내 탓이오'(귀인이론歸因理論)이다. 일이 잘 안 될 때, 그 이유를 자신에서 찾느냐 타인이나 외부에서 찾느냐이다. '내 탓이오'가 결국 절대적 성패를 가른다. 정치도 마찬가지다. 공천 불복은 안 된다. 지는 것이 결국 이기는 것이다.

87. 무상보육 혼란은 포퓰리즘의 재앙

여름의 전령, 매미란 놈은 참 특이하다. 먼저 생애주기가 남다르다. 땅속 유충으로 10여 년을 보낸 후 성충으로 고작 10여 일을 살다 간다. 인고의 세월, 준비기간이 엄청나게 길다. 하루를 매미로 살기 위해 한 해를 준비하는 셈이다. 제 운명을 아는 듯, 그래서인지 한없이 울어 제치며 존재의 이유를 알린다. 울음이 그치는 순간 생이 멎는다는 것을 모를 리가 없다.

매미는 평생 자기 집을 짓지 않고, 곡식을 탐하지 않으며, 이슬만 먹는다. 계절이 지나면 당당히 허물을 벗는다. 선비를 닮았다 해서 이른바 '매미의 5덕'이라 한다. 옛 문무백관들은 매미의 5덕을 본받기 위해 매미 날개 모양의 모자 익선관翼善冠을 즐겨 썼다.

매미의 5덕, 10년을 준비하고 고작 10일을 산다

여름을 꿰뚫고 있는 매미이지만 여름밖에 모른다. 다른 계절을 알 턱이 없다. 아침 버섯이 초하루와 그믐을 모르는 것과 같다. 지구온난화로 인한 이상기후로 계절(철)을 혼동하는 일부 철부지(不知)도 있지만 매미는 여름을 난다. 그들은 이제 '슈퍼 매미'로 진화를 꿈꾼다. 봄과 여름, 가을, 겨울 등 사계절을 두루 살면서 융합과 상생을 누리는 거다.

여름에 청량한 매미 울음소리가 유독 그리워지는 건 혼탁한 두 가지 단면 때문이다. 대통령선거가 얼마 남지 않았지만 믿을 만한 대선후보가 보이지 않는다는 것, 그리고 이명박 정부 후반 빚어지는 반복되는 악습, 국정 현안을 무책임하게 차기 정부로 떠넘기려는 가당찮은 정치문화이다.

새누리당의 박근혜, 이재오, 김문수, 정몽준, 임태희, 김태호, 안상수 후보. 민주통합당의 문재인, 손학규, 정세균, 김두관, 김영환 후보. 이들 대선후보 모두 당리당략에 사로잡힌 업보와 한계가 있다. 치명적인 허물로부터 자유로울 수 없다. 국회발 포퓰리즘 재앙 중 하나인 아기(0~2세) 무상보육이 대표적이다.

이는 2011년 11월 민주당이 당론으로 채택했고 새누리당이 가세해 12월 30일 예결위서 전격 합의한 결과이다. 예산 고갈로 1년도 안 돼 부모들을 혼란에 빠뜨린 주역이 바로 이들 대선 후보들이다. 그들의 업보와 허물은 헤아릴 수 없이 많다. 누가 책임을 질 것인가? 예비비 투입이 해법인가? 피해는 고스란히 국민 몫이다.

정치는 작은 생선을 삶듯 조심스럽게 다루는 것이다.(치대국治大國 약팽소선若烹小鮮) 자꾸 뒤집고 뒤적이면 먹을 게 없어진다. 국민을 피곤하게 하지 말고 시시콜콜 간섭하지도 말아야 한다. 편안하게 해주는 게 정치이다. 인기 영합의 악습을 벗어라. 10년을 준비하는 매미에게서 배워라. 당당히 허물을 벗고 프레임을 바꿔야 한다.

대선주자들은 무상보육 재앙 등 포퓰리즘의 공범

아울러 참을 수 없는 정권 말 단골 메뉴 중 하나가 상습적인 '폭탄 돌리기'이다. 최선을 다하지 않고 뭐든지 차기 정부로 떠넘기는 데 혈안이다. 차세대 전투기 선정, 인천공항 민영화, 우리금융 매각사업 등이 차기 정부로 이관될 분위기였다. 곰곰이 따져보면 무조건 차기 정부로 떠넘길 문제가 아니었다.

이와 관련해 박재완 기획재정부 장관(현 한반도선진화재단 이사장)은 "국정은 릴레이"라고 했다. 지금 주자가 전력 질주해서 다음 주자에 바통을 넘겨야 한다. 오늘 할 일을 뒤로 미루면 그만큼 뒷걸음 치는 거나 마찬가지이다. 우물쭈물하다가는 국익이 훼손되기 일쑤이다.

무려 33일을 끌어온 19대 국회 개원 협상은 너무 지루했다. 속이 뻔히 들여다보이는 여야 줄다리기에 눈치를 챌 사람은 다 챘다. 그렇다면 공전 책임은 누가 질 건가? 이것도 차기 국회 타령인가? 일종의 직무 유기이다. 국회의원 무용론이 끊이지 않는 이유이다.

곧 새 대통령이 탄생한다. 매미의 5덕을 본받는 대통령이 나왔으면 한다. 구차하게 욕심 부리지 않고 당당하게 허물을 벗으며 그야말로 국민을 위해 봉사하는 사람 말이다. 그날, 그런 사람에게 매미의 모자 익선관을 전해주고 싶다.

88. '노크 귀순' 'NLL 포기'… 희귀한 신조어

'노크 귀순'이라는 말이 생겼다. 지금까지 듣지도 보지도 못한 잡말(듣보잡)같은 신조어이다. 2012년 10월 2일 오후 10시 30분 북한 군 병사가 휴전선 철책을 넘어 전방 소초(GOP) 생활관(내무반) 문을 두드리고 귀순한 일이 벌어졌다. 그가 노크하며 귀순 의사를 밝힐 때까지 전방 경계 태세는 까막눈이었고 보고체계는 고장 나 있었다.

눈과 귀를 의심케 했다. 도저히 상상조차 하기가 어려웠다. 군사 교범에도 작전에 실패한 군대는 용서할 수 있지만 경계에 실패하면 끝장이라 나온다. 그러나 그것도 모자라 허위 보고한 군대라니, 한숨이 절로 나왔다.

더욱 가관인 것은 '노크 귀순' 다음이었다. 일련의 오락가락한 책임의 전가 소동이다. 급기야 작동을 않고 멈춘 CCTV를 숨겼고 일주일 동안 허위 보고가 판쳤다. 귀순을 유도했다는 거짓말이 이어졌다. 이런 상황을 당시 김관진 국방부 장관도 몰랐다니 어처구니가 없다.

2010년 천안함 폭침 때 허둥지둥했던 군 발표가 떠올랐다. 결국 합참 작전본부장 등 장성과 영관장교 14명을 문책하는 선에서 봉합됐지만, 우리 군의 신뢰가 깨졌다. 국민의 사랑에 치명적인 금이 갔다.

국방부 장관도 몰랐던 '노크 귀순', 국민의 신뢰 저버려
'노크 귀순'과 더불어 서해 북방한계선(NLL) 논란이 뜨겁다. 모두 국가와 국민의 안위와 직결된 문제라 소홀히 할 수 없다. 2012년 10월 8일 새누리당 정문헌 의원이 주장한 이후 불거진 'NLL 논란'이 결국 대선정국의 핫이슈로 등장했다. 2007년 10월 3일 평양에서 열린 남북정상회담에서 노무현 대통령이 NLL 포기 발언을 했는지가 논란의 핵심이었다.

정 의원은 당시 노 대통령이 "서해 북방한계선은 미국이 땅 따먹기 하려고 제멋대로 그은 선이다. 앞으로 남측은 NLL을 주장하지 않을 것이다"고 말했다고 주장했다. NLL 논란은 여기서 한 발 더 나아가고 있다. 정상회담 대화록 및 녹취록의 존폐 여부에 대한 논란이 첨예해졌고, 청와대와 국정원의 공개 여부가 핫이슈로 등장했었다.

북한군 귀순과 NLL 논란 등 국방 안보 이슈는 어제오늘의 문제가 아니다. 분단국가로 떨칠 수 없는 필연이다. 북한 김정은 체제변화에 이은 급변 가능성은 늘 존재한다. 북한발 메가톤급 뉴스가 언제 터질지 모른다. 문제는 이를 대하는 우리의 자세이다.

그러나 이즈음 대선후보들은 국방 안보에 침묵하고 있어 심각성을 더했다. 이에 관한 공약은커녕 견해조차 애매했다. 경제민주화나 일자리, 복지 등 사탕발림 당의정糖衣錠 공약만 남발했다. 뜬구름 잡는 청사진이나 '조건 없는 남북대화' 등 이미지 경쟁에만 몰두하고 있었다.

철저한 안보 인식과 구체적인 액션 플랜 밝혀야

대선이 얼마 남지 않았지만, 박근혜, 문재인, 안철수 등 대선후보들은 국방 안보 이슈에 별 고민이 없어 보인다. 과거 대선을 앞두고 벌어졌던 북풍 공작과는 차원이 다르다. 현직 대통령으로 처음 연평도를 방문한 이명박 대통령도 "NLL은 목숨 걸고 지켜야 한다"고 했다. 대선후보들이 국방 안보에 침묵하고 핵심을 비켜가는 건 이해하기 어렵다.

국방 안보에 대한 대선후보들의 한계가 드러난 예가 있다. NLL 논란과 관련해 박근혜 후보는 '북한이 NLL을 존중한다면, 서해협력

평화지대를 고려해 볼 수 있다'고 했다. 북한의 존중이란 전제조건은 잘못된 가정이다. 첫 단추를 잘못 끼웠다.

문재인 후보는 'NLL을 지키겠다'면서 정상회담 당시 우리 김장수 국방부장관이 경직된 자세를 보였다고 했다. 책임 전가의 극치이다. 안철수 후보는 'NLL에서는 확고하다'는 말뿐이다. 뜨뜻미지근한 얼버무리기가 생뚱맞다. 국가 중대사조차 복지공약 하듯 듣기 좋은 말만 나열하고 있었다.

대선주자들은 국방 안보에 대한 명확한 상황 인식과 액션 플랜을 밝히고 국민의 선택을 받아야 옳다. 포퓰리즘 공약만 남발하고 국가와 국민의 안위를 소홀히 하면, 이는 눈앞의 이익에 좇다 큰일을 저버리는 것과 같다.(견소리즉대사불성見小利則大事不成)

89. '귀태사건', 세대갈등과 소통부재 산물

한때 포털 검색어 1위에 이어 정치를 블랙홀로 빠뜨렸던 '귀태鬼胎 사건'의 장본인은 민주당 홍익표 의원이다. 태어나지 않았어야 할 사람이 태어났다는 귀태를 박근혜 대통령에 비유했다. 트위터로 박근혜 대통령이 대통령직을 도둑질했다고 했다. 대체 무슨 말인가. 말인지 막걸리인지 도통 어지럽다. 2013년 봄의 일이다.

귀태의 장본인 홍익표 의원은 1967년생, 2012년 전대협 의장 출신 임종석 전 의원의 아지트 서울 성동 을에서 당선된 3선 의원이다. 차세대 논객으로 불리었고 노무현 대통령 시절 이재정 통일부 장관 정책보좌관으로 일했다.

귀태 막말은 또다시 선거 불복과 고질적인 편 가르기 양상을 낳았다. 그의 잇단 탈선은 세대 갈등과 소통 부재의 산물이다. 이런 골칫거리에서 빚어지는 사회적 갈등의 비용은 상상 외로 크다.

X세대 홍익표 의원 "박근혜, 대통령직 도둑질했다"

우리 사회는 네 부류의 세대가 공존하고 있어 때로는 사회 각 부문에서 심한 몸살을 앓고 있다. 산업화 세대와 베이비붐 세대, X세대,

해외파 등이다. 1955년 이전에 태어난 산업화 세대는 1970년대 산업근대화 시기에 직장생활을 했다. 베이비붐 세대는 1955년~1963년 태어나 고속 성장기와 학창 시절 민주화를 겪었다. 정치권에서는 새누리당 최경환·민주당 전병헌 원내대표가 여기에 속한다.

1960년 후반~1970년대 태어나 민주화와 글로벌을 겪은 X세대는 경제적 풍요를 경험했다. 신세대의 시작을 알린다는 의미로 X대로 불린다. 해외파는 1980년~1990년대 태어나 어학 실력이 뛰어나다. 주로 베이비부머의 자녀들로 어릴 때부터 인터넷에 접해 대면對面 문화보다 소셜네트워크서비스(SNS)를 통한 소통에 익숙하다.

산업화 세대부터 해외파까지, 경험과 가치관이 판이한 세대들이 공존하다 보면 크고 작은 세대 갈등과 소통 부재가 빚어진다. 특히 우리나라는 전쟁의 참상을 딛고 짧은 기간에 산업화와 민주화, 정보화, 글로벌화 등 압축 성장기를 겪었기에 사회적 갈등이 더 심한 편하다. 아무리 사소한 다툼도 방치하면 암 덩어리같이 큰 해악이 된다.

한 지붕 네 가족 공존, 기업의 '소통 프로그램' 참고

2013년 대한상공회의소가 1980년대 생 대졸 신입사원 340명을 조사한 결과 이들 중 72.9%가 직장 상사나 선배와 갈등을 겪은 것으로 나타났다. 이들이 바라는 조직문화 개선점은 일방적 의사소통, 비효율적 업무 관행, 연공서열형 평가와 보상, 개인보다 조직을 중시하는 분위기 순이었다. X세대와 해외파의 번뇌와 애환이 고스란히 담겨 있다.

이와 같은 다세대 공존 시대를 맞아 각 기업은 대책을 분주히 마련하고 있다. 삼성생명은 '소통 캠프'를 운영하는데, 매년 신세대 직원은 선배 직원들과 1박 2일 캠프를 갖는다. 나이와 성별을 넘어 이해하고 대화하며 소통을 체험하는 것이 기업의 경쟁력이기 때문이다. SK도 비슷한 프로그램을 진행하고 있다. 소통의 중요성은 아무리 강조해도 지나치지 않다.

기업의 채용방식도 소통 중심으로 바뀐 지 오래됐다. 스펙보다 스토리를 중시하고 온실형보다 야생적 서바이벌형을 선호한다. 합숙하면서 미션을 부여하고 길거리 캐스팅으로 숨은 인재를 발굴한다. 현대자동차는 'H프로젝트'를 통해 캠퍼스 곳곳을 누비며 맞춤형 사원을 뽑는다. 세대 간극을 줄이고 조직 적응력을 높이는 사람이 기업의 미래를 좌우하기 때문이다.

대지는 이름 없는 풀을 키우지 않듯, 하늘은 복 없는 사람을 내지 않는다.(지부장무명지초地不長無名之草 천불생무록지인天不生無祿之人) 누구나 역할과 책임이 있다. 개인의 자생력이 사회의 힘이다. 갈등을 넘어 세대를 아울러야 나라가 강해진다. 기업의 세대융합과 소통 강화 프로젝트를 정치권에 강제로라도 도입했으면 하는 바람이다.

90. 공공기관·기관장의 평가를 평가한다

세상에 예행연습이 불가능한 게 두 가지 있다. 바로 전쟁과 자살이다. 섣부른 불장난과 숨 멈춤의 예행연습 자체가 곧 파멸과 죽음이기 때문이다. 기업은 물론 공공기관의 경영에도 연습이란 없다. 냉혹한 평가만 있을 뿐이다. 연습으로 삼는 경영이란 시범경영 등 극히 일부이다. 경영학의 대가 피터 드러거의 말대로 경영은 평가되지 않으면 절대 개선되지 않는다.

공공기관들의 평가 준비 컨설팅 비용 무려 1,000억 원

그러나 박근혜 정부 첫해 공공기관·기관장 평가를 보면 본말이 전도된 느낌이었다. 당최 평가를 위한 평가에 그치지 않았는지, 그 평가를 제대로 평가해야 하는 건 아닌지 미심쩍은 구석이 한두 군데가 아니다. 공공기관들은 한 해에 평가를 준비하는 컨설팅 비용으로 1,000억 원 이상을 쓰는 걸로 조사됐다. 평가위원에 줄 대려 애쓴다. 급기야 소위 '평가 산업'이 등장해 호황을 누렸다.

기획재정부가 111개 공공기관 경영실적 평가 결과를 발표했다. 원자력안전기술원과 석탄공사 등 기관장 2명은 해임·건의 대상인

최하위 등급(E), 16명은 D등급을 받았다. 원자력안전기술원은 원전 비리와 검증에 소홀한 채 해외사업에만 치중, 석탄공사는 탄광 사고 책임에서 자유로울 수 없고 비전제시가 미흡했다는 것이다.

아울러 리더십과 책임경영, 주요 사업, 계량 및 노사관계 등 공공기관의 5개 세부 평가 항목이 두루뭉술하다. 이명박 정부에서 임명된 녹색성장 주도 기관장들이 대부분 낮은 등급을 받았다. 자원개발, 에너지사업은 특성상 투자 회수 기간이 길어 초기엔 대부분 적자이다. 우연의 일치인지 모르나, 이들 기관 평가에 보이지 않는 힘이 개입된 게 아니었는지 의구심이 든다.

당시 정부 산하 공공기관은 모두 295개였다. 공기업 30개, 준정부기관 87개, 기타 공공기관이 178개이다. 이들의 부채는 모두 493조 원이었다. 이 가운데 국토교통부 산하 5대 공기업의 부채 규모는 200조 원이 넘었다. 토지주택공사 138조 원, 도로공사 24조 원, 철도시설공사 15조 원, 수자원공사 13조 원, 코레일 11조 원 순이다. 연간 이자만 7조 원, 하루 195억 원꼴이었다.

공공기관 통합경영정보 공개시스템 알리오는 기관 업무실태를 낱낱이 공개하고 있다. 적자를 내도 노조와 결탁해 수억 원씩 상여금을 받아 세금을 축내는 경우도 수두룩하다. 순익을 못낸 공공기관장 104곳이 29억 8,000만 원을 챙겼다. 국민 세금 갖고 장난치는 것도 유분수, 진즉 검증받았어야 옳다.

창의적 마인드 갖춘 '퍼스트 무버' 기관장 등용

공공기관장 자리는 주로 관료와 대선 공신들이 차지한다. 자리 나

뉘먹기 비난에 부담을 느낀 청와대가 급기야 공공기관장 인선을 보류했다. 공공기관 인선은 이해관계가 첨예하게 엇갈린다. 수요와 공급 차가 너무 커 말도 많고 탈도 많다. 잘하면 본전, 못하면 독박이다. 관료들의 잇단 진출에 관치官治·정치인 소외 논란이 빚어지기도 했다.

박근혜 정부가 내세우는 공공기관장 인선 기준은 국정철학 공유와 전문성이었다. 업무의 전문성과 대외적 협상력, 시스템경영 구사력, 창조적 혁신 마인드는 기본이다. 국민 세금을 축내지 않는 도덕성과 진정성은 아무리 강조해도 지나치지 않다.

이 가운데 국정철학 공유부분은 낙하산 인사를 내려보내겠다는 말로밖에 들리지 않았다. 관료에게 유리한 전문성은 그렇다 치고 국정철학은 참신한 인재의 등용을 막는 장애요인이다. 창의적 경영 마인드가 생명인 공공기관장은 '패스트 팔로어'(일방적 추종자)보다 '퍼스트 무버'(창조적 개척자)가 잘 어울린다.

의심나는 사람은 쓰지 않고, 쓴 사람은 의심하지 않는 것이 인선의 기본이다.(의인불용疑人不用 용인불의用人不疑) 부적격 공공기관장은 국민 세금만 축내고 나라를 좀먹는다. 시작과 끝이 한결같은 사람(유시유종有始有終), 본말이 일치하는 공공기관과 기관장의 평가를 보고 싶다.

대선정국에 '국민'은 있는가

비바람에 흔들리지 않고 피는 꽃이 없듯, 나뭇잎은 비바람에 어김없이 흔들린다. 그러다 떨어진 낙엽은 새 생명의 거름이 된다. 울긋불긋한 단풍도 알고 보면 잎을 떨쳐 생존하기 위한 처절한 몸부림이다. 그러나 사람들은 단풍을 눈요기 감으로 즐긴다. 자연을 둘러싼 아이러니가 아닐 수 없다. 남의 불행이 나의 행복인 셈이다. 늦가을 비바람과 단풍, 낙엽을 보며 표류하는 우리 사회의 총체적 부실을 떠올린 것은 지나친 비약일까?

영국 옥스퍼드대학이 선정한 2012년 올해의 단어가 '총체적 난맥상'이었다. 영국의 경제 붕괴상황과 정치권의 잦은 횡포, 그로 인한 국민들의 실망과 불편이 그 선정 이유였다. 한마디로 총체적으로 잘못되어 가는 시대적 아픔을 고스란히 반영하고 있다.

영국 옥스퍼드대가 선정한 올해의 단어 '총체적 난맥상'

옥스퍼드대 2011년 올해의 단어는 '쥐어짜인 중산층'이었다. 어쩌면 우리와 그렇게 비슷한지, 우연의 일치치고는 딱 들어맞는다. 동서양을 막론하고 발생하는 글로벌 사회의 한 단면이 아닐 수 없다.

대통령 선거가 임박했지만 여전히 오리무중이다. 대선후보들은 3무無, 선거전도 3무無이다. 박근혜의 무변화, 문재인의 무원칙, 안철수의 무경험이 3무이다. (이 글을 쓰는 당시 야권 후보 단일화가 안 됐기에 문·안 두 후보를 넣는다) 아울러 선거전은 검증과 토론, 정책이 실종된 3무이다.

무개념과 졸속, 부실이 판치는 안개 속 대선정국이다. 이런 '묻지마 대선'에서 과연 국민은 어디에 있는지, 대선후보들의 단골 메뉴인 '국민' 속에 과연 국민은 어디에 있는지 묻지 않을 수 없다.

역사를 봐도 대통령(군주)이 되기는 쉬운 일이 아니다.(위군난爲君難) 하늘이 내려준다고 한다. 중국 태평성대를 이끌었던 청나라 옹정제는 정치의 막중한 책임을 자기 사명으로 삼은 사람 중 한 명이다. 노심초사, 불철주야, 위정 헌신하다 57세에 세상을 떠나며 평생가장 경계한 게 포퓰리즘이었다. 문·안 두 후보 단일화는 벼랑 끝정치 게임이다. 정권교체를 내걸며 국민을 담보로 들먹이지 않는지. 바꿔 말하면 소위 '그들만의 리그'이다.

대선후보들의 선심성 공약 못잖게 의원들은 '퍼주기 입법'을 쏟아내고 있다. 그들의 안중에 국민은 없어 보인다. 도청 이전, 국도관리 등 지자체가 부담해야 할 부분까지 중앙정부에 떠넘기고 있다. 향후 5년간 드는 재원은 35조에 달한다. 국가 살림살이는 어떻게 되든 자기 지역구 표만 챙기고 보자는 모럴해저드(도덕적 해이)가 아닐 수 없다.

국회의장 등 지도부도 '묻지 마 입법'에 동참

더욱 심각한 것은 여야 따로 없이 의회 지도부까지 퍼주기 입법에 동참했다는 점이다. 충남도청 이전 특별법은 강창희 국회의장과 재정경제부 차관 출신의 김광림 의원 등 새누리당 의원 6명이 공동 발의, 여야 94명이 법안 발의에 찬성했다.

찬성자 중에는 민주당 박병석 국회부의장과 이해찬 전 민주당 대표 등 대전 충청권 출신 의원들이 많이 포함돼 있다. 교통대란 위기를 불러온 일명 '택시법' 대표 발의자는 새누리당 이병석 국회부의장과 민주당 박기춘, 노웅래 의원 등이다.

문제는 세금이다. 퍼주기 입법을 쏟아내는 의원들 세비는 물론 대선후보 경호 비용도 만만찮은 국민의 몫이다. 그들은 국무총리급 경호를 받는다. 국회의장, 대법원장, 중앙선거관리위원장 등 4부 요인에 적용되는 경찰 경호 최고 등급 '을호' 수준이다.

포퓰리즘이 춤추는 대선정국과 이에 편승한 묻지 마 입법… 이들의 안중에 국민은 없다. 그러나 국민은 다 아는데, 정치인만 모르는 격이다. 바둑을 두는 사람은 미혹에 빠지기 쉽지만, 곁에서 보는 사람은 맑은 정신으로 대세를 읽는다.(당국자미當局者迷 방관자청傍觀者淸) 바둑판을 정치판으로 보면 딱 들어맞는다. 총체적 난국이다.

⁹² 딱 걸린 코트라의 이중플레이

축제가 끝나면 아련함과 아쉬움이 남는다. 설렘과 환희가 있지만 허탈과 비애도 밀려오기 일쑤이다. 축제의 품격은 진정성과 공감대에 달려 있다. 국정감사는 국회의 축제이자 특권이다. 국정 전반을 총괄적으로 감시하고 견제하기에 의원의 '존재의 이유'와 다름없다.

박근혜 정부 첫해 국감을 통해 각종 비리와 치부가 낱낱이 공개됐다. 왜, 때가 되면 연례 행사같이 등장하는지 의구심을 떨칠 수 없다. 세상에서 제일 어리석은 게 똑같은 잘못을 반복하는 것이다. 그럼에도 불구하고 2013년 국감 이슈 중 다음의 세 가지는 꼭 짚고 넘어가야겠다. 국가의 백년대계와 관련된 중대 사항이기 때문이다. 대학의 학점세탁과 대기업·공공기관의 고용세습 그리고 본분을 망각한 세금 낭비이다.

박근혜 정부 첫해 국감 핫이슈, 학점세탁, 고용세습, 세금낭비
첫째, 명문대를 포함한 70여 개 대학에서 취업용 성적표를 별도로 만들어 주는 것으로 나타났다. F학점과 재수강 여부를 표기 안 하는 이른바 학점 세탁이다. 일부 대학은 학칙에 이중 성적표 규정을 두고 있다. 취업난에 따른 학점 인플레는 청춘을 좀먹는다. 학점취득 추가 비용이 대학 당 평균 20억 원에 달한다. 상아탑이 장삿속에 휘둘리면 국가 미래는 없다.

2018년에는 고졸자가 대학 신입생 숫자를 초과하는 역전 현상이 빚어졌다. 심각한 저출산 여파로 절대적으로 대학 정원을 줄여야 할 판이다. 우리나라 340개 대학 전수조사를 통해서라도 바로 잡을 건 바로 잡아야 한다. 무한경쟁을 통해 미래 인재를 양성하는 원동력은 대학이다. 대학은 정직과 신뢰를 먹고 사는 최후의 보루이다.

둘째, 일부 대기업과 공공기관의 일자리 대물림이다. 아버지가 정년퇴직하고 그 가족이 우선 채용된다는 건 일종의 고용세습이다. 업무상 재해로 회사를 떠나는 특수한 이유 외에 갖가지 특혜 규

정으로 '그들만의 리그'를 만들고 있다. 이는 취업지망생에 좌절감을 주고 그들의 영혼을 짓밟는다. 일자리 대물림은 빈부의 대물림이나 다름없다.

2013년 5월 법원은 '일자리 대물림은 무효'라고 판결했다. 현대자동차 정규직 채용 때 정년 퇴직자나 25년 이상 장기근속 자녀에게 25%를 할당하는 건 옳지 않다는 얘기다. 7급 공무원 시험 경쟁률은 100대1이 넘었다. 삼성그룹 공채에는 10만 명이 몰렸다. 일자리 대물림은 현대판 음서蔭敍제도나 마찬가지이다. 부모 음덕으로 자제들이 채용에서 덕을 보는 제도는 공정과 상식을 우롱하는 처사이다.

의원들에 무료관광 시켜주고 중소기업엔 수수료 받아

셋째, 코트라(KOTRA 대한무역투자진흥공사) 등에서 드러난 세금낭비 실태이다. 코트라는 국회의원·고위 공직자·공공기관 임원들의 해외 방문 때 통역과 관광 등 의전 서비스를 무료로 제공해 왔다. 2021년 현재 세계 86개국 127곳 해외 무역관을 운영하는 코트라는 중소기업의 해외 진출 개척과 해외투자를 유치하는 게 설립 취지이다. 그러나 이들에겐 무료관광 서비스를 제공하고 중소기업에게는 수수료를 꼬박꼬박 받았다.

코트라는 주 고객인 중소기업이 해외 무역관에서 서비스를 받을 땐 수수료를 받고 있다. 세계 각국에 네트워크를 가동하는 대기업과 달리 중소기업의 무역환경은 열악하다. 중소기업이 살아야 국가 경제가 힘을 얻는다. 해외를 다녀보면 알겠지만 현지 영업과 투자환경을 조사하기 위해서는 공공기관의 도움 없이는 어렵다.

본분을 망각한 공공기관의 세금낭비와 개념 없는 고위층의 특권의식이 국민을 실망시킨다. 국민의 혈세가 줄줄 샌다. 재물과 위세는 움켜쥔 모래와 같다. 손가락 사이로 솔솔 빠져나가기 때문이다. 물은 배를 띄우기도 하지만, 뒤집기도 한다.(수즉재주水則載舟 수즉복주水則覆舟) 물은 민심, 배는 고위층이다. 부귀에 취하고 권력에 맛들이면 옳고 그른 판단은 물 건너간다.

93. 미납 추징금, 무상보육 쓰고도 남는다

"**죽**음과 세금은 누구도 피할 수 없다." 미국의 정신적 지주 벤자민 프랭클린의 말이다. 제아무리 백만장자라도 죽음과 그로 인한 상속세를 비껴갈 수 없다. 그러나 이 말도 무색해졌다. 수명은 100세 시대를 맞았고, 탈세 수법은 변신과 진화를 거듭하고 있기 때문이다. 김덕중 국세청장이 국세행정 포럼에서 우리 실정에 맞는 탈세 규모 측정모델을 개발하겠다고 했다. 2013년 9월의 일이다.

모든 국민은 법률이 정하는 바에 따라 납세의 의무를 진다. 헌법 38조에 나와 있다. 헌법 38조에서 이름을 딴 서울시 38세금기동팀의 활약이 눈부시다. 2001년 창설된 후 상습 고액 체납자들을 추적하고 있다. 은닉재산을 색출하고 부동산과 차량을 압류 공매하며 출국금지와 형사고발로 체납자들의 간담을 서늘하게 하고 있다.

누구도 피할 수 없는 세금, 추징금 특례법 통과에 주목

위장과 은닉의 탈세 수법은 혀를 두르게 만든다. 사돈의 사촌, 팔촌까지 자금세탁에 총출동시키고 단속되더라도 '배째라(BJR)'면 그만이다. 심증은 가도 물증이 없으면 받을 재간이 없다. 체납과 미납,

추징금 감추기 추태는 법과 제도적 허점을 교묘히 파고들어 곳곳에 잠복해 있다.

2013년 8월 국회에서 통과된 일명 '전두환 추징법'은 큰 의미가 있다. 공무원 범죄에 관한 몰수 특례법이다. 국회가 제 역할을 했다는 평가를 받는다. 이 법은 공무원을 넘어 일반인 추징금 미납자로 확대됐다. 추징금 집행범위와 실효성을 대폭 강화했다.

법무부가 입법 예고한 범죄수익은닉규제법의 골자는 네 가지이다. 관계기관에 대한 금융과세정보 요구권, 관련자 소환과 압수수색영장 청구권, 범죄 수익이란 것을 알고 취득한 제3자의 재산 추정권, 시효가 남은 미납자에 소급 적용할 수 있는 조항을 추가한 것이다. 검찰이 그동안 무기가 없어 수사를 못했다는 핑계는 없어졌다.

'전두환 추징법' 시행 후 전두환 대통령 일가 압수수색을 벌인 검찰에 대한 국민적 기대가 어느 때보다 컸다. 2021년 11월 23일 별세한 전두환 전 대통령은 추징금 2,205억 원 중 956억 원을 미납했다. 같은 해 10월 26일 별세한 노태우 전 대통령은 2013년 9월 2,628억 원 추징금을 모두 납부했다. 두 전 대통령은 모두 국가 품격을 훼손한 장본인들이다. 초급장교 때부터 전투화에 흙 한 톨 안 묻히고 양지만 좇았다.

김우중·최순영 회장 추징금 미납액 천문학적 수준

육사 생도들의 잇단 탈선이 위험수위에 이르렀다. 육사 출신 전 대통령의 부끄러운 추징금과 오버랩 되니 심란하다. 교내 성폭행에서 태국 원정 마사지, 미성년자 성매매까지, 국민세금이 아깝고 부끄럽다. 일부에서는 1952년 도입한 3금 제도(금연, 금주, 금혼)를 바꿀 시기라고 주장한다. 미국 웨스트포인트는 이 제도를 이미 폐지한 지 오래됐다.

학사장교와 학군장교(ROTC), 육사 해사 공사(4년제), 3사(2년제) 등 임관 장교 가운데 육사는 2~3%에 불과하지만 장성의 80%를 차지한다. 타 출신을 배척하는 순혈 엘리트주의는 결국 군 경쟁력을 약화시켰다. 2010년 천안함 사태 때 합참 작전라인이 육사 일색이었지만 효과적 대응이 미흡했던 게 이를 증명한다.

우리나라 미납 추징금은 모두 25조 38억 원에 달한다. 무상교육에 쓰고도 남을 돈이다. 두 전 대통령 외 호화 생활 중인 김우중 전 대우 회장(2019년 별세)이 23조억 원, 최순영 전 신동아 회장이 2000억 원 등이다. 하늘이란 진실의 그물은 얼핏 성겨 보이나, 빠져나갈 수 없다.(천망회회天網恢恢 소이부실疏而不失) 그 벼릿줄을 단단히 옭아매는 건 국민의 책무이다.

박근혜 대통령 후보께 드립니다

연이은 태풍 피해가 이만저만이 아닙니다. 한반도를 할퀴고 간 볼라벤과 덴빈 영향으로 여기저기가 쑥대밭입니다. 지루했던 이상 폭염이 끝나는 시점에 불어 닥친 피해라 망연자실해집니다. 농작물 피해가 커 한 달 앞으로 다가온 한가위가 걱정됩니다. 가뜩이나 경기가 위축된 터라 심적 부담이 더 커집니다. 어느 누구도 불가항력 자연재해 앞에서는 꼼짝달싹할 수 없듯, 결실의 길목인 초가을을 맞아 겸손과 배려를 다시금 느끼게 됩니다.

태풍 얘기로 서두가 좀 길어졌습니다. 먼저 2012년 8월 20일 새누리당 전당대회에서 18대 대통령 후보로 선출된 박근혜 의원께 축하의 말씀을 드립니다. 그동안 경선 룰 갈등으로 옥신각신 경선 파행 위기를 극복하고 치러진 전당대회이니만큼 감회가 남다를 걸로 보입니다. 아무튼 집권 여당 후보로 정권재창출의 막중한 책임을 어깨에 짊어졌습니다. 더욱이 우리나라 정당사상 최초의 여성 대통령 후보라는 타이틀이 늘 따라다니니 말입니다.

'이회창 실패'에서 무엇을 배울까?

12월 19일 대통령선거가 채 4개월도 남지 않았습니다. 박 후보께서는 각종 여론조사에서 안철수 교수와 줄곧 엎치락뒤치락 1위 다툼을 벌이고 있지요. 혹자는 우리나라 선거풍토에서 4개월이면 대통령 만들기에 충분하다고 하더군요. 정치문화가 제대로 뿌리내리지 못한 데 대한 혹평이겠지요. 더욱이 안 교수는 직접 대선출마를 선언하지도 않았으니, 대선에 임하는 박 후보의 셈법이 남다를 걸로 생각됩니다.

대통령 후보로 선출된 후 대통합과 비리척결, 국민행복을 모토로 내걸으셨습니다. 산업화 시대의 성장과 민주화 시대의 분배 패러다임을 넘어 제3의 변화, 국민행복 시대를 열 것을 강조했지요. 후보 선출된 다음날 김대중·노무현 전 대통령 묘소를 참배한 건 이념과 계층, 지역과 세대를 뛰어넘어 100% 대한민국을 만들기 위한 대통합 행보였다고 봅니다. 그러나 대통합 행보보다 더 중요한 건 '대통합 마인드'입니다. 뼈를 깎는 인식과 발상의 전환이 우선입니다.

정치는 정직합니다. 오만이 앞장서면 치욕이 뒤따르지요. 특히 지난 2002년 '이회창 실패'를 보면 압니다. 당시 이회창 대세론을 의심하는 사람은 별로 없었습니다만 결과는 딴판이었지요. 10년 전과 지금의 대선 판도는 두 가지 면에서 비슷합니다. 첫째는, '밴드 왜건 효과'와 '언더독 효과'입니다. 민심은 화려하게 치장한 소위 잘나가는 후보에게 호락호락하지 않습니다. 그를 경계하지요. 비록 뒤쳐져 있지만 넘어지고 깨어지더라도 힘차게 일어서는 후보에게 관심을 보이기도 합니다. 선거 판세 역전 가능성은 늘 존재합니다.

박근혜의 가장 큰 대선 장애물은 자신과의 싸움

두 번째는 자신의 발밑을 봐야 합니다.(조고각하照顧脚下) 흔히 이번 대선에서 박 후보의 가장 큰 장애물은 자기와의 싸움이라고들 합니다. 맞는 말이지요. 자신은 물론 측근 관리가 최우선입니다. 박 후보를 보면, 아직도 귀족, 불통, 고집이란 이미지가 떠오르는 건 왜일까요? 구도와 연대, 시대정신과 중도 선점이 대선의 4대 법칙이라 한다면, 이 중 중도 선점에 있어 이 같은 고정관념을 탈피하지 않고서는 절대 승리를 장담할 수 없습니다.

"술상 앞에 모였던 천 명의 형제들, 어려운 지경에 빠지니 한 명도 없다."(주육제형천개유酒肉弟兄千個有 낙난지중무일인落亂之中無一人) 맞는 말입니다. 권력 주변의 꼴은 모두 다 마찬가지입니다. 파리처럼 단물만 보면 달라붙고, 돼지처럼 먹을 것만 보면 달려듭니다. 먹고 나면 냉정하게 돌아섭니다.

후보 주변을 과감히 정리하세요. 그 사람이 그 사람이란 인식이 팽배합니다. 인의 장막에 가려 있다고나 할까요. 그들이 소통을 가로막습니다. 새 인물이 없습니다. 인적 쇄신의 중요성은 아무리 강조해도 지나치지 않습니다. 사람은 겉만 봐서는 절대 알 수 없지요. 지도자라면 주변인 마음을 분간할 줄 알아야 합니다. 그런 지도자가 대통령 자격이 있습니다.

95. 박근혜 대통령 당선자의 성공 키워드

아이러니하게도 까치는 바람이 가장 많이 불 때, 나무에 집을 짓는다. 모진 풍파에 견딜 든든한 까치집을 꾸밀 시점을 본능적으로 안다. 바람이 거세면 힘이 더 들고 시간도 많이 걸리지만 말이다. 미미한 새도 이럴진대…

18대 대통령 박근혜 당선자 등장 이후 '인사가 만사', '인수위 67일이 임기 5년을 결정' 등등 말들이 무성하다. 인수위 인선이 착착 발표되는 시점에서 생뚱맞게 '까치집'을 떠올린 건 다름 아니다. 적재적소의 인재 등용이 박근혜 새 정부 국정운영을 좌우한다고 믿기 때문이다. 17대 이명박 정부 초기 인사 실패는 반면교사이다.

16대 노무현 대통령 당선자 비서실장을 지낸 신계륜 의원은 필자에게 이런 말을 했다. "인수위에 들어와 보니 인수위를 꾸릴 마땅한 인재가 없었다." 인재풀 부족을 단적으로 보여주는 대목이다. 그러나 이 말의 함의含意는 크다. 진영논리에 맞는 자는 수두룩하지만 탕평 원칙에 맞는 자는 많지 않다는 얘기이다. 그러면 과연 어떤 사람을 찾아야 하나?

바람이 셀 때 집 짓는 까치의 지혜

박근혜 당선자 비서실장을 역임한 이학재 의원이 던진 메시지는 신선했다. "일체 임명직을 맡지 않겠다. 민생현장으로 돌아가겠다." 대선의 흥분과 아쉬움이 채 가라앉기도 전에 나온 소위 친박의 첫 커밍아웃 발언이었다.

이게 신호탄이 됐는지, 박근혜 캠프 핵심 공신들도 줄줄이 짐을 쌌다. 당선자의 국정운영에 부담을 주기 싫다는 순수한 의지로 들린다. 가까이서 당선자를 도와야 할 사람도 있어야 하지만, 멀리서 일해야 할 사람도 있어야 한다는 게 그들의 논리이다.

돌이켜보면 2012년 대선은 건곤일척의 한판승부였다. 50대 투표율이 무려 90%를 육박했다. 선거 사상 전무후무한 기록이다. 분단시대 산업화와 민주화를 경험하고 정보화시대를 리드하는 베이비붐세대의 몰표가 박근혜 등장에 결정적이었다.

여기서 한 가지, 눈여겨볼 통계가 있다. 대선 직후 사흘간 중앙일보와 SBS, 동아시아연구원, 한국리서치가 공동 실시한 패널조사이다. 박근혜 승리의 요인은 두 가지였다. 첫째가 단일화 실패(50.1%), 둘째가 민주당 잘못(18.2%)이다. 이 둘을 합치면 무려 68.3%다.

민주당으로선 도저히 질 수 없는 선거에서 졌다는 탄식이 가시지 않는 이유가 여기에 있다. 그만큼 대선 후유증이 심각하다. 이런 상황에서 새누리당이 승리에 도취해 안일하게 인수위를 꾸리다간 큰코 다치기 쉽다. 박근혜 새 정부 첫걸음 인수위 인선은 그래서 더 중요하다. 원칙과 기준의 지인지감知人之鑑이 요구된다. 사람을 보는 눈이 중요하다.

곤충과 새와 물고기, 세 가지 눈(目) 갖춰야

박근혜 대통령 당선자는 사람을 제대로 보는 세 가지 눈(目)을 가져야 한다. 바로 곤충과 새와 물고기의 눈이다. 곤충은 눈앞 미시적 흐름을 감지한다. 새는 높은 곳에서 멀리 보는 거시적 흐름을 놓치지 않는다. 물고기는 조류의 미묘한 변화를 읽는다. 곤충의 눈으로 보고, 새의 눈으로 판단하고, 물고기 눈으로 결단을 내리길 바란다. 박 당선자가 강조하는 전문가 위주 탕평인사는 이 세 가지 눈에 적합한 사람이어야 한다. 국가와 민족에 대한 봉사와 희생은 물론이다.

박근혜 새 정부가 출범할 시기의 대내외 환경은 21세기 들어 최악일 것으로 보인다. 북한과 중국 동향도 만만치 않다. 경제성장 전망치는 제로에 가깝다. 각종 새해 전망보고서는 잿빛 일색이다. 그러나 희망의 근거는 있다.

바람이 가장 많이 불 때 까치가 집을 짓는 것처럼 위기는 기회이다. 순조로운 국정운영의 첫 단추는 인사이다. 입신영달立身榮達을 추구하는 사람을 앉힐 것인가? 봉사와 희생을 실천하는 사람을 발굴하는가에 달렸다. 이것이 개인의 일조지우—朝之患와 리더의 종신지우終身之憂 차이이다.

96. 안철수 대통령 후보께 드리는 고언

제18대 대통령선거 딱 3개월 전인 9월 19일, 대선 출마를 선언한 안철수 후보를 보며 여러 생각들이 스칩니다. 이미 기자회견을 통해 출마 여부 입장을 밝힌다고 언론에 알렸지만, 웬만한 사람들은 지레 출마선언으로 짐작했습니다. 필자도 그중 한 명이었지요. 이번에도 알쏭달쏭한 말투로 얼버무렸다면, 줏대 없는 사람이 될 뻔했습니다.

대선 3개월 전, 날짜까지 딱 맞춰 대선 출마선언?

군말이 많으면 속말이 없다지만, 아무튼 안 후보 내심은 대선 출마였다는 걸 비로소 알았습니다. 여북하면 속사정이 한둘이 아니겠지만, 한편으로는 왜 그 말에 그렇게 뜸이 들어갔는지 의아할 따름입니다. 대선 출마선언 날짜도 대선 3개월 전으로 딱 들어맞네요. 우연의 일치라고 하기엔 뭔가 부족하네요. 일련의 출마선언 과정이 신비스럽기까지 합니다.

　의사와 기업가, 교수에서 정치인으로 막 변신한 안 후보도 잘 알겠지만, 정치는 살아있는 동물과 같습니다. 출마 날짜는 그렇다 치고, 무엇이든 딱 맞추려는 셈법은 정치와 잘 어울리지 않습니다.

정치는 흐르는 물과 같다고 할까요. 항상 높은 데서 낮은 데로 흐르는 겸손과 무색무취의 봉사, 그릇에 따라 스스로를 맞춰가는 융통성이 있어야 하지요. 고정 프레임에 갇힌 정치 행위는 일종의 사치입니다. 구시대 유물과 같지요.

안 후보는 소위 586세대로 필자와 갑장입니다. 80년대 반독재 민주화운동을 경험한 베이비붐 세대로 이순耳順에 접어들었지요. 흔히 나이 60이 되면 귀가 순해져 불편한 말도 거부감이 덜하게 받아들입니다. 그릇됨과 옳고 그름을 분간하기가 용이해집니다. 나설 때와 멈출 때를 압니다. 시대정신을 고민합니다. 이제 집권 여당의 박근혜, 제1 야당의 문재인 후보와 건곤일척 한판을 벌일 안 후보에게 동년배로서 두 가지를 고언苦言합니다.

첫째, 온실 속 화초에서 야생초로 거듭나세요. 비바람을 맞고 피는 야생초의 빛깔과 향기가 더 값집니다. 생명이 오래갑니다. 그러나 안 후보를 보면 왠지 국민과 동떨어진 괴리감이 풍깁니다. 줄곧 실패를 모르고 달려왔는지 선택받은 사람 이미지만 겹쳐지네요. 길을 헤매본 사람만이 길을 압니다. 시련의 아픔과 공감해야 합니다. 매화가 뼈를 깎는 추위를 만나지 않았던들, 어찌 코를 찌르는 향기(박비향撲鼻香)를 얻겠습니까?

안 후보는 출마 선언문에서 '국민이 선택하는 새로운 변화가 시작된다'고 했지요. 국민 속으로 들어가야 합니다. 그래야 국민에게 선택받을 수 있고 변화의 주역이 됩니다. 대선에 떨어져도 정치를 하겠다고 했으니, 모든 걸 내려놓고 오직 국민을 위해 봉사하는 정치만 생각하세요. 대권을 물기 위해 지금까지 이를 단단히 갈아왔지 않습니까.

법고창신 간직, 닥칠 검증을 에둘러가지 않기를

둘째, 신비주의와 여론조사에 대한 환상을 버리세요. 자신의 권력의지가 중요합니다. 일전에 권력은 국민에게서 주어진다고 했는데, 잘못된 생각입니다. 안주하지 않는 도전과 결단이 요구되지요. 인기 영합과 신비주의는 스스로를 좀먹는 독毒입니다. 대권 길목의 지뢰지요.

여론은 항상 요동칩니다. 특히 우리나라는 세계 여론조사기관의 연구모델 중 하나입니다. 여론조사와 실제 득표의 편차가 크지요. 여론조사에 일희일비하지 마세요. 여론조사 환상의 늪에 빠져 독자 출마나 단일화를 선택하지 않기를 바랍니다. 절대 초심을 잃지 마세요.

자신에게 닥칠 혹독한 검증을 에둘러가지 말고 솔직하세요. 대변인을 통하지 말고 직접 화법을 구사하세요. '재개발 딱지' 논란도 솔직히 밝혀야 합니다. 언행일치가 우선입니다. 구시대 정치 타파를 강조했는데, 법고창신法古創新을 잊으면 안 됩니다. 실패에서도 배워야 합니다. 개울 수영과 바다 수영은 다릅니다. 지나친 자신감은 피하세요. 승자독식 대권의 바다에서 좋은 결과 얻기를 바랍니다.

07. 박근혜노믹스, 지하경제의 양성화

낙관론자는 비행기를 발명했고, 비관론자는 낙하산을 발명했다. 비행기는 자유롭게 창공을 난다. 낙하산은 건물에 갇힌 사람을 구한다. 낙관론자는 어려움이 닥칠 때마다 기회를 보지만, 비관론자는 기회가 올 때에도 어려움을 생각한다. 낙관론자와 비관론자가 보는 경제의 시각은 하늘과 땅 차이이다. 반 잔의 물을 놓고도 반이나 남았다와 반밖에 없다로 갈린다.

박근혜 정부 2년, 새해 당정모임에서 새누리당 황우여 대표와 최경환 원내대표가 건의한 '세무조사 자제'는 문제가 있다. 과도한 세무조사가 기업을 위축시킨다는 말이다. 일면 맞지만 틀린 구석이 더 많다. 박근혜 정부 5년간 134조 원이 투입될 재원 마련에 대한 구체적 대안이 없기 때문이다. 세상에 말로는 못할 게 없는 법이다.

'세무조사 자제' 정치권 건의는 무책임

박 대통령은 취임 후 첫 신년 기자회견에서 경제혁신 3개년 계획을 밝혔었다. 박근혜노믹스의 요지는 공공기관 정상화와 재정과 세제개혁, 원칙이 바로 선 혁신을 바탕으로 한 '474비전'이다. 잠재성장률 4%, 고용률 70%, 국민소득 4만 달러를 달성한다는 것이다.

낙관론자는 40-80클럽(국민소득 4만 달러, 인구 8,000만 명)까지 전망한다. 남북이 통일되면 가능한 비전이다. 당시 이 클럽에 오른 나라는 미국과 일본, 독일 등 세 나라밖에 없었다. 그러나 비관론자는 박정희 대통령의 경제개발 5개년 계획과 이명박 대통령의 747비전을 트집 잡아 비난한다.

박근혜 정부의 경제 살리기 행보에서 급선무는 재원 마련이다. 정치권은 과도한 세무조사가 기업을 위축시킨다느니, 증세니 뭐니 이슈를 만들지만 뚜렷한 대안 없이 진영논리에 갇혀 있다. 개혁을 통해 비정상적인 관행을 정상화하는 최고의 방책은 지하경제 양성화이다. 지하경제에서 세원을 찾지 않고 기존 세원에 세 부담을 늘리면 사회 전체의 불만이 고조된다.

증세에 선 긋는 지하경제 과세 강화가 국가 백년대계의 길이다. 경제는 심리라고 하지만 심리도 심리 나름이다. 논에 가득찬 물도 가끔은 비워줘야 벼가 병해충에 잘 견뎌 튼실해진다. 2012년 지하경제 규모는 314조 3,000억 원, 국내총생산(GDP)의 24.7%를 차지했다. 멕시코 30%, 그리스는 25.1% 수준이다. 경제협력개발기구(OECD) 평균 18.3%보다 훨씬 높다.

고소득 자영업자 소득 탈루율 57%

지하경제 양성화는 세원 확보는 기본이고 조세형평과 사회정의 차원에서 접근해야 할 시대적 과제이다. LG경제연구원 조영무 연구위원에 따르면 고소득 자영업자의 소득 탈루율은 무려 57%이다.

거둘 수 있는 세금의 48%만 징수하고 있는 것으로 나타났다. 자영업자 지하경제 규모는 전체의 44%를 차지한다. 시중에 풀린 5만원권 회수율도 급격하게 줄었다.

지하경제는 부패와 탈법, 음성거래의 또 다른 온상이다. 경기침체로 비제도권 노동시장이 활성화 된 것과도 밀접한 관계가 있다. 외국인 노동자 대거 유입도 이제 체계적인 관리가 필요하다. 지하경제 규모를 업종별로 보면 불법도박이 단연 으뜸이다. 더러운 돈을 과감히 추방할 제도적, 법적 뒷받침을 마련하는 게 맞다. 이말저말 듣다간 절대 집을 못 짓는다.

김영삼 대통령이 도입한 예금실명제는 지하경제 양성화의 첫걸음이었다. 외환위기에 편승한 기득권과 상류층의 반발과 사재기가 유동성 위기를 불러 본연의 취지가 퇴색됐지만 경제 개혁의 출발이었다. 박근혜 정부 국정과제 140개는 일상 과제이다. 선택과 집중이 요구된다. 국무총리에 맡길 건 과감히 맡겨야 한다. 대통령은 개혁과제로 드라이브를 걸어야 맞다.

김밥가게에 가면 김밥 말고 메뉴가 너무 많다. 한마디로 잘하는 것도 없고 못하는 것도 없다. 구색 맞추기 메뉴에 급급하면 손님들이 떠난다. 국정도 마찬가지다. 자칫 허둥대면 '김밥정부'로 추락한다. 승부를 걸 만한 메뉴(개혁과제)가 있어야 옳다. 그중 핵심은 지하경제 양성화이다. 돈에도 품격과 향기가 있다. 진흙탕에서 피는 연꽃이 제일 아름답다.(처염상정處染常淨)

⁹⁸ MB-박근혜 '녹색 앙금'은 시대착오

법고창신法古創新은 옛것을 본받아 새것을 창조한다는 말이다. 옛것에 토대를 두되 그것을 변화시킬 줄 알고, 새것을 만들어가되 근본을 잃지 말라는 거다. 옛것만 주장하면 진부하고, 새것만 주장하면 난잡하다는 걸 경계한다. 이 말은 조선 후기 실학자 연암 박지원이 처음 사용했다.

　지초芝草나 반딧불도 썩은 흙이나 풀이 있어야 나올 수 있는 법이다. 만병통치약 지초는 썩은 흙에서 나온다. 스스로 빛을 내는 반딧불은 썩은 풀이 변화한 거다. 원인과 과정 없는 결과는 없다. 우물물 마실 때는 우물 판 사람의 노고를 알아야 한다. 2014년 9월 23일 뉴욕에서 열린 제69차 유엔총회에 참석한 박근혜 대통령을 보면서 법고창신이 떠올랐다.

박근혜, 유엔총회에서 'MB의 녹색성장' 연설

박근혜 대통령이 우리나라 대통령으로는 처음으로 유엔총회에서 기조연설을 했다. 유엔 안보리 정상회의에 참석한 것도 이번이 처음이다. 박 대통령은 녹색기후기금(GCF)에 최대 1억 달러를 지원

하기로 약속했다. 우리나라는 2012년 녹색기후기금 사무국을 인천 송도에 유치한 바 있다. 당시 이명박 대통령이 유엔 산하 기구 유치를 처음으로 성사시켰다.

박 대통령의 유엔총회 연설 중심 의제는 녹색성장이었다. 녹색성장은 이명박 정부가 추진했던 대표적 국책과제이다. 이 가운데 녹색기후기금과 글로벌녹색성장기구(GGGI)는 대표적 성과물이다. 2015년부터 온실가스 배출권 거래제가 시행되고 있다. 북한 나무 심기를 통한 남북 화해협력도 꾸준히 진행되고 있다. 얼핏 박근혜 정부 들어 이명박 정부와 불편했던 '녹색 앙금'이 풀리는 걸로 보인다.

하지만 박근혜 대통령 취임 후 녹색성장이란 말은 일종의 금기였다. 대통령 직속 녹색성장위원회는 총리 직속으로 격하됐고, 파견 공무원도 절반으로 줄었다. 청와대 녹색성장기획관실은 녹색이 빠진 채 여러 번 이름이 바뀌었다. 정부 공문서나 부서명도 녹색성장이란 단어 대신 녹색 창조경제나 기후변화대응으로 대체됐다.

소위 이명박 브랜드 지우기가 계속되었다.

그러나 브랜드를 없앤다고 색깔까지 지울 수는 없는 일이다. 섣불리 과거 정부의 공력을 무시하단 자칫 부메랑이 돼 돌아온다. 그 공력이 치명적인 과오를 범하지 않는 이상 말이다. 녹색성장도 그런 경우이다. 녹색성장은 투자 대비 성과가 미진하고 효과가 서서히 나와 자칫 동력을 잃기 쉽다. 그러나 지구환경을 살리는 지속가능한 투자로 녹색성장만한 게 없다.

온실가스 배출권 거래제는 미래가치 투자

박 대통령이 온실가스 배출권 거래제를 시행하기로 한 건 잘한 일이다. 이 제도는 기업마다 온실가스 배출 허용량을 정해주고, 남거나 부족한 배출권을 기업끼리 사고 팔 수 있게 한다. 정부는 녹색성장위원회를 열어 업종별 배출권 할당계획을 확정했다. 기업별 온실가스 배출 허용량도 결정했다.

2020년까지 온실가스 배출량을 30% 줄이고자 이명박 정부에서 시행하기로 했으나 기업 부담을 고려해 미뤄졌다. 대신 온실가스 감축량을 10% 완화하고 3만 원 안팎이던 배출권 기준가격을 1만원으로 낮췄다. 기업 부담을 최소화하면서 온실가스를 감축하고 친환경기술 개발을 유도한다는 거다. 반면 자동차에 부담금을 물리는 저탄소협력금제는 2021년 이후로 미뤘다.

온실가스 배출권 거래제로 산업계가 질 부담은 크다. 특히 철강과 디스플레이, 석유화학 수출경쟁력에 타격이 예상된다. 그러나 미래가치에 대한 투자는 값을 매길 수 없다. 일본과 중국의 샌드위

치 형국에서 벗어나려면 우리만의 길(Korean Way)을 만들어가야
한다.

박근혜 대통령의 유엔연설을 계기로 이명박 정권과의 '녹색 앙
금'을 말끔히 지웠으면 좋겠다. 법고창신으로 돌아가 국익 창출의
성장 동력을 함께 도모해야 옳다. 빛이 있으면 어둠이 있듯 공과功
過와 득실得失, 미추美醜는 상존하기 마련이다. 등소평이 모택동을
평가한 것처럼, 공이 과보다 많은 걸 인정하는 공칠과삼功七過三의
문화가 절실하다.

99. 국격 높이는 대한민국 대통령을 보고 싶다

강산이 변해도 네 번 넘게 변했던 옛날얘기이다. 민주화운동이 거셌던 1980년대 고려대 정문 앞에는 다소 섬뜩한 플래카드가 걸려 있었다. 내용인즉 '민주주의는 피를 먹고 자란다'였다. 암울한 시대상황을 함축한 표현이었다. 당시 캠퍼스는 최루탄 냄새로 가득 뱄고, 민주화 불꽃은 고귀한 젊은 희생으로 활짝 일고 있었다.

서울대 김세진·연세대 이한열 열사 추모열기도 뜨거웠다. 2012년 12월 19일 새 대통령선거를 이틀 앞두고 묵은 다시 얘기를 꺼낸 건 다름 아닌 우리 국가의 품격(국격國格) 때문이다. 그때와 비교해 보면 이제 남부럽잖은 민주화 성공으로 국가 위상이 높아졌다.

산업화와 민주화의 성공으로 높아진 국가 품격

역대 대선과 마찬가지로 제18대 대통령선거도 박근혜-문재인 두 후보의 건곤일척乾坤一擲 대접전이 예상된다. 승자독식 권력 게임이지만 승자에는 축하, 패자에는 위로가 주어진다. 아름다운 장면이 연출된다.

세계 8위 무역 강국 대한민국을 이끌어갈 대통령의 책무는 그래서 더욱 무겁다. 더욱 중요한 건 어느 누구도 대통령선거 후 선거 불복이나 사회 혼란을 전혀 떠올리지 않는다는 점이다. 자랑스럽게도 국민들의 민주주의 성숙도가 높아졌다는 반증이다.

숨죽이는 대선정국에 가려 빛이 바랬지만 의미가 있는 세 가지 통계가 있다. 첫째, 우리나라 전기품질이 세계 1위이다. 글로벌 컨설팅업체 KPMG가 세계 146개국을 대상으로 평가 발표한 결과이다. 겨울철 전력 수급 비상 상황과 원전 짝퉁 부품 논란은 논외로 치자. 그러나 통계는 엄연한 사실이다.

전기품질은 주파수와 전압을 일정하게 유지하는 기준이다. 송배전 손실이 적을수록 높이 평가된다. 우리나라는 프랑스와 함께 공동 1위를 차지했다. 벨기에와 프랑스가 뒤를 이었다. 한전 측은 "이번에 주파수와 전압 유지 분야에서 세계 최고점수를 받았다"고 자평했다.

전기품질 세계 1위는 반도체 세계 1위와 밀접한 관계가 있다. 초정밀 반도체는 고품질 전기의 덕이다. 그러기에 반도체공장의 해외 이전은 불가능하다. 초일류 삼성의 반도체 경쟁력 뿌리는 바로 고품질 전기다. 중국 이전설 등 무성한 시나리오는 전후 사정을 모르는 얘기이다.

이번 대선 핫이슈 중 하나가 경제민주화였다. 일부 기업은 기업하기 좋지 않은 환경을 탓하기도 했지만, 엄밀히 따져보면 동의할 수 없는 부분이 상당히 많다. 그중 하나가 전기이다.

두 번째, 우리나라 교육체계가 핀란드에 이어 세계 2위이다. 영국 피어슨그룹이 세계 각국의 학력을 테스트하고 이를 바탕으로 대학 진학과 졸업률 등을 종합적으로 분석해 조사한 결과다. 피어 슨그룹은 평가보고서에서 우리나라를 교육 강국으로 치켜세웠다.

교육 수준 세계 최고, 품격의 리더십 영글 때

아울러 교육의 중요성에 대한 믿음이 있고, 교육을 지원하는 사회적 분위기와 문화에 높은 점수를 줬다. 공교육 부실과 사교육 창궐 등 여러 치명적인 요인에도 불구하고 높은 점수를 받은 것은 아무래도 교육열이 아닌가 한다. 이런 열기가 우리나라 글로벌 경쟁력을 높인 셈이다.

세 번째, 우리나라 국가 브랜드 가치가 세계 9위이다. 1조 6,000억 달러(1,700조 원) 규모이다. 산업정책연구원이 코리아브랜드 콘퍼런스에서 국가브랜드 가치를 평가한 결과이다. 유무형 가치가 종합된 국가경쟁력이 세계 최고 수준이란 말이다.

국가브랜드 지수를 만든 안홀트에 따르면 관광객과 외국인투자 유치, 경쟁력 있는 상품, 정치적 안전과 외교 등 모두가 국가 브랜드에 영향을 끼친다.

이제 새 대통령은 대한민국의 품격(국격國格)을 더 드높일 때이다. 고귀한 피를 먹고 자란 민주주의를 이제 땀과 열정으로 승화시킬 시기이다. 새 대통령에게는 품격의 리더십이 요구된다. 말만 가지고는 밥을 짓지 못한다. 공허한 담론은 나라를 망치고, 성실한 실행이 나라를 흥하게 한다.(공담오국空談誤國 실간여국實幹興國)

김경훈金敬勳

1962년 서울시 성북구 정릉동에서 나고 자랐고 살고 있다. 정릉을 품은 북한산 보현봉 기슭의 청덕초등학교와 고대부속중학교 그리고 서라벌고교와 고려대 농학과를 졸업했다. 한양대 언론정보대학원에서 「가짜뉴스와 사회적 신뢰에 대한 언론인과 독자의 인식 차이에 관한 연구」로 언론학 석사를 받았다.

인터넷신문 CNB뉴스와 시사주간지 문화경제(CNB저널에서 제호 변경) 편집국장과 논설 주간을 거쳤고 임원으로 일하고 있다. CNB뉴스와 문화경제를 발행하는 CNB미디어는 국제 학술지에 등재된 최고最古 건축문화예술 월간지 SPACE(공간)를 함께 발행하고 있다. 대학 재학 중 고대신문과 교우회보에서 학생기자로 활동했다. 육군 학사장교 중위로 전역한 후 일반기업체와 언론사에서 일했다. 조양상선에서 한중항로 개설 요원으로 참여했으며, 일요시사와 일요서울, 민주신문 등 시사주간지에서는 탐사 보도 데스크와 편집국장을 맡았다. 좌우명은 음수사원飮水思源, 물 마실 때 우물 판 사람을 기억하고 근원을 늘 귀중하게 여긴다는 의미이다. 고려대 교우회 상임이사와 교우회보 편집위원, 학사장교 동기회 부회장 및 한국식량안보연구재단 협력자문을 맡고 있다.

이명박·박근혜 정부 때 CNB뉴스와 문화경제 편집국장으로 일했다. 당시 정치 경제 사회 문화 등 이슈별로 톺아본 시사 칼럼을 수정하고 보완했다. 공칠과삼功七過三의 바탕에서 대통령의 품격과 국가의 미래를 논했다. 법고창신法古創新을 새기며 부민강국富民强國을 이룰 핵심 조건은 무엇인지 연구하고 있다.

■ e-mail : kkh4290@daum.net

성공하는 대통령을 위한 편집국장의 비망록

초판 1쇄 인쇄 2022년 3월 17일 | 초판 1쇄 발행 2022년 3월 24일
지은이 김경훈 | 펴낸이 김시열
펴낸곳 도서출판 자유문고

    (02832) 서울시 성북구 동소문로 67-1 성심빌딩 3층

    전화 (02) 2637-8988 | 팩스 (02) 2676-9759

ISBN 978-89-7030-161-7 03300   값 20,000원

http://cafe.daum.net/jayumungo